Chinese History

彩圖版

You never know these Interesting Stories about Chinese History

老師沒教的中國史

直擊秦漢風雲

從秦初到漢朝末年221B.C.—219A.D.

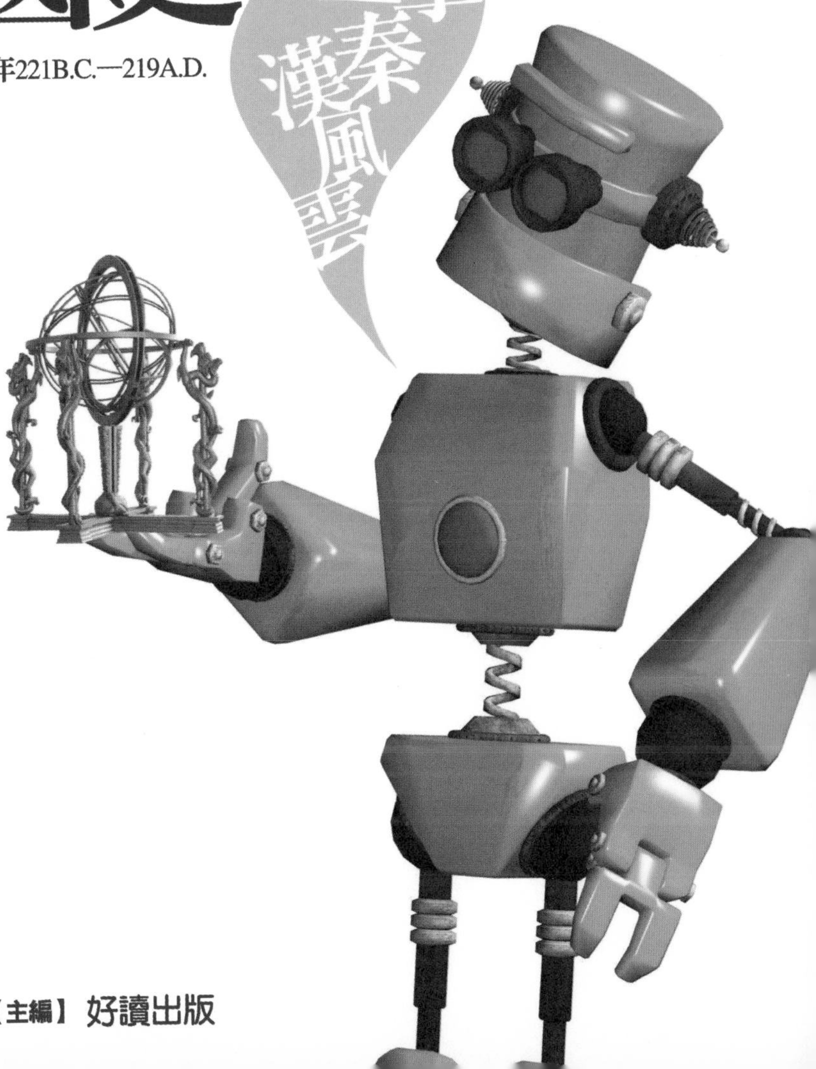

李默——【主編】 好讀出版

目錄

CONTENTS

目錄

CONTENTS

目錄

CONTENTS

215B.C.秦始皇帝三十二年

・秦始皇東巡至碣石，立《碣石刻石》。

214B.C.秦始皇帝三十三年

・秦發兵統一嶺南時，水利家監祿（亦作史祿）主持開鑿靈渠，連接湘、漓二水以通糧道。

・本年起開始連接修繕原秦、趙、燕三國北長城，後世稱為萬里長城，為世界著名宏偉建築之一。

・書法家王次仲改進流傳民間的隸書書法，隸書自此更趨規範化而成為秦小篆以外又一通行字體。

213B.C.秦始皇帝三十四年

・用李斯建議，下焚書令，是著名的焚書事件。此年以後，博士議事制度被取消。

212B.C.秦始皇帝三十五年

・秦始皇坑殺460餘人於咸陽，是為著名的坑儒事件。

212B.C. —— 207B.C.

210B.C.秦始皇帝三十七年

・七月，秦始皇在巡視途中卒於沙丘。

209B.C.秦二世皇帝元年

・七月，陳勝、吳廣起義於蘄，稱大楚，旋入陳，陳勝稱王，號張楚。

・九月，劉邦起兵於沛，稱沛公。項梁與兄子藉起兵於吳。田儋起兵於齊，稱齊王。

208B.C.秦二世二年

・章邯破周文軍，又東下，連破以陳勝為首之農民軍。陳勝御者莊賈殺陳勝，叛降於秦。

・二世殺李斯，夷三族。

・儒家學者孔鮒卒（西元前264～?年）。鮒字甲，孔子八世孫。兼通六藝。秦始皇焚書坑儒，他匿藏儒家經典《論語》、《尚書》、《孝經》等於壁中。陳勝起義後，與魯地諸儒往歸，被任為博士。陳勝失敗，同死於陳（今河南淮陽）。

207B.C.秦二世三年

・趙高殺二世，立二世兄子子嬰，貶號為秦王。九月，秦王子嬰殺趙高，夷三族。

・劉邦破秦兵於藍田。

秦

秦代年表221~207B.C.

221B.C. 秦始皇帝二十六年

- 秦兵入臨淄，俘齊王田建，齊亡。秦王嬴政以統一之業成，更號為皇帝，自號始皇帝。以全國為三十六郡，郡置守、尉、監；廢分封諸侯之制。
- 統一度量衡
- 秦滅六國過程中，每破一國，即在秦都咸陽附近仿造該國宮室。至此在雍門（今陝西鳳翔東南）以東、咸陽以西，涇、渭之間建成規模宏偉的宮殿建築群。
- 約成書於是年或此後不久的《倉頡篇》（包括李斯著《倉頡》七章，趙高著《爰曆》六章，胡毋敬著《博學》七章），是秦當初推廣秦小篆的規範字書。
- 有大人十二，均著夷狄服飾來到臨洮（今甘肅岷縣），是西方人至中國西境的最早記錄。
- 西方騫霄國畫家、雕刻家烈裔約於此年至秦都咸陽（今陝西咸陽東北），善刻玉石為百獸形狀，且能口含丹青漱地，構成鬼怪群物畫面。

221B.C. —— 216 B.C.

220B.C. 秦始皇帝二十七年

- 秦始皇北巡。開始在全國修築馳道與直道，構成以秦都咸陽為中心，南及吳楚，東至燕齊，北抵九原，西達隴西的全國交通網絡。馳道寬五十步，三丈而樹。

219B.C. 秦始皇帝二十八年

- 秦始皇東巡，封禪於泰山，梁父。
- 秦始皇派遣方士徐福率童男女數千及技藝工匠入海訪求仙人及不死之藥，是為中國古代大規模海上航行始載史籍，標誌著秦朝造船及航海技術的發達。
- 秦始設博士官，定員七十，職司為通古今，辨是非，與諸大臣共議政事。秦代博士不盡用專經之士。

217B.C.秦始皇帝三十年

- 獄吏喜葬於湖北雲夢睡虎地，隨葬的大量法律文書竹簡是中國現存時代最早的成文法典。睡虎地出土的《編年記》（亦作《大事記》），為中國現存最早的年譜。

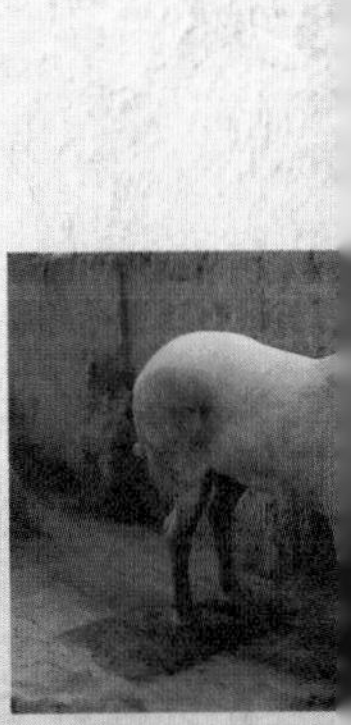

秦始皇開創帝制

西元前二二一年，秦消滅六國，統一全國。嬴政認為自己德邁三皇，功過五帝，繼續稱「王」不足以稱成功，於是命令臣下議帝號。丞相王綰、御史大夫馮劫、廷尉李斯等人認為：「古有天皇，有地皇，有泰皇，泰皇最貴。」因而尊稱嬴政為「泰皇」。嬴政不滿，於是把「泰」字去掉，取「皇」，採用上古時「帝」位號，稱「皇帝」。又下令取消謚法，自稱「始皇帝」，後世依次為「二世、三世至於萬世，傳之無窮」；皇帝自稱「朕」，大印稱「璽」，命稱為「制」，令稱為「詔」。

始皇二十六年（西元前二二一年），秦始皇接受了李斯的建議，廢除分封制，推行郡縣制，把全國分成三十六郡，以後又陸繼增設至四十餘郡。中央集權的制度從此確立。

秦始皇以戰國時期秦國官制為基礎，建成一套適應統一國家需要的新機構，即三公九卿制及郡縣制。在這個機構中，中央設丞相、太尉、御史大夫。丞相有左右二員，掌政事。太尉掌軍事，不常置。御史大夫是丞相的副貳，掌圖籍秘書，監察百官。丞相、太尉、御史大夫以下，是分掌具體政務的諸卿。

地方行政機構分郡、縣兩級。郡設守、尉、監（監御史）。郡守為郡長官。郡尉輔佐郡守，主管兵事。郡監司監察。縣，萬戶以上者設令，萬戶以下者設長。縣令、長領有丞、尉及其他屬員。郡、縣主要官吏由中央任免。縣以下有鄉，鄉設三老掌教化，設嗇夫掌訴訟和賦稅，設遊徼掌治安。鄉下有里，是最基層的行政單位。里有里典（後代稱里正、里魁），以「豪帥」，即強有力者為之。此外還有司治安、禁盜賊的專門機構，叫做亭，亭有長。兩亭之間，相距大約十里。

早在秦獻公十年（西元前三七五年），秦國就建立了以「告奸」為目的的「戶籍相伍」制度。秦王政統治時期，戶籍制度趨於完備。始皇三十一年更「使黔首自實田」，即令百姓自己申報土地。土地載於戶籍，使國家徵發租稅有了主要依據。

秦始皇統一六國以後，以秦律為基礎，參照六國律，制定了全境通行的法律。秦律經過漢朝的損益，成為唐以前歷代法律的藍本。

秦統一了度量衡。西元前二二一年，秦始皇頒佈「一法度衡石丈尺」詔書應錄，規定依秦制劃一全國度量衡標準，度量衡器由官府遵詔書負責監製，民間不得私造。凡製造度量衡器，皆需鑄刻詔書全義。結束了戰國以來度量衡制不一的局面。同時，詔書規定了田畝

制度，也結束了田疇異畝的現象。

秦制定幣制，統一貨幣，以黃金為上幣，以鎰為單位，重二十兩，銅幣為下幣，重半兩，規定珠、玉、龜、貝、銀、錫等物只作器飾珍藏，不能充作貨幣。金、銅貨幣成為通行全國的法定鑄幣。

秦始皇還採用了戰國時期陰陽家的終始五德說，以辯護秦朝的法統。秦得水德，水德尚黑，所以秦的禮服、旗旗等都用黑色；與水德相應的數是六，所以符傳長度、法冠高度各為六寸，車軌寬六尺，與水德相應，曆法以亥月即十月為歲首，等等。秦設立了中國文明的帝制典範。講中國歷史，絕不能不講秦，秦的制度決定了漢（甚至魏晉）的文明形式。

秦確實是個暴政王朝，它給當時的人民帶來了巨大的苦難，但在文明的發展上，貢獻比它帶來的災難要多。秦在政治和社會上是戰國文明絕對化的階段，甚至我們今天所使用的文明形式，很多來自秦代。其帝國體制是中國社會結構的一大進步，中國文明從此進入了先進的文官制時代，這個時代到現在還未結束。

秦的官營手工業是將工商業專制化，但也是將它工程化，秦漢文明在經濟上的高度發達（在當時世界上首屈一指）很大程度上歸功於它。

秦的書同文、車同軌、行同倫、統一度量衡不只是專制，更是文明的絕對化；這些文明形式統一於一個形式之中，這一點在文字上更明顯。

秦統一六國文字不是個簡單的一致化，也是一個昇華：小篆是一個古典典範。實際上，在秦代，隸化傾向已經出現，各國手寫體也相近。但秦的官方文字，特別是作為依據頒行的小篆，達到了高度的形式化，它平直圓的字體和勻稱的結構在今天也很少能有人寫得好。它如同一切古典典範一樣，在形式上達到了絕對化，從而與一般實用的字體區別開來。在今天，小篆也是用作表示官方、法定意義的古典主義字體。

秦的藝術具有中國文明古典典型的特徵。它的宮室（例如阿房宮）、陵墓已不可見，長城則在今天也還被作為中國的象徵，這是雄渾品格的見證，它表現了這一時期藝術形式的絕對性和力量的宏大性。至於當代才發現的秦始皇陵的兵馬俑則是戰國藝術的絕對化。它應該代表了戰國雕塑藝術的最高水準。

⊙秦陶量。秦代度量衡器。

⊙秦兩詔文空心銅權

總之，秦在政治和社會上都將戰國文明昇華了。在帝國體制中，各種文明形式得到豐滿的表現，並內化於制度中。秦的博士制即使不太成功，也體現了秦人將文化固定化、全民化的努力。

李斯確定篆書．秦統一文字

戰國時，文字的形體非常紊亂，各國文字不統一，不但字體不同，同一個字所採用的聲符、形符差異也很大。秦統一六國後，「文字異形」嚴重阻礙了政令的推行和文化的交流，於是秦始皇責令丞相李斯負責整理文字，除去和秦文字出入較大的，制定出新字體作為官方文字。

李斯不僅是秦代政治家，還是書法家，對篆書有很深的造詣。為統一文字，李斯作《倉頡篇》，取史籀大篆，創造小篆，他所書的篆書骨氣風韻方圓妙絕，對後代篆書影響很大。同時代的書法家趙高作《爰曆篇》，胡毋敬作《博學篇》，也都以大篆作基礎創造出小篆，對小篆的形成有一定貢獻。

⊙秦廿六年詔版

由大篆經省改而形成的小篆，形體長方，用筆圓轉，結構勻稱，筆勢瘦勁俊逸，體態典雅寬舒；字形圖畫性減少，線條符號性增強，異體字已經很少，偏旁部首的寫法和位置基本固定，字形比較簡化，是中國文字發展

文化小事典　秦統一中國

始皇二十六年（西元前二二一年），秦將王賁攻陷齊國，結束了春秋戰國以來諸侯混戰的局面，建立了中國歷史上第一個統一的多民族、專制主義中央集權的封建王朝，為社會經濟發展奠定了穩定的政治基礎。在政局穩定、經濟發展的基礎上，封建社會的文化也進入了新的發展階段。秦統一中國，使文字、貨幣、度量衡的統一成為可能，促進了政治、經濟、文化以及各地區交流的發展。

⊙兩詔秦橢量

秦

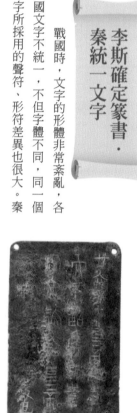

史上的一大進步。小篆之後的文字稱今文，之前的則是古文。

李斯確定篆書，秦統一文字，結束了戰國以來文字異構叢生、形體雜亂的局面。篆書成為官方文字，具有權威的意義，歷代官方更採用篆書作印章文字。而文字的統一，推動中國文化的統一，在中華文明史上有不可忽視的作用。

⊙古代馳道遺跡

文化小事典

秦式篆刻定型

篆刻，即刻印的通稱。印章字體多用篆書，先寫後刻，故稱篆刻。篆刻為中國特有的傳統藝術，春秋、戰國時期已經流行。秦代篆刻印章多由印工完成，已有較高的藝術成就。秦代印章主要有官印、私印兩種。秦代皇帝印稱「璽」，官吏或私人印稱「印」，或稱「章」。官印一般約二、三公分見方，有的略長一些。私印多作長方形，方形的比較少，間有圓形、橢圓形的，還有兩面印。印材主要有銅、玉。多鑿款白文，鑄印較少。其字數無定則，章法多變，整齊而不呆板，風格質樸蒼秀。方印多加田字格，半通印（長方印）多加日字格。所以，秦印與漢印並為後世篆刻家所取法。

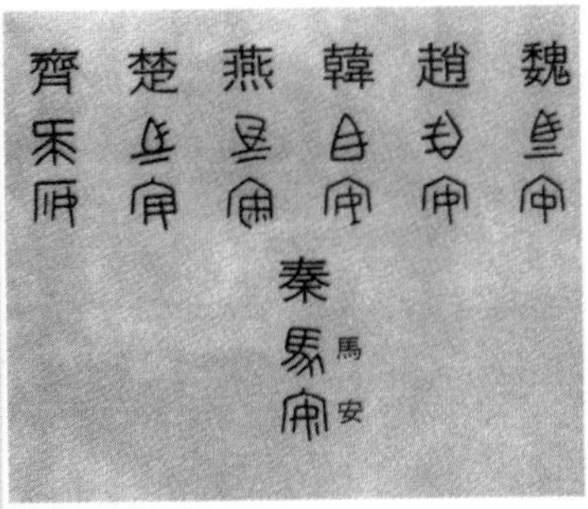

⊙統一文字表

⊙（秦）江去疾

⊙（秦）上官郢

⊙（秦）冷賢

⊙（秦）冷賢

⊙（秦）楊鳴

⊙（秦）緆突

秦代漆器形式創新

戰國、秦、漢是中國漆器第一次重大發展時期，產地廣，數量多，式樣全。

秦代在此漆器大發展的時期中是個承前啟後的朝代。秦代漆器過去所知甚少，自一九七五年以來，幾次重要考古發現，把此期的驚人成就展現於世。

在湖北雲夢睡虎地秦墓和河南泌陽官莊村秦末墓葬發掘了許多秦漆器。主要造型有鳳形勺、雙耳長盒、盂、圓盒、壺、扁壺、耳杯、長方形盒、盤、匕、樽、卮、圓奩、橢圓奩、杯等。這些漆器與滎經、青川等地出土的戰國漆器相比，可明顯看出它們屬於同一工藝體系，很多物品在形式上卻有所創新。

雲夢發現的鳳形勺，利用鳳背挖成勺，頭頸做成把，彩繪羽毛及頭的細部，是前所未有的新造型，尤其是睡虎地三十四號秦墓出土的一件彩繪獸首鳳形勺，更為奇特。

秦代漆器在圖案上的創新主要體現在大量使用變形鳥頭紋，並用橫線連接，佈滿全器，圖案性強。青川出土的戰國雙耳長盒或只髹黑漆，或只朱繪器口，而雲夢的秦代漆盒則多有精美圖案，在盒的兩端繪有很像眼睛的花紋，並利用突出的器耳畫成彷佛豬豚的嘴鼻，產生既莊重而又詼諧的效果，由於花紋多為寫實性的，所以比起前代更呈現出全新的面貌。

⊙秦彩繪獸首鳳形漆勺

秦代漆器技法上也有創新，有一件漆卮黏貼著用銀箔刻成的圖案，然後沿著花紋邊緣再用朱漆勾線，這種技法可能是初創，只在雲夢發現一件這樣的製品。

秦代漆器工藝分工較細，這正是西漢漆器數十字長銘的前奏。一些雲夢漆器上有烙印、針刻或漆書文字和符號，用「咸亭」、「咸市」代替滎經、青川戰國漆器上的「成草」、「成亭」字樣。據研究，應是「咸陽市亭」的省稱，這些漆器應是秦代咸陽市亭所管轄的漆器作坊產品。此外還有不少針刻銘文中有「里」字，如「安里皇」等，應為漆器作坊所在地的里名及製作工匠的名字。另外，漆工工序的名稱如「素」、「包」、「上」、「告」等也開始在漆器上出現。

⊙秦彩繪銅箍三蹄足漆樽

文化小事典

喜入葬雲夢睡虎地

秦始皇三十年（西元前二一七年），秦獄吏喜入葬雲夢睡虎地（今湖北省雲夢縣睡虎地）。隨葬品有竹簡、毛筆、漆器、竹木器、陶器、銅器等。一九七五年，喜墓被發掘，其中出土的竹簡所記載的內容具有重要的史學價值，是研究戰國晚期到秦始皇時期歷史的重要資料，隨葬的大量法律文書竹簡是中國現存時代最早的成文法典，統稱為「雲夢秦簡」。

喜墓出土的秦簡牘墨書秦隸，多寫於簡黃上，少數兩面墨書，字跡大部分清晰可辨。竹簡以細繩分上、中、下三道編連成冊，由多人書寫，有的寫於戰國晚年，有的寫於秦始皇時期。雲夢秦簡所記載的秦律內容遠遠超出李悝《法經》的範疇，其中刑法最為成熟，對研究中國古代法律制度有著重要的價值。

雲夢秦簡內容豐富，反映了中國政治從諸侯割據向中央專制集權轉變。經濟、文化、法律、軍事等方面的內容，是研究這一時期的可信史料。雲夢秦簡的發現，不僅是中國法制史上的一件大事，在世界文化史上也占有重要地位。

⊙秦彩繪雲龍紋漆盒

秦代銅車馬

一九八〇年，在陝西省臨潼縣秦始皇陵封土西側出土秦始皇隨葬的青銅車馬模型。共出兩乘，均為單轅雙輪，四馬駕，一御官俑。以二分之一比例模擬實物而作。其中二號銅車馬通長三二八・四公分，高一〇四・二公分；其中一條轡繩末端刻有「安車第一」字樣，可知此車為安車，而位於二號車之前的一號車則為立車。兩車形制相似。車輿分前、後室，御官俑跽坐於前室，乘主坐後室。前室前、左、右三面有彩繪欄板。後室前方及左右兩側車上開有鏤成菱花紋的窗，後面開門。車蓋呈橢圓形。車內外遍飾雲氣紋、夔紋、幾何形紋彩繪等。車輿前懸一弩，左車廂前角立箭，盛箭二十餘支；右車廂邊有一盾菔盛。

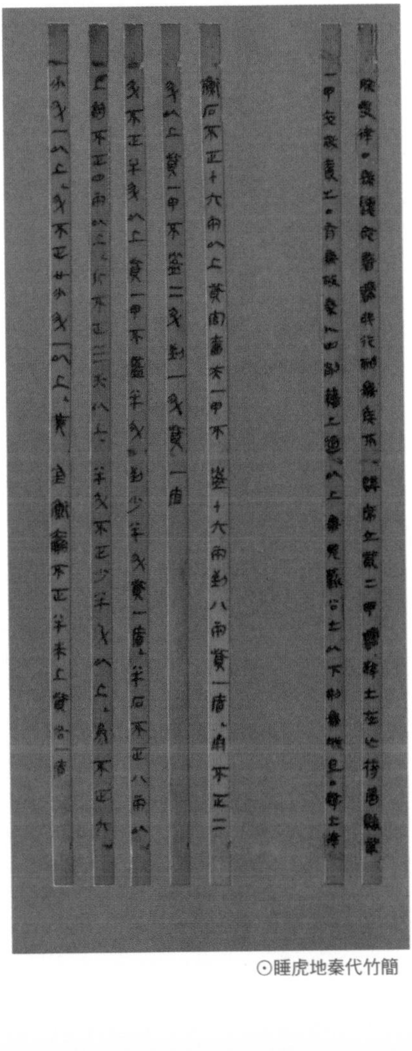

⊙睡虎地秦代竹簡

⊙秦二號銅車馬

⊙秦二號銅車馬御官俑

御官俑戴冠，著領緣繪有朱紅菱形紋的右衽交襟長袍，腰間束帶佩劍，面容圓潤豐滿，微含笑意。挺立執轡，笑中藏威，形象生動。車、馬、御官俑的彩繪均以白色作基調，施以朱紅、粉紅、紫、藍、綠、黑等顏色。圖案花紋多作二方連續或四方連續，以菱形紋為主，輔以卷雲紋、圓形、三角形等紋樣。馬具多為金銀質，車飾多為銀質。彩繪與金銀質小型構件及裝飾品相互配合，形成華麗、莊重、典雅的藝術效果。

銅車馬製作技藝精湛，細部處理真實具體。如御官俑的手部指關節、指甲，馬的口腔細部，都很逼真，富於質感。車的輪、輿、衡、軛等及眾多的附件都製作精美，以細銅絲絞結而成的纓絡，柔韌而富有彈性。

製作工藝不僅包括鑄造和鑲嵌技術，也包括銼、磨、沖、鑿等金屬加工技術以及焊接、鉚接、鉸鏈聯接、銷釘固定等聯接技術，局部裝配和總裝配採用了高水準的組裝工藝。整體造型規整，裝飾華麗，四銅馬比例勻稱，膘肥體壯，表現出整裝待發的動感。是秦代造型藝術的精品，對研究秦代冶金技藝、宮廷輿服、車制及車輿制度具有重大的參考價值。原件現藏陝西省秦始皇兵馬俑博物館。

靈渠——溝通南北水系

秦始皇三十三年（西元前二一四年），秦對居住在今兩廣地區的南越和西甌發動大規模的戰爭。在征伐過程中，秦軍遭到越族的強烈抵抗。

為了支援此次戰爭，解決物資供應問題，秦始皇派監祿在今廣西興安縣北開鑿一條連接湘水和漓水的運河——「通糧道」，這就是著名的靈渠。靈渠全長三十公里，串聯了江南的長江水系和珠江水系。開渠的軍民巧妙地使管道迂迴行進，降低管道坡度，以平緩水勢，便於行船。管道和堤壩的工程均充分利用了中國古代水利工程技術的最新成果，並有多方面的創造。有分湘江入漓水的鏵嘴；有防洪設備——大、小天平以渲洩水量。因兩水落差較大，渠中設斗門若干道，南北往來船隻，便可逐斗上進或下降。因靈渠構思巧妙，故名靈渠。

靈渠的建成，連結長江和珠江兩水系，南北延伸約二千公里，對中原地區與南方、西南的經濟文化交流產生了重要作用。直到明、清時代，靈渠還被稱為「三楚兩粵之咽喉」。

⊙廣西興安秦靈渠遺址。靈渠為世界上最早的有閘運河。

秦代萬里長城修建

秦始皇三十三年（西元前二一四年），大將蒙恬率三〇萬大軍大舉征伐匈奴，收復河套南北地區，並在這個地區設置四十四個縣，重設九原郡。為鞏固邊防，秦始皇又徵發大量民工，將原秦、趙、燕舊時長城，隨地形修築連接，重新加固，成為舉世聞名的萬里長城。

戰國時期，北方鄰近匈奴的秦、趙、燕三國分別修築長城以防匈奴侵襲。秦長城西起臨洮（今甘肅岷縣）、東北經固原至黃河。趙長城西起高闕（今內蒙占臨河）、東至代（今河北蔚縣）。燕長城西起造陽（今河北獨石口）、東至遼東。三條長城互不連結。秦始皇二十五年（西元前二二二年），秦滅趙後，匈奴乘機占領趙屬河套地區

⊙陝西神木秦長城遺址

⊙內蒙固陽秦長城

⊙內蒙固陽秦長城

的河南地。秦統一六國後，一方面派大軍征伐匈奴，一方面徵集民工修建長城以防禦匈奴的侵入。

三十萬以上的農民及囚犯，在北方風雪蕭蕭的邊塞上，肩挑手抬，積土壘石十餘年，在留下無數的白骨後，終於修成了西起臨洮，東至遼東的秦代萬里長城。

萬里長城修好後，蒙恬率軍屯駐上郡（今陝西榆林東南）十餘年，聲名赫赫，威振匈奴。「卻匈奴七百餘里，胡人不敢南下而牧馬，士不敢彎弓而報怨。」

在秦代萬里長城的基礎上，經西漢、北魏、北齊、北周、隋唐、明朝歷代增修，形成今天的西起嘉峪關，東至山海關，長一萬一千餘里的萬里長城。

萬里長城，對於抵禦匈奴的騷擾，保障內地人民生產和生活的安定，發揮了重要作用。從甘肅省泯縣和山西大同縣保留下來的長城遺址來看，長城的工

程十分浩大。它是世界歷史上最偉大的建築之一和中國歷史上七大奇跡之一。它充分體現了中國人民的高度智慧和無限的創造力，成為中華民族文明悠久的象徵。

蒙恬北伐匈奴

秦尚未統一六國前，逐漸強大起來的匈奴經常掠奪內地的人民、牲畜、財產，使相鄰的燕、趙、秦深受其害。尤其是秦滅六國的最後階段，中原戰事方酣，匈奴趁各諸侯國無暇顧及，而占領了河套地區的所謂「河南地」。秦王朝建立後，匈奴的威脅成為最首要的問題。

秦始皇三十二年（西元前二一五年），奉命出海求仙的盧生回到咸陽，向始皇報告鬼神事，奏上的《錄圖書》有「亡秦者胡也」的語句。此胡本指「胡亥」之胡，但始皇卻認為「胡」謂匈奴，因此派大將蒙恬率軍三十萬大舉北伐匈奴，盡取河南（今黃河河套西北）地。

蒙恬（西元前？至西元前二一〇年），其祖先為齊國人。祖父蒙驁，從齊入秦事奉秦昭王，官職為上卿。父親蒙武，弟蒙毅，都是名將。始皇二十六年（西元前二二一年），蒙恬因家世殊勳被拜為秦將，受命攻陷齊國，拜為內史。第二年，蒙恬又率軍越過黃河，奪取了被匈奴控制的高闕（今內蒙古杭錦後旗東北）、陽山（今內蒙古狼山）、北假（今內蒙古河套以北、陰山以南、大青山以西地區）等地。

匈奴首領頭曼單于在秦軍的追擊下，放棄河南地及頭曼城向北撤離。秦

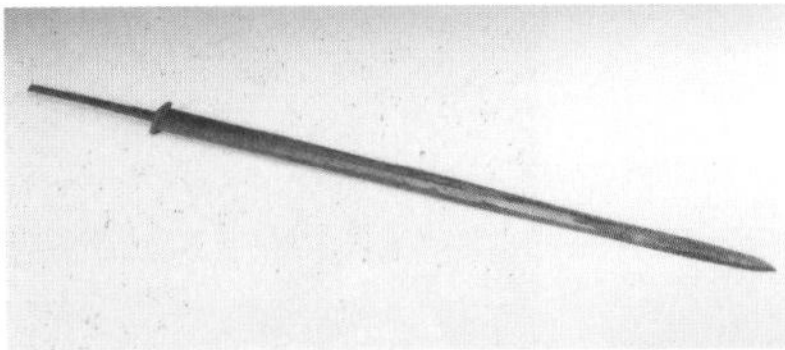
⊙秦代銅劍

⊙秦將軍俑

王朝收復河套以北、陰山一帶地區後，增設四十四縣，重新設置九原郡，在黃河岸上構築城堡戍守。始皇三十六年（西元前二一一年）秦遷內地人三萬戶到北河、榆中（內蒙古自治區伊金霍洛旗以北）屯墾，進一步鞏固了對此地的統治。當時人們把這新開墾的地區叫做「新秦」。

蒙恬北伐匈奴，不僅有力地制止了匈奴對中原的搶掠，而且大大促進了這地區的開發。長期交流後，不少匈奴人南遷中原，逐漸同秦人及其他各族人民共同生活，促進民族大融合。

⊙秦跪射武士俑

秦始皇焚書坑儒

秦始皇帝三十四年（西元前二一三年），始皇在咸陽大宴群臣，博士淳于越企圖說服秦始皇遵復古法，恢復西周以來的分封制，以使天下太平，並說：做事不遵從古法而又可以長久太平的，簡直是聞所未聞！秦始皇將此事交給群臣討論，丞相李斯以「五帝不相復，三代不相襲，各以治」的例證反駁，並指責儒生「入則心非，出則巷議」，「不師今而學古，以非當世，惑亂黔首」，並認為古代天下動亂，無法一統，招致諸侯並起，四海分裂，根源在於各種儒門學說和私學的存在，使人心不一。他建議秦始皇消滅私學，除《秦記》之外的史書一律燒毀；除秦博士官所藏《詩》、《書》、百家語等書外，都要將書交到所在郡，由郡守、郡尉監督燒毀；敢談論《詩》、《書》的斬首棄市，以古非今的滅族；官吏看到、知道而不舉報的，問罪；令下後三十日內不燒毀該燒的書，處黥刑充為「城旦」，到邊疆修築長城四年；醫藥、卜筮、種樹的書不在燒毀之列；若要學習法令的，以吏為師。秦始皇採納了李斯建議，下令焚書。一時，大量文化典籍被

⊙陝西秦焚書灰坑遺址及「坑儒谷」遺址

⊙秦繪畫車馬圖。陝西咸陽秦三號宮殿遺址總計發現七套車馬圖像，每套四馬一車。畫中奔馬前後腿張開並馳，造型生動。壁畫內容為秦王出行時的車馬儀仗之盛況，是中國目前發現的最早的壁畫。

付之一炬。次年，方士侯生、盧生因求仙藥不得，兩人議論譏諷秦始皇「剛愎自用」、「專任獄吏」，又指責他「樂以刑殺為威」、「意得欲從」、「貪於權勢」，不值得為他求仙藥，並相約逃跑。秦始皇得知後，非常憤怒，認為盧生等誹謗他，誇大他的過失，而且其他儒生也有妖言惑眾之嫌。責令御史審問在咸陽的儒生。儒生們互相揭發，牽連出四六〇多人。為昭示天下，以儆效尤，四六〇多人全部被坑殺於咸陽。始皇長子扶蘇對此做法有異議，也被令離開都城，去上郡（今陝西榆林東南）監蒙恬軍。

秦始皇焚書坑儒，是秦代「師今」和「師古」兩種政治思想相佐激化的表現。它的目的固然是為了加強政治思想統治，打擊分裂勢力，維護和鞏固國家的統一。然而，採用這種殘暴手段，不但造成了古代文化典籍的巨大損失，嚴重摧殘了古代文明，而且也開了中國古代君主專制最惡劣的先河。

文化小事典

石渠閣

漢高祖九年（西元前一九八年），漢相蕭何很有遠見地注意到了圖書檔案，把秦朝丞相府、御史府等重要官署的律令、圖書收藏起來，在長安未央宮殿北建成了石渠閣，成為中國最早的中央檔案中心。為了防火與保衛，石渠閣下用石頭砌成了溝渠，用來盛水導水，石渠閣也因此而得名。由於漢高祖汲取了秦朝毀滅圖書的教訓，「大收篇籍，廣開獻書之路」，又命蕭何等國家重要大臣主持圖書的整理、纂輯，石渠閣的藏書日漸豐富，並保存了大批珍貴的典籍，漢代形成的檔案後來也貯藏在這裡。宣帝時著名的學者韋玄成、梁丘賀等還曾在這裡講誦經書，編撰史籍，使石渠閣成為當時研究學術和修史的中心。因此，石渠閣主要以研究經學為主，具有學術研究性的專業藏書處的特徵，圖書檔案制度至此進一步發展。西漢末年，石渠閣被毀棄。

⊙蕭何像

⊙秦始皇陵兵馬俑全景及局部

震驚世界的第八奇跡

西元前二二一年，秦始皇建立秦朝。為了向後人炫耀他殲滅六國、天下歸一的蓋世武功，他在動工修建規模浩大的皇陵工程時，還修建了舉世聞名的皇陵兵馬俑坑。

兵馬俑坑發現於一九七四年，有一、二、三、四號坑，均為規模巨大的土木結構建築。其中四號坑內是有坑無俑，可能是個未建成即被廢棄的兵馬俑坑。最大的是一號坑，平面長方形，面寬九間，四周繞以迴廊，前有五個門道，總面積約一二六○○平方公尺，六千個兵馬俑以及戰車、步卒相間排列，呈長方形軍陣。二號坑總面積約六千平方公尺，內容為戰車和騎、步兵混合編組的大型軍陣。三號坑面積最小，總面積約五二○平方公尺，有駟馬漆繪的木質戰車，和執役的儀仗，象徵軍陣的指揮部。總共有武士俑七千個，駟馬戰車百餘輛，戰馬百餘匹。

兵馬俑塑造了各種各樣的秦軍形象，有指揮官的將軍，也有一般的步兵、騎兵、車兵、弓弩手等。形體高大魁梧，一般均在一．七五米左右，指揮官身高在一．九五米以上。很多將士手中握著真正的青銅兵器。造形生動、形

象逼真，其面相多數表情剛毅，昂揚奮發。五官位置準確，富於質感。陶俑細部的雕塑頗費匠心；以俑的髮髻為例，髮髻雕塑質感甚強，不僅蓬鬆，且走向清楚，形象逼真。陶俑身上的甲衣，也雕塑頗細，每片甲片上的甲釘和甲片之間連接的甲帶等，類型分明。這些細節的精確表現，有利於烘托秦軍裝備精良、紀律嚴明、鬥志高昂的精神狀態。

據研究，兵馬俑的製作，是先用泥做好內胎，再上一層細泥，然後在細泥上雕塑出俑的五官、衣紋等細微部分。俑的頭、手、軀幹都是分別製作然後組合，細部加工完以後，送入窯燒製，最後進行彩繪。彩繪的顏色有朱紅、粉紅、綠、粉綠、紫、藍、中黃、桔黃、灰、褐、黑、白等。眉目、鬚髮呈黑色，面目、手足塗朱紅色。

陶馬和真馬一般大，用於騎兵的戰馬高約一．七二米，體長二．○三米，剪鬃，備鞍，一看便知處於臨戰狀態。駟馬體型略小，筋骨起伏變化似真馬一般。馬頭抬起，耳前傾、雙目大睜、鼻孔翕張，體現出戰馬靜中有動的狀態。陶馬的製作和陶俑一樣精工。戰車多為木質結構，因年久而朽毀，但從殘存的遺跡中也可以看出其大概來。

秦皇陵兵馬俑群是昔日秦王朝強大國力和軍威的象徵。它集中體現中國古代高超的燒陶技巧和智慧，為後人研究秦史提供了豐富的原始資料。

⊙秦兵馬俑

文化小事典

秦漢軍服定型

秦漢時兵種有車兵、步兵、騎兵、弩兵四種，職務有將軍、中級武官和下級武士，軍服有冠、帽、幘、袍、鎧甲等。軍服根據兵種和職務的不同有所差異，基本上依類定型。

冠、帽、幘類。秦漢時將軍戴長冠，雙卷尾飾。冠有組纓，繫於頦下，垂於胸前。一般武官戴長冠，單卷尾。御手在白色圓形軟帽上戴長冠，單卷尾。車士有的戴白色軟帽，有的則戴單卷尾。一般士兵不戴冠，以布束髮，稱作幘。鎧甲武士、戰袍武士、弩手、騎兵都著幘，但形狀裝飾略有不同。

袍類。從將軍到士兵，都穿緊身窄袍，將軍著兩層，其餘一層。袍是葛麻製成。戰袍武士的是紅色，御手的是褐色。鎧甲武士一類為綠色短褐，衣領袖口以赭色邊裝飾，下著深紅色褲；一類為紅色短桓，衣領袖口以淺藍色邊裝飾，下著藍或綠褲與秦代「尚黑」明顯不同。

⊙秦將軍俑

鎧甲類。秦時騎兵鎧甲較短，無披膊，一般步卒和戰車兵的鎧甲，甲身較長，兩肩有披膊；御手所著的鎧甲甲身最長，領部加高呈「盆領」，兩肩有長披膊，並有護手甲。秦鎧甲沿用戰國已出現的鐵甲，也夾雜有皮甲，從它的形制和編綴方法看，已具備了中國古代鎧甲的特點。到西漢，皮甲仍然存在，但鐵甲占據主要地位，稱作「玄甲」。以「玄甲」殉葬是西漢非常隆重的葬禮。玄甲甲片式樣有三類：呈長條形的大型甲片、圓角長方形的中型甲片、舌狀或柳葉狀的小型甲片。編組甲片通常以麻繩、皮條，編綴方法大致是先橫編後縱連，也根據部位不同有所變化。鎧甲的形制由較簡樸的大型扎甲向精鍛細密的魚鱗甲發展，類型也日益繁多，保衛的身軀部位日益加大。到東漢時，除身甲部分外，保護脖頸的「盆領」，保護兩肩和上臂的「披膊」和保護兩腿的「髖尾」、「腿裙」都已完善，形制更為發展，加之「百煉鋼」技術被用於製造鎧甲，鎧甲品質進一步得到提高。

秦代磚瓦輝煌

秦

秦代磚瓦在歷史上頗負盛名，其顏色青灰、質地堅硬、製作規整、渾厚樸實，形式多樣的特點更是著稱一世。

秦代的磚有空心磚、條形磚、長方形磚、五角形磚、拐子磚、券磚等，一般為模製。空心磚大多是長方形，作二、三級踏步用，紋飾有幾何紋、龍

⊙秦花紋鋪地磚

⊙秦始皇陵大瓦當

紋、鳳紋，也有素面，其餘磚類也各具特點。

秦代的瓦有板瓦、筒瓦、瓦脊、瓦當等。而尤以瓦當著名。瓦當是中國古代建築簷頭筒瓦前的遮擋。瓦當有半圓和圓形兩種，有素面也有有紋飾的。有紋飾的又分有圖案、圖形瓦當兩種。圖案瓦當有動、植物圖案，雲紋、葵紋以及動、植物變形圖案等。圖像瓦當有特大的夔紋瓦當，一般已由早期單一的動物如奔鹿、子母鹿、雙虎、雙獾、朱雀等發展成為組合對稱的扇面狀綜合圖像，在四個扇面上分別佈置鹿、鳥、昆蟲或雲、虎、夔、龍等物。

秦代磚瓦上常有文字，已發現的多為瓦當文字，多作小篆，有純文字，也有文字與圖案相結合兩種類型。其內容可分不同類型；建築題名，如羽陽宮所用的「羽陽千秋」。製作地題記，如在人名前冠以官名的「左司空、左司」以及「咸邑如傾，咸原嬰」等在人名前冠以地名的。秦代磚瓦中的圖案或文字對當時的地名、宮殿、官署、倉庫、陵墓、祠廟、苑囿的考訂是很重要的依據，也歷來為學術界重視。

咸陽、西安出土的大量瓦當，向人們敘說著昔日的建築的規模。秦以動物畫像瓦當為多，如鹿紋、四獸、鴻雁、夔鳳等，反映了秦人祈福求祥的心理。

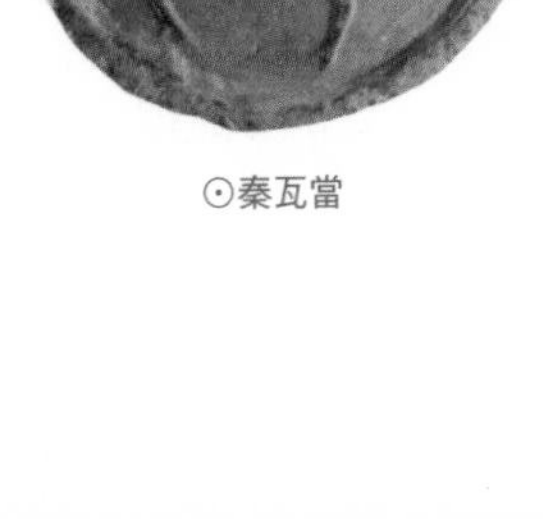

⊙秦瓦當

⊙秦代磚刻上的青龍

143B.C.

・蜀郡太守文翁興學成都，招收屬縣子弟入學，是為由地方政府最早創辦的官學。文翁復遣張寬赴長安，就學於博士，受儒家《七經》，學成歸蜀教授，於是蜀學比於齊魯。

141B.C.

・景帝死，皇太子劉徹嗣位，是為世宗孝武皇帝。

140B.C.

・武帝親策賢良方正直言極諫之士，不取法術、刑名及縱橫家。董仲舒對策，請黜刑名，崇儒術，興太學，令郡國歲貢士。

139B.C.

・竇太后好黃老，儒者竇嬰、田蚡等被免。

138B.C.

・漢建元三年，張騫出使西域。

136B.C.

・竇太后卒，盛行漢初的黃老之學的興盛終結。田蚡出任丞相，延文學儒者數百人，黜黃老、刑名百家之言，開罷黜百家，獨尊儒術之先風。

134B.C.

・元光元年，武帝親自策問賢良文學，董仲舒對策。武帝遂採納其建議，罷黜百家，獨尊儒術。

・《漢書‧天文志》有世界上最早的新星記載。

・銀雀山漢墓隨葬的《漢元光元年曆譜》，為中國現存最早的曆譜。

140B.C. —— 129B.C.

129B.C.

・匈奴入上谷，遣衛青等四將軍各將萬騎分道擊之，唯衛青至龍城有功。

128B.C.

・元朔元年，張騫約從匈奴處脫走，繼續西使，歷經大宛、康居，至大月氏傳達聯合抗匈之意，不得要領。復至大夏。

126B.C.

・張騫出使西域，前後歷時十三年，至此與甘父歸抵長安。

121B.C.

・漢元狩二年

・三月，驃騎將軍霍去病將萬騎擊匈奴，深入千餘里，殺小二王，俘王子、相國、都尉，獲斬八千九百餘人。夏，霍去病復與三將軍將數萬騎擊匈奴，異道，惟去病有功，深入二千餘里，俘小王十餘人，相國、都尉以眾降者二千五百人，斬首三萬二百級。

120B.C.

・健全樂府職能，使樂府與太樂分掌俗樂與雅樂，命李延年為樂府協律都尉，樂府並成為後代類比民歌作品的代名詞。

西漢

西漢（含新朝）年表206B.C.～24A.D.

206B.C.
・十月，劉邦至霸上，秦王子嬰降，秦亡。

202B.C.
・二月，劉邦即皇帝位，是為漢太祖高皇帝。西漢今文經學開始。

196B.C.
・正月，殺韓信，夷三族。

196B.C.
・四月，高帝死，皇太子盈嗣位，是為孝惠皇帝。

194B.C.
・燕人衛滿約於是年率千餘人，為避逃入匈奴的燕王盧綰的壓迫，渡轟水（今朝鮮清川江）抵朝鮮，是漢朝間最早的大規模移民。

188B.C.
・八月，惠帝死。九月，皇太子恭嗣位，高皇后呂氏臨朝稱制。

180B.C.
・七月，呂后死。九月，右丞相陳平、太尉周勃等大殺諸呂，迎高帝子代王為皇帝，是為太宗孝文皇帝。

206B.C.. ———— 170B.C.. ————

172B.C.
・伏生傳今文尚書，以漢隸書寫，其弟子歐陽生創立尚書歐陽學。

168B.C.
・文學家、政論家賈誼卒（200 B.C.～168 B.C.）。

165B.C.
・文帝詔舉賢良文學能直言極諫者，文帝並親自策問晁錯等，是為對策之始。

164B.C.
・新垣平先盛言寶玉氣來，復詐令人獻玉杯。文帝信為祥瑞，改明年為元年，是為帝王改元之始。

163B.C.
・醫學家淳于意約是年前後述錄二十五例臨床醫案，是為中國現存最早的病史記錄。

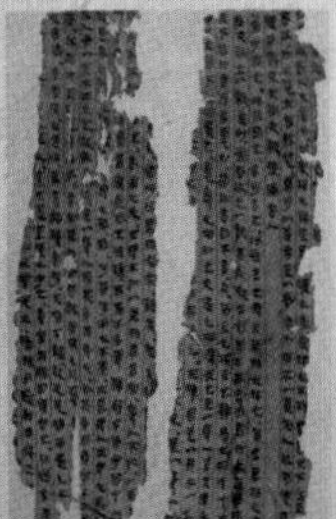

157B.C.
・孝景皇帝劉啟即位。

154B.C.
・晁錯力主削藩，吳楚七國遂以「清君側」為名作亂，迫景帝腰斬晁錯於長安，七國之亂起。二月周亞夫大破吳楚軍，平亂。

89B.C.
・趙過作田器便巧，又為代田以利耕種，任搜粟都尉。
87B.C.
・後元二年二月，武帝死，是為孝昭帝嗣位，大司馬大將軍霍光等受遺詔輔政。
・武帝時開始作《禁中起居注》，開創中國歷史文獻新體裁。
81B.C.
・始元六年，蘇武出使匈奴被拘十九年，至此始被釋歸。
74B.C.
・元平元年四月，昭帝死，霍光等迎昌邑王劉賀嗣位，立二十七日被廢；又迎武帝曾孫病已，後更名詢，嗣位，是為中宗孝宣皇帝。

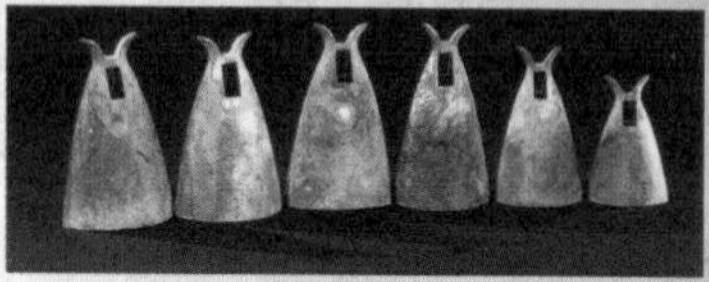

66B.C.
・七月，霍氏謀反，族誅。
65B.C.
・元康元年，龜茲（今新疆庫車一帶）王絳賓及其夫人烏孫公主弟史至長安。
・莎車（今新疆莎車一帶）呼屠徵殺王自立，攻掠「絲綢之路」南道，鄯善以西皆絕。

80B.C.. 40B.C..

64B.C.
・以烏孫將迎聘漢公主，宣帝命在上林苑置官屬侍御百餘人，令習烏孫語言。此為由政府主持的民族語言學習機構的最早記載。
59B.C.
・神爵三年，穎川太守黃霸被封關內侯，黃霸與龔遂並封「龔黃」，是「循吏」的代表。
52B.C.
・甘露二年，天文暨數學家耿壽昌在是年前創製成銅鑄渾天儀以演示天象。
・以廢舊麻料製成的麻紙至遲是年已開始使用。

52B.C.
・正月，呼韓邪單于率眾朝漢，此後至王莽執政前六十年間，漢匈民族和平相處。
・三月，宣帝命丞相、經學家蕭望之主持石渠閣會議，召集諸儒講論《五經》異同，宣帝亦曾親臨會議，稱制裁斷。
・宣帝命宮廷畫家摹繪霍光、張安世、趙充國、丙吉、蕭望之、蘇武等十一功臣像，為西漢著名人物肖像畫，開後世圖畫功臣之風氣。
・西元前一世紀中葉，印度佛教傳入于闐（都城在今新疆和田南）。
・《九章算術》在西漢迭經增補修訂，亦約成書於西元前一世紀中葉。
49B.C.
・黃龍元年，宣帝死，皇太子奭嗣位，是為孝元皇帝。

119B.C.

・初行鹽鐵官營。

・霍去病、衛青分率大軍深入漠北，重創匈奴，漢匈大規模戰爭狀態結束。從此，漠南無匈奴王庭，漢與匈奴進入相對和平共處時期。

・張騫率隨員三百，攜絲綢、金銀和牛羊出使烏孫，是第二次通西域。

118B.C.

・罷三鐵錢，更鑄五銖錢。

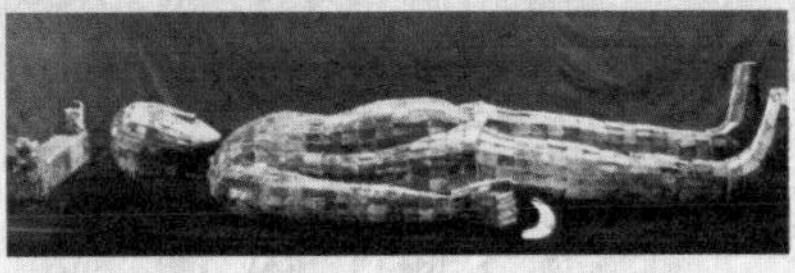

115B.C.

・漢元鼎二年，令鑄幣權專歸上林三官，非三官錢不准流通，為國家壟斷鑄幣權之始。

・相傳武帝及群臣合作《柏梁詩》，詩為七言，人各一句，句皆用韻，是為柏梁體，後世視為聯句詩及七言體之濫觴（此詩或說偽作）。

・張騫與烏孫使者數十人同歸長安，是為西域使者首抵中原。此後，中亞樂器、舞曲、雕刻、繪畫藝術相繼傳入中國。

105B.C.

・龍首渠約開鑿於元鼎、元封間，首創水利工程中隧洞施工方法。

120B.C.. 100B.C..

104B.C.

・太初元年，命公孫卿、壺遂、司馬遷等議造漢曆，制訂為《太初曆》。

・董仲舒卒。

99B.C.

・九月，騎都尉李陵擊匈奴，苦戰力竭而降。司馬遷為之辯護，忤怒武帝，因遭腐刑，自此益發憤著述《史記》。

・漢使自西域帶回的葡萄、苜蓿種開始在長安附近廣為種植。

96B.C.

・太始元年，方士茅盈與其弟入句曲山（在今江蘇句容）修道煉丹，三茅被奉為真君，成為道教茅山派祖師，句曲山被稱為三茅。

93B.C.

・十二月，武帝西巡。於孔子宅得古文《尚書》、《禮記》、《論語》、《孝經》。

92B.C.

・征和元年，丞相公孫賀捕獲陽陵（今陝西西安北）大俠朱安世。朱安世告公孫賀子敬聲與陽石公主使巫埋木偶於馳道祝詛天子。巫蠱之禍起。

91B.C.

・武帝染疾，江充渭巫蠱所致，遂命充窮治，充誣告衛太子宮中埋有木偶，太子懼而發兵抗拒，戰於長安，兵敗後衛太子與衛皇后自殺，牽連死者數萬人。

4A.D.

・元始四年二月，王莽加號宰衡，奏起明堂、辟雍、靈台。升王莽位在諸侯王上。

・古文經學博士開始設立。

5A.D.

・十二月，王莽毒死平帝，居攝踐祚，稱「假皇帝」。

7A.D.

・王莽居攝二年五月，更造錢幣，有錯刀、契刀、大錢三品。三輔二十三縣豪族及人民紛紛起兵討王莽。

8A.D.

・十一月甲子，王莽改居攝三年為初始元年。戊辰，王莽即真天子位，定國號曰「新」。

9A.D.

・罷錯刀、契刀及五銖錢，更作大小錢二品；防私鑄，禁民不得挾銅炭。更天下田曰「王田」，奴婢曰「私屬」，皆不得買賣。

・劉歆被王莽任為「國師」，歆所鼓吹的古文經學成為王莽代漢自立、托古改制的重要依據。

・是年起，遣使赴西域、匈奴、西南夷收回漢印綬，頒授新室印綬，少數民族君長原稱為王者悉改為侯，並將漢原封號改為含有侮辱性的封號，引起周邊各民族或國家的不滿和反叛。

1A.D. 9A.D.新朝 24A.D.

11A.D.

・遣使誘賂匈奴呼韓邪單于諸子。以擊匈奴，徵伐苛急，人民流亡。

12A.D.

・春，以長安為西都，洛陽為東都；並定九州之制、五等爵之員額。

14A.D.

・天鳳元年，第四次改幣制。

15A.D.

・五原、代郡民紛紛起事，遣將擊之。

16A.D.

・新室太醫、尚方（畫工）與巧屠刳剝人體，量度五臟，以竹筳導其血脈，測其端末，此為中國醫學史上見諸記載的最早的人體解剖個例。

18A.D.

・王莽時，西域諸國皆附屬匈奴，唯莎車不附。

22A.D. 新地皇三年

・四月，遣將擊青州樊崇及荊州王匡等。崇等恐其眾與新兵亂，皆朱其眉，由是有「赤眉」之號。新市兵王匡等攻隨，平林人陳收等聚眾應之，號平林兵。劉縯、劉秀起兵於宛，稱柱天都部，與新市、平林兵合。

23A.D.

・二月，新市平林共立劉玄為皇帝，建元更始。六月，劉秀等大破新兵於昆陽。

・相傳王莽時中國開始吃麵。

33B.C.

・竟甯元年正月，匈奴呼韓邪單于來朝，願婿於漢；以後宮女王嬙賜之。五月，元帝死，孝成皇帝嗣位；學者史游於元帝時編著書寫成《急就章》。

27B.C.

・河平二年，古文易學此前已在民間流傳，以費直創立的「費氏學」最為著名。

26B.C.

・《別錄》，為中國目錄學開山之作。

25B.C.

・「山陽（今河南焦作東）火生石中」（《漢書·成帝紀》），是關於天然氣的最早記載。

21B.C.

・陽朔四年，烏孫內訌，西域諸國請復命段會宗為都護。

・齊人甘忠可約是年前後造《天官曆》、《包元太平經》十二卷，後者為道教經典《太平經》最早的本子，已佚散。

35B.C. ——— 2B.C.

16B.C.

・永始元年，劉向編成《列女傳》。

8B.C.

・綏和元年，雕塑家丁緩在成帝時製成博山爐，鏤空九層，玲瓏剔透。

7B.C.

・劉歆代父領校秘書，總理群書著成《七略》。

・成帝死，是為孝哀帝欣嗣位。

6B.C.

・建平元年，劉歆請立古文《詩》、《書》、《禮》等博士，被今文經學博士阻止，劉歆移書責讓，今古文經學之爭趨於高潮。

2B.C.

・元壽元年，大月支使者伊存使漢，為博士弟子景盧（一作秦景憲）口授《浮屠經》。

鴻門宴

漢元年（西元前二〇六年）十一月，項羽在新安（今河南澠池千秋鎮）活埋投降秦兵二十萬後，率軍日夜兼程西進，逼近關中。當時，劉邦已占據關中，為對抗項羽，派兵扼守函谷關（今河南靈寶東南），並速調關中漢兵增援。十二月，項羽率軍至函谷關，見關門緊閉，又聽說劉邦已平定關中，大怒。於是命令英布攻破函谷關，進兵至戲（今陝西臨潼西北），準備討伐劉邦。此時項羽擁兵四十萬，號稱百萬，駐紮新豐鴻門（今陝西臨潼東的項王營），劉邦有兵十萬，號稱二十萬，安營霸上（今陝西西安東南）。項羽謀士范增勸說項羽立即攻擊劉邦。項羽季父項伯與張良素有交情，當夜策馬劉邦軍中將范增的計謀密告張良，勸張良趕快逃避。張良將情況告訴劉邦。劉邦以祝壽為藉口擺下酒宴，款待項伯，並與項伯結為姻親，請項伯從中調解與項羽的衝突，表明毫無背叛項羽的意思。項伯答應接受劉邦請求，並要求劉邦第二天親自到鴻門與項羽和解。項伯連夜趕回鴻門向項羽報告劉邦真情，趁機勸說項羽，認為「如果劉邦不先消滅關中秦兵，您怎麼能進入關中？現在劉邦立有大功而您要討伐他，是為不義；不如好好對待他。」項羽認為項伯所說有理。

第二天早晨，劉邦親自到鴻門面見項羽，陳述實情，說有人中傷、挑撥關係，項羽說：「這是你左司馬曹無傷說的。」於是設宴招待劉邦。席間，范增三次舉起所佩玉，示意項羽殺掉劉邦，項羽猶豫不決。范增於是指使項羽堂弟項莊來席前舞劍助興，想乘機擊殺劉邦。項伯見此情況後也拔劍起舞，並用自己的身軀保護劉邦。張良也離席去叫樊噲。樊噲攜帶劍盾闖入軍門，指責項

⊙「鴻門宴」遺址鴻門阪

羽要殺有功之人。劉邦借上廁所的機會，在樊噲等人的護衛下，由小路急忙返回霸上，並立即將曹無傷處死。

鴻門宴後不久，項羽率軍向西進入咸陽，縱兵屠城，殺王子嬰，火燒秦都城宮室，並挖掘秦始皇墳墓，收繳秦宮室珠寶財物，虜掠宮室婦女，令關中百姓大失所望。

⊙古漢台。古漢台位於漢中市的東南隅，是劉邦在漢中時的王宮。

《三略》

《三略》，又稱《黃公石記》、《黃公石三略》，全書從政治與軍事上論述戰勝攻取。由於其精闢獨到的見地與分析，得到各朝統治者的重視與青睞，曾被欽定為「武經七書」之一。

所謂的《三略》，是指上、中、下三卷韜略，全書主要有以下幾方面的獨到見解：

首先，論述軍事問題主要從戰略入手，包括政治戰略與軍事戰略，而其中又以政治戰略為主，在政治上，它強調以「道」、「德」、「仁」、「義」、「禮」治國，要求明君能收攬人心，重視民心之向背。在軍事上，要控制戰略要地，也就是控制對戰爭全域有決定意義的地區或地形。

其次，闡述治軍之道，強調正確

認識將帥與士卒的關係。

《三略》指出：指揮軍隊靠將帥，但衝鋒陷陣卻要靠士卒，兩者是戰勝敵人的兩個不可或缺的因素。《三略》還提出作為將帥所必須具備的素質，即「能清、能靜、能平、能整、能進諫、能聽訟、能納人、能採言」八條品德標準和「能知國俗、能圖山川、能夷險難、能制軍權」的四條知識與才能標準。對於君主的選拔將帥，《三略》則認為一要做到任人唯賢，二要充分發揮將帥的優點和長處，人盡其才，用人所長。

最後，《三略》又討論了君主駕馭將帥的方法及手段。在戰爭年代，要使將帥在指揮軍隊時具有絕對

⊙西漢彩繪陶射俑

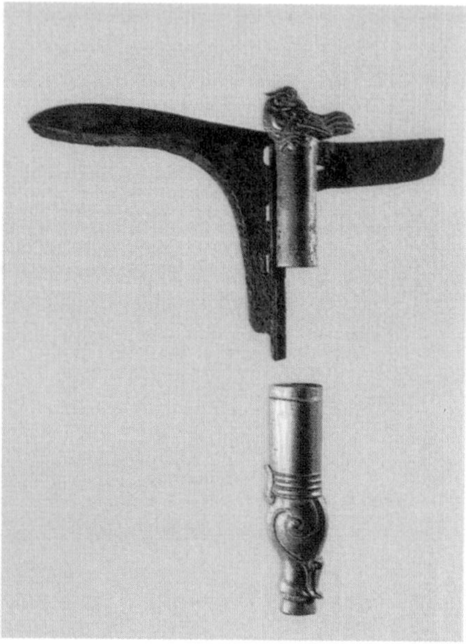

⊙金鐏戈

的自主權與決斷權。將帥要有充分的能力在關鍵時刻機動行事，而不受君主的限制，同時君主也不要隨時干擾及動搖將帥的作戰意圖和戰略佈署；在和平年代，對於戰功卓著的將帥，則要架空其實力，奪取其兵權，再賜予美女珍寶，使其鬥志渙散，以消除其對君主的隱患。這一點是當時歷史社會條件下的特定產物，是《三略》的消極成分。

總之，《三略》是中國古代的著名兵書，其中很多觀點直到現在對軍隊的建設仍具有指導性的意義。但不可避免地也出現一些封建社會的消極因素。

劉邦分封同姓王

漢高祖六年（西元前二〇一年）正月，劉邦大封同姓諸侯王以鎮撫天下。

西漢初年，出於政治上和軍事上

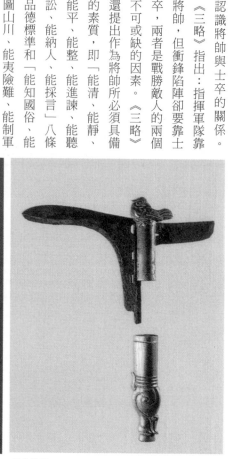

⊙「漢并天下」瓦當。漢高祖劉邦初定天下時所造。漢代宮廷、官署等使用的建築瓦當，多刻寫文字，並形成了一種獨具風格的瓦當文。

的需要，在郡縣制外劉邦分封了一批異姓王國，如封韓王信為韓王、彭越為梁王；改封原齊王韓信為楚王、衡山王吳芮為長沙王……等。但劉邦對他們並不放心，因為他們是異姓，是劉漢天下的割據分裂因素，因此，劉邦想方設法剪除異姓王，以同姓子弟為王來取代他們。首先以企圖謀反罪逮捕韓信，將其貶為淮陰侯。接著又以謀反罪誅殺彭越，並率兵征伐英布，逼使韓王信、盧綰投奔匈奴。爾後以謀反罪廢除趙王張敖改任為宣平侯。除國小勢弱的長沙王吳芮外，異姓王皆被消滅。隨即劉邦以天下剛剛平定，兒子幼小，兄弟少，在討伐秦朝的戰爭中又有陣亡等為藉口而分封同姓諸侯王以統治關東地區。當時將楚王韓信的封地一分為二，劃分為兩個諸侯國：任命從兄、將軍劉賈為荊王來統治淮河以東五十三縣；任命弟、文信君劉交為楚王以統治薛郡、東海、彭城等卅六縣。又以雲中、雁門、代郡等五十三縣立兄、宜信侯劉喜為代王；以膠東、膠西、濟北、博陽、城陽郡七十三縣立微服私訪時與別人所生之子劉肥為齊王。同時與眾大臣訂立盟約，規定今後凡不是劉氏而稱王，天下共同征討。雖然大封劉姓為王加強了中央對地方的控制，但是也為日後諸侯王的叛亂奠定了基礎。

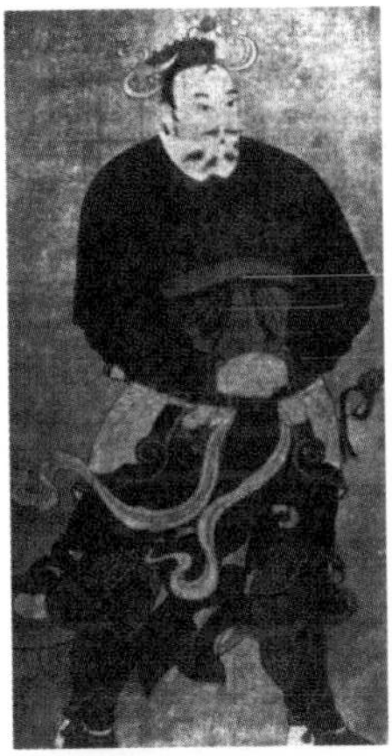

⊙韓信像

⊙盤口鼎，為南越地區典型器物。

⊙陶犬

⊙陶牛

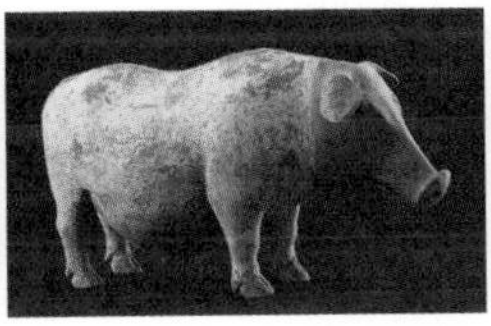

⊙陶豬

⊙陶雞

⊙「單于和親」瓦當。是西漢與匈奴透過婚嫁達到政治聯姻的實物見證。

漢與匈奴和親

漢高祖七年（西元前二〇〇年），劉邦被匈奴擊敗于平城白登山，楚王韓王信投降匈奴。匈奴冒頓單于兵強馬壯，有精銳騎兵四十萬，不斷侵擾漢朝北部邊境。高祖劉邦深以為患，向劉敬詢問對策。劉敬認為漢天下初定，師勞兵疲，不能以武力征服，而應從長計議，設法讓單于的子孫俯首稱臣。他於是提出採取「和親」政策，建議劉邦以嫡長公主嫁於匈奴，作為單于的閼氏（相當漢朝的皇后），認為如生子必為太子，以後可以代立為單于。現在冒頓在世，是漢家的子婿，他死後兒子做單于，是漢家的外孫，外孫自然不會與外祖分庭抗禮，這樣用不著征戰就可使匈奴稱臣。劉邦深以為然，準備派遣長公主前往匈奴。呂后知道後為此日夜哭泣，因為她只有一子一女，不願長公主遠去匈奴，高祖無奈，只好於高祖九年冬，派劉敬前往匈奴，以「家人子」（漢宮人名號）充長公主嫁給冒頓單于，並約定每年進奉匈奴絮繒酒食各若干，約為兄弟，締結和親之約。這是漢匈之間第一次和親。並開放漢與匈奴之間的關市。由此漢北部邊境逐漸安寧。此後，漢惠、文、景諸帝時又各遣宗室女或公主與匈奴單于聯姻。

⊙呂后像

呂后臨朝稱制

自從漢惠帝劉盈應呂后之召去看「人彘」後，看不慣其母的殘酷，於是日夜沉緬於酒色之中，不理政事，至惠帝七年（西元前一八八年）死於未央宮。由於惠帝與張皇后沒有孩子，於是取後宮美人之子作為惠帝之子立為太子。惠帝死，太子繼位，史稱少常。由於少帝年幼，因此由呂太后臨朝稱制，代行皇帝權力。第二年即高后元年，呂后想立呂姓為王，遭到王陵等大臣和劉姓王侯的強烈反對。呂后很不高興，於是剝奪王陵丞相大權，並以親信審食其控制朝廷。之後，在迫害、消滅劉姓王侯的同時，違背劉邦與群臣「不是劉姓而稱王，天下共擊之」的盟約，著手分封呂姓為王。另一方面少帝漸漸長大成人，得知自己不是皇后所生，呂后聽說

後，擔心少帝將來報復，於是將其囚禁在永巷中，後廢少帝並暗中殺害。五月，立恒王劉義為帝，更名弘。因太后臨朝稱制，因此不稱元年。呂后專權後更大封呂姓為王。六年，廢呂嘉，以呂台之弟呂產為呂王。七年，將梁王劉恢改立為趙王，以呂產為梁王。劉恢被迫自殺後，呂后又立其兄之子呂祿為趙王。八年，燕王劉建死，呂后派人殺其子，並立呂子呂通為燕王。同年七月，呂太后病重，任命呂祿為上將軍，與呂產分掌北、南軍，控制衛戍京師的軍隊。呂后分封呂姓為王，破壞了漢朝的根本體制，侵害了功臣集團的利益，也埋下了以後內訌的種子。呂后死後即釀成諸呂之亂。

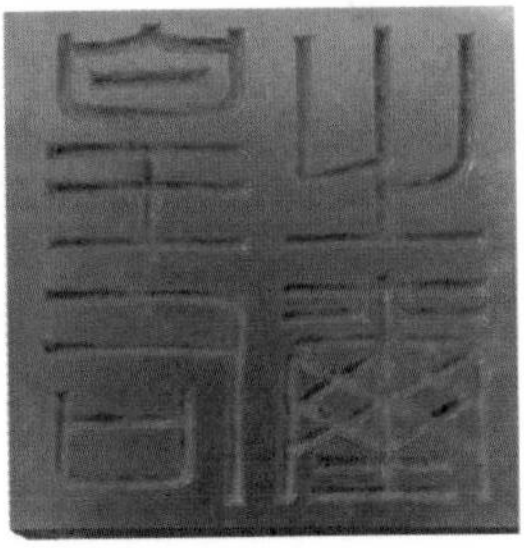

⊙皇后玉璽。璽面陰刻篆文「皇后之璽」四字，四側陰刻雲紋。頂雕離虎為鈕。在漢高祖長陵附近發現，應是呂后生前的御用之寶。

南越王稱帝

漢高后四年（西元前一八四年），呂后臨朝稱制後，下令禁止向南方越族地區出口中原先進的鐵器農具等生產工具。第二年春天，南越王趙佗以呂后下令關閉交易市場、禁運銅鐵等為藉口，自稱南武帝，並發兵攻打漢朝長沙等邊境地區。七年九月，呂后派遣將軍周灶率兵征討，由於漢軍不適應南方潮濕氣候，軍中疾病流行，士卒不能翻越南嶺，效益不大。一年後呂后病死，漢朝隨即停止征討。當時，趙佗還依仗兵威和財物等威脅和賄賂鄰近的閩粵、西甌、駱越等，使他們聽任南越調遣，牽制漢朝，勢力一度擴展到現在的福建、浙江等地。不久，趙佗更設置黃屋左纛等皇帝儀仗，稱帝，與漢朝抗衡。漢文帝即位後，對南越採取柔撫政策，為趙佗在真定故鄉的祖先墓地派專門人員守護，逢年過節還隨時貢奉禮品，並任命趙佗昆弟擔任漢朝重要官職，給予賞賜，以表示漢朝的恩寵。文帝元年（西元前一七九年）八月，文帝又派陸賈再次出使南越，向趙佗通報漢朝皇位更迭情況，以消

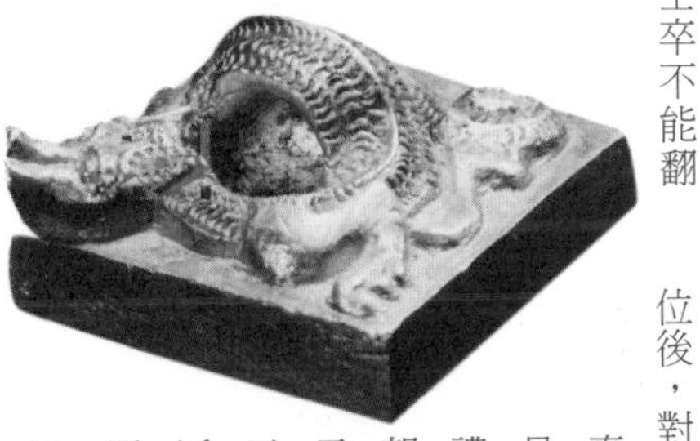

⊙西漢南越王金印

⊙西漢南越王金印文：「文帝行璽」

⊙南越式陶鼎

除前嫌，並勸說趙佗放棄帝號，像過去一樣與漢朝通使往來。趙佗得知實情後十分感動，點頭謝罪，表示願聽從漢朝政府調遣，自己永遠為漢朝的藩國臣屬，盡自己的朝貢之責，隨即下令全國廢除帝制，並且還認為自己稱帝以來吃不好飯睡不好覺，既看不到繁華熱鬧的景象，也聽不到鐘鼓的美妙之音，究其原因，就是得不到侍奉漢朝的機會，因此自己今後再也不敢稱帝。漢朝的南部邊境地區也得以安寧。

⊙南越文帝九年句鑃。句鑃為春秋戰國時期吳越的樂器，這套有紀年銘的句鑃在嶺南地區屬首次發現。

秦漢造船工廠

秦漢造船工廠遺址位於今廣州市中山四路西段。這裡舊稱「禺山」。經過試掘證明，這是漢代以來堆積形成的一片東西長約三百公尺的坡地。造船遺址在坡地下五公尺深處，南距今珠江北岸一三〇〇公尺。

造船工廠建造在灰黑色的沉積黏土層上。船台區有三個呈東西走向平行排列的造船台。一號船台在南，由

⊙秦漢造船工廠遺址

兩行平行的大木板組成滑道，下面用大小兩種枕木墊承，滑板上擱置架承船體的木墩，兩兩相對，間距不等，構成一個造船台。這個船台中寬一・八、僅露出長廿九公尺，呈水準狀。東端置「橫陣」——檔板，表明已到盡頭，由此往西至八八公尺處鑽探，仍見滑板，所以船台的長度估計在一百公尺以上。二號船台居中，中寬二・八公尺，僅露出一小段。在北面鑽探發現第三號船台，因被樓房壓著，未有揭開。按船台的寬度推算，兩船台可分別建造身寬五至八公尺，載重廿五至三十噸的木船。遺址上面出土有秦半兩、漢初半兩錢，秦漢瓦當及西漢初年陶器等物，據此並結合文獻資料初步考證，這處造船遺址始建於秦始皇統一嶺南時期，至西漢初的文、景期間廢棄。一號船台取樣作碳十四年代測定：距今二一九〇±九〇年（西元前二四〇±九〇年）。

這處造船工廠的巨大規模，造船木材的選擇及船台的結構形式等都充分表明二千多年前中國造船技術和造船生產能力已達到很高水準。

⊙陝西咸陽楊家灣出土的西漢步兵持盾陶俑

中國使用滑道下水技術

中國早在二三〇〇多年前就已經開始使用滑道下水技術。船舶從船台上移至水中的過程稱之為下水，依靠船本身重量沿斜滑道面滑下稱為滑道下水。

⊙黃河金堤。春秋秦漢時期開始修築，後經歷代興修加固，終成金堤。

⊙東西大運河中段的洛河遺跡。漢代由長安到錢塘的東西大運河，其重要性及規模並不亞於世界著名的京杭南北大運河。而東西大運河開鑿的時代，則早於南北大運河一千四百年，它的南段為以後的京杭運河所利用。

一九七六年，廣州首次發現了一處規模巨大的秦漢之際的造船工廠遺址。該遺址中心部分有三個平行排列的造船台，船台和滑道相結合，外形很像鐵路，由枕木、滑板、木墩組成。枕木分大小兩種。滑板寬距可以自由調節。船台的滑道長度超過八八公尺。滑道由下墊枕木的巨大滑板構成，每組滑道上都擱置著一對對的架承船體的木墩，墩底有榫與滑板連結，形成了造船台。這裡已採用了船台與滑道下水結合的結構原理。說明中國早在二三〇〇年前就已有了滑道下水術，而國外的應用卻僅有一、二百年的歷史。滑道下水技術的使用在中國造船史和航運史上具有重要意義，對造船業的發展產生了重大作用。

張良閉門學道

張良（西元前？至前一八六年），劉邦謀士，為劉邦奠定漢天下立下赫赫戰功。劉邦讚揚他「運籌帷幄之中，決勝千里之外」，與蕭何、韓信被譽為漢初三傑。漢朝建立時被封為留侯。劉邦晚年想改立戚夫人子如意為太子，張良為呂后出謀劃策，請商山四皓輔助太子，使劉邦不敢改立。張良晚年退出政治活動，深受黃老之學影響，曾閉門學道，並從赤松子雲遊天下，善導引術（即今天所說之氣功）。

⊙張良廟，始建於漢。

石門十三品暨摩崖刻石大觀

石門是褒斜道南端人工開鑿的一條隧道，其寬度可容兩輛車通行。

石門隧道最早開於漢明帝時，在褒谷西岸，與谷並行，係人工開鑿的穿山隧道。該隧道不是用火藥炸開，鋼鐵鑿開，而是用「火焚水激」的辦法，因為據實際觀察，在石門內壁並無鑿、斧、鉆之類的工具所留下的痕跡。這在當時科學技術不發達的情況下是行之有效的辦法，它反映出古代勞動人民卓越的才智。

⊙石門展室摩崖石刻

在石門內和石門南北的山岩上，有歷代摩崖石刻達百餘處，其中以「漢魏十三品」最為有名，為歷代考古學家、書法家所推崇，譽滿海內外。清代書法家羅秀書觀石門漢刻贊曰：「其古恒也，如龍蟠深壑而其鱗角權丫；其飄逸也，如鳳舞晴空而其羽毛鮮麗。」在十三口中，漢刻八品，曹魏和北魏各一品，宋三品。

其中「石虎」摩崖，旁刻「鄭字真書」四字，傳為鄭子真垂釣處。鄭子真是西漢成帝時人，家居褒谷口，隱居不仕，常在此處釣魚。研究者有疑為後人所刻。

秦漢金屬防腐蝕工藝領先世界二千年

陝西臨潼秦始皇陵出土了大批青銅劍和青銅鏃，有一層含鉻的黑色緻密層，具良好的保護作用，以致歷時二千多年仍沒有被腐蝕；在河北滿城漢墓中也出土了相似的不鏽青銅鏃，經檢驗，防腐蝕方法與前者相同，表示該項防腐蝕技術在秦漢之際已得到廣泛應用。這項技術現在被稱為「擴散滲透」或「表面合金化」處理。它是用熱擴散的方法，使耐腐蝕的金屬或合金滲入基體金屬表面，與基體金屬形成固溶體或金屬間化合物，這層耐蝕的表面稱為滲鍍層。具有耐蝕性能的滲入元素通常為鋅、鋁、鉻等。這種金屬鍍鉻的加工工藝，在德國是一九三七年，在美國是一九五〇年方取得發明專利權，而中國則早在二千多年前就創造了類似的先進技術。另外，在江陵出土的勾踐劍，是用硫或硫化物塗在表面，生成黑色硫化銅層，這與秦陵的黑色表層的工藝不同，又是另一種古代的金屬防腐蝕技術。

⊙弩機與箭鏃

獨輪車

早在西漢時期，獨輪車就已在中國開始使用。獨輪車又叫「鹿車」，現在四川稱之為「雞公車」，江南一帶叫「羊角車」。它的特點是中間只有一個車輪，由一人推動，既可坐人又可載物，在平原、山地或狹窄的路上都可以使用，比人力擔挑、畜力馱載運輸能量都大幾倍，用起來省力又方便。在西漢劉向著的《孝子圖》上，可以看到孝子董永推的就是這種獨輪車。四川成都揚子山漢墓的畫像石、四川渠縣燕家村、蒲家灣漢代石闕上都有獨輪車的形象。三國時代，諸葛亮曾製造的「木牛流馬」是一種更加先進的獨輪車，並用在蜀道上運糧。

獨輪車在當時是一種既經濟又運用廣泛的交通工具，在人類交通史上是一項非常重要的發明，直到現在中國農村，特別是山區仍使用這種車子。日本科學家認為中國發明的獨輪車是自行車的始祖。西方科學家說：「獨輪車雖然簡單，卻是一種全新的發明。」歐洲直到十三世紀才出現了獨輪車，這種車在建造中世紀大教堂時發揮了很大作用，但比中國使用獨輪車晚了一千多年。

陸賈撰《新語》論治理天下

漢高祖十一年（西元前一九六年）五月，陸賈撰寫《新語》，論仁義之說，追求儒家的理想政治，同時輔以黃老「無為而治」思想。

陸賈，楚國人，漢初儒生，跟隨劉邦平定天下，能言善辯，經常奉命出使諸侯。漢初，出使南越，以辯才說服南越王趙佗臣屬漢朝，拜為太中大夫。他時常在漢高祖劉邦面前說《詩》、《書》。劉邦自以為是騎在馬上得天下的，詩書無用，每加嘲笑謾罵。陸賈則認為騎在馬上能夠得天下，但不能騎在馬上治理天下，主張「文武並用」是長久之術，推行仁義治國，效法古代聖賢。劉邦聽後自慚形穢，於是命令陸賈著書論述秦朝之所以失天下、漢之所以得天下以及歷代興亡成敗的原因。因此，為總結秦亡漢興得失，陸賈先著書十二篇上奏劉邦，每奏一篇，劉邦都認為好，左右皆呼萬歲，認為陸賈所著是《新語》。《新語》是漢初第一部總結秦亡漢興經驗教訓的著作，內容以仁義之說為本，發揮《論語》、《孝經》之義，闡明王道，抨擊霸術，主張修身用賢，追求儒道結合的理想政治。

陸賈在《新語》中分析道：秦自孝公開始，主張法治，崇尚暴力，重視功利，蔑視倫理道德，獎勵耕戰，鼓吹集

⊙驂車過橋畫像磚。此畫像磚左邊大部分浮雕一木構拱橋，橋上二人乘一驂車。漢代稱三馬駕馭的車為「驂車」，乘車主人一般具有大夫以上身分。此磚畫面採用了透視法，增強了深度和立體感。（上圖）

⊙酒肆畫像磚（局部）。此畫像磚運用淺浮雕手法，刻劃一推獨輪車人物形象。（右圖）

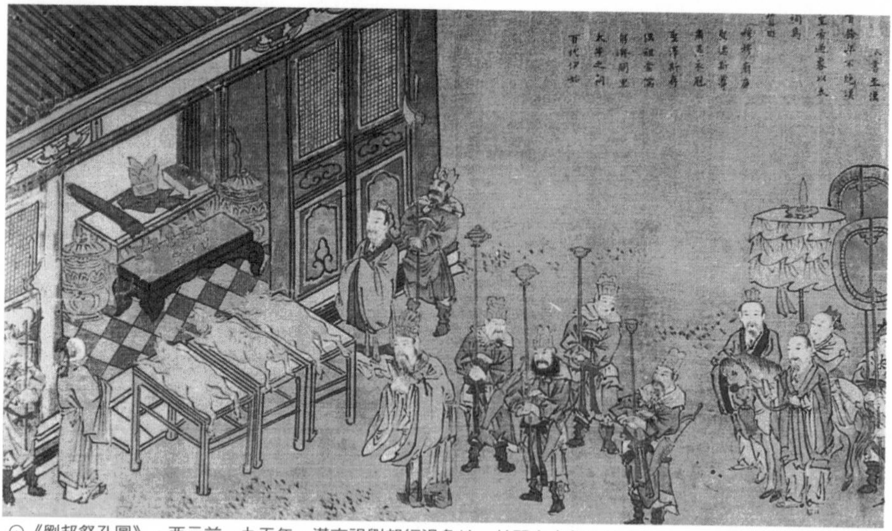

⊙《劉邦祭孔圖》。西元前一九五年，漢高祖劉邦經過魯地，首開皇帝祭孔的先河。

權，這是具有開創精神、富國強兵的理論和政策。從秦孝公到秦始皇，依靠這一條強硬路線，併吞六國，結束了中國長期分裂割據的局面，但秦王朝的只談暴力，只講功利，必然導致殘暴統治、恐怖政治，自陷於滅亡。陸賈對這一歷史經驗教訓的認識是十分深刻的，他認為應該把強力奪取與和平守成兩種手段結合起來，所謂「文武並用，長久之術也」。

陸賈把儒家的仁義之道和道家的無為政治結合起來，指出秦實行的「唯刑主義」，再加上驕奢繁役，使百姓不能生活下去，最後導致亡國。他主張較為寬厚的儒家政治，認為仁義道德是治國的要道，特別是對於暴秦之後，歷經戰亂的廣大百姓來說，更需要仁義道德的春風暖雨給予滋潤和化育。

陸賈也十分讚賞道家的無為政治，認為道的最高境界就是無為，少干預人民的事情，省刑薄稅，不奪民時，用無為之道治理國家，國家就能得到治理。陸賈同意道家柔弱勝剛強的思想，認為為政宜柔不宜剛，宜緩和不宜急促，宜溫厚不宜刻薄，指出只有柔才可持久，緩和才可以常存，溫厚才可以得眾。他理想的政治境界是：「塊然若無事，寂然若無聲，官府若無吏，亭落若無民。閭里不訟於巷，老幼不愁於庭。」（《新語．至德》）。這樣，儒道兩家思想在這裡統一起來了。

從陸賈所揭示的歷史教訓中，漢初統治者認識到，在當時的條件下，只有輕徭薄賦慎刑，才能緩和人民的反抗，鞏固自己的統治，這樣就形成漢初「黃老無為」的政治思想。漢高祖以及文景時期的許多措施，正是這種無為思想的體現。同時，對於後來漢武帝獨尊儒術，也發揮了先導的作用。

⊙庖廚畫像

煤進入實用

中國是世界上最早發現和使用煤的國家。早在六千年前的新石器時代，人們就發現某些煤可以用來雕刻，使用煤玉（特殊煤種）雕刻成各種裝飾品，諸如圓環和造型生動的動物等。這種特別的工藝一直延續到周乃至漢代。這在遼寧瀋陽的新石器時代末期遺址中，在陝西西安、寶雞等地的西周墓以及河南陝縣的漢代墓裡，都出土過。

《史記·外戚世家》中記載，漢文帝元年（西元前一八〇年），竇太后的胞弟竇廣國「為其主人入山作炭」，是漢代有關採煤活動的文獻記載。這比英國從十三世紀始才開始採煤要早一千四百多年。

在漢代，人們用煤末摻合黏土等製成煤餅，或直接用開採的煤塊作為能源用於冶鐵和燒製磚瓦。在河南鞏縣鐵生溝西漢中後期的冶鐵遺址以及鄭州古滎鎮（漢代為滎陽城）漢代冶鐵遺址中，都發現有煤餅，說明西漢已經用煤作燃料了。當時人們還使用它進行日常的炊燒、取暖。

⊙西漢鐵官作坊產品標誌

馬可·波羅來到中國看到用一種「黑石頭」作燃料，燃燒起來火力比木柴更強，而且時間很長，他感到陌生又驚奇，而那時距中國人用煤作燃料已經一千多年了。

導引在漢代定型

導引術源於道家的神仙方術，戰國時已有流行。秦漢時神仙方術盛行，方士們為追求長生不死，肉身成仙，極力宣導吐納導引。東漢末年，道教更把追求長生不老作為最高目標，把「養生」視為通往長生不老目的的最好途徑。他們認為人的肉體及精神均由「氣」構成，而行氣、導引、辟穀是養氣健體的最佳方法。

秦漢時導引養生風氣盛行，尤其是兩漢。《史記》記載張良曾「願棄

⊙西漢帛畫導引圖（復原圖）

⊙西漢彩繪陶奩——氣功入靜圖。此陶奩上的兩個人物像過去曾認為是舞蹈圖形，但從其姿勢和神情看更像是氣功坐功入靜的情景。

人間事」，「學辟穀、道（導）引、輕身」；《論衡》也說李少君、東方朔等人以「導氣養性」；《後漢書》則記載許多方士都是精於「導養」的養生家。東漢的「導養」風氣更盛於西漢。

秦漢時導引已用於治病。在先秦著名醫書《內經》中，曾歸納導引可以治療「痿、厥、寒、熱」，並配合「按蹻」（按摩）進行；同時導引還可以與熨藥一起治療筋病。東漢張仲景的《金匱要略》也強調以「導引、吐納、針灸、膏摩」治療四肢「重滯」。華佗的《中藏經》也說「導引可逐容邪於關節」。可見導引療法在秦漢時已被許多醫生廣泛應用於臨床治療中。

如今瞭解漢代導引形式和特點的最完整的資料，當數一九七三年湖南長沙馬王堆三號漢墓出土的帛畫《導引圖》。圖內彩繪四十四個男女老少的各種導引術式，每個人像均為一個獨立的導引術式，圖旁大都有題字標出名目。帛畫沒有總名，據考古推斷為導引圖，是中國迄今發現最古老的一幅健身圖譜。

導引圖從運動形式分，它既有立式，也有步式和坐式的導引；既有徒手的，也有使用器物的導引；既有配合呼吸的，也有單純肢體的導引。從功能分，它既有治病的，也有用於健身的導引。此外，還有大量摹仿動物姿態的導引，十分多樣。描述人體運動姿態的有伸屈、屈膝、體側、腹背、轉體、跳躍以及舞蹈，也有吐納動作。特別使用器物的記載，彌補了先秦典籍中沒有使用輔助器物做導引的缺陷，呈現了這個時期導引術式的特點。導引圖主張透過導引這種運動形式來治療疾病，比傳統醫學主張靜養的方式更為積極。

中國導引從戰國發展到秦漢時期，內容越來越豐富，形式也越來越多樣，而且已被廣泛地運用於健身、養生和治病中，導引術已基本定型。

皇帝陵墓規制逐步完善

西漢皇帝陵是在秦代始皇陵的基礎上發展起來的。由於社會穩定，經濟發達，厚葬成風，全國上下對陵墓建造都十分重視，陵墓建築得到全面發展，逐步形成完善的規制，並且自漢起，帝王墓被專稱為「陵」。漢高皇后六年（西元前一八二年），長陵城修築，這是陵邑建造的開始。長陵是漢第一座帝陵，長陵修陵邑可見當時的帝陵規制已十分完善。

西漢皇帝都是自登基次年就開始營建壽陵。漢襲秦制，封土為方形平頂陵台，俗稱「方上」，高達十二丈，四周建土城，四面城牆正中開闕門，占地七頃，陵體高大，四方對稱。地宮的地塘在方上之下，稱「方中」，深十三丈，是四出羨道土坑式木槨墓，被視為墓葬中最高等的形式。墓上覆蓋高大的封土。在帝陵的西面建有後陵和陵園，還有婕妤及貴戚功臣的陪葬墓等，有的在陵園附近還建有宗廟和陵邑，形成龐大的帝陵建築群。

在陵旁建宗廟的陵寢制度是仿效君主生前居所，前有「朝」、後有「寢」而設立的，死後建廟像「朝」，藏神主；後建「寢」，藏衣冠及生前用具。秦始皇開始在墓側建寢，西漢

⊙黃腸題湊墓。西漢廣陽頃王劉建墓，位於北京豐台區郭公莊。黃腸題湊是封建帝王和諸侯王死後所享用的一種葬制。以黃柏木疊成牆，稱為黃腸。柏木端頭皆向內，叫題湊。

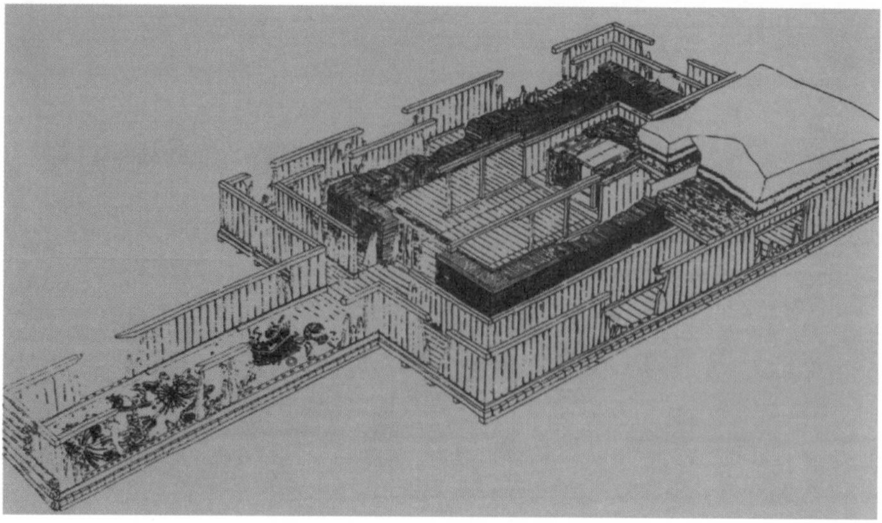

⊙北京大葆台一號漢墓墓室結構示意圖

時廟建在陵園外，寢建在陵園內，所以陵園也稱寢園，或將陵園與寢合稱「陵寢」。東漢後，確立了以朝拜祭祀為主要內容的陵寢制度，同時廢止為每一個祖先建立一廟的制度，把歷代神主匯集到一個祖廟中。

陵邑一般修於陵東或北部，仿照長安城的布局設計。它的作用一是供奉陵園；二是遷徙關東大族、功臣家族、高資富人、豪傑兼併之家，強幹弱枝，繁榮京畿地區的經濟和文化。由於陵邑本身的特殊政治地位，加上中央對遷徙者賜田贈錢，各地官吏豪富爭相遷居陵邑，形成一個政治、經濟和文化素質都相當突出的地區。兩漢時許多著名的政治家、文人、富豪都是出於陵邑。

西漢時帝陵雖已定制，每年全國賦稅的三分之一用於修陵，但因為各個皇帝在位時間長短不一，帝陵的大小也有不同。西漢最大的帝陵首推武帝的茂陵，最節儉的是文帝的霸陵，它鑿山為室，不起封土，開創了固山為陵的先例。

東漢以後，提倡薄葬，帝陵的規模較以前縮小，陵體一般不及西漢帝陵的一半。四周不設垣牆，用「行馬」代替，四面正中開闕門，稱「司馬門」，南司馬門內，陵前設有祭台、石殿；門外神道兩側佈置石人和石獸。有文獻記載，在陵側還建有圓寺、吏舍、寢殿和便殿等。現存東漢帝陵中，規模最大的是光武帝的原陵。漢代帝陵已形成以陵體為中心的平面布局形式，正南還接有簡短的神道，使總體平面有了新發展。

漢代墓室早期多以土坑木槨為主，之後堅固耐久的磚

⊙霍去病墓前石刻伏虎

石墓室逐漸代替了木槨墓。東漢時，為求陵墓安固久遠，地上地下建築材料大量採用磚石，使磚石結構的陵墓建築得到發展。地下磚石墓室，前期多是簡單的長方形平面，到後期，平面由前室、中室和後室三部分組成。有的還在前後左右設多個耳室，墓室增多，輪廓結構更為複雜多樣。墓室頂部構造有板梁式、斜撐板、多邊拱、筒形拱、疊澀覆斗藻井或穹窿頂等形式。磚石墓室又因裝飾材料不同，有「畫像磚墓」、「畫像石墓」和「壁畫墓」之分，這些雕刻和壁畫題材廣泛，技法多變，數量浩大，反映了當時的社會生活及雕刻、繪畫的水準，成為研究漢代歷史的重要資料。

漢代陵墓地面建築開始出現石象。據文獻記載，人臣墓前有石羊、石虎、石人、石柱等，帝王陵前側有石麒麟、石辟邪、石象、石馬等，都是仿照死者生前的威儀而設。西漢名將霍去病墓塚的石雕群，是模擬他長年轉戰的祁連山而建，石雕種類繁多，造型古樸，技法簡練，是西漢石雕中的精品。霍墓是中國陵墓建築中首例出現石雕群的，有關帝王陵石雕的記載，仍未有完整實例。東漢以後，石雕和石建築已廣泛應用在陵墓建築上，不少實物還遺留至今。

風箏出現

關於風箏的起源有不同的說法。有人認為古人發明風箏是受了飛鳥的啟發。春秋戰國時，魯班或墨子模仿飛鳥而製造的木鳶和木鵲就是風箏的雛形；有人認為風箏是人們受到樹葉飄飛或旗幡、帆在空中飄揚啟發而發明的。還有人認為風箏是起源於迷信，古人相信斷了線的風箏能帶走個人的不幸和晦氣。

風箏的發明已有二千多年的歷史了。傳說風箏的發明者是楚漢相爭時的韓信。唐朝趙昕的《息燈鷂文》說垓下之戰時，韓信製成風箏，叫張良坐風箏上天，高唱楚歌，楚歌傳到楚營，動搖了項羽軍心。宋朝的《事物紀原》記載有韓信曾利用風箏測量距離之事。

⊙山東安丘畫像石墓

⊙漢城遺址

從漢朝一直到唐代，風箏一直用於軍事方面。《事物紀原》記載了南北朝時羊侃利用風箏送出詔書，搬兵救駕之事。歐陽修的《新唐書．田悅傳》記載，唐德宗時，臨洛守將張伾利用風箏傳信，飛達百餘丈高，宋朝司馬光的《資治通鑑．陳紀一》記載，北齊天保十年（西元五五九年）有人乘風箏飛翔。由此可見，風箏已有了很大的發展。

唐朝以後，風箏才從軍用逐漸轉到遊戲、娛樂。起初是帝王、富豪大戶人家才能玩風箏，到北宋之後，風箏才在民間流行，逐漸演變為玩具。造紙術的發展為風箏的普及創造了條件。一般認為，紙糊風箏是五代時的李業創造的。

中國風箏給了人們很多飛行的啟迪，對後來飛機的發明有重要的啟發作用，中國古代火箭和風箏被世界公認為最古老的飛行器。

嫁接技術發源

早在戰國後期就已發明了果樹和其他植物的嫁接技術，如柑桔嫁接技術等。這種技術可以改變生物特性，引起定向變異，培育新品種，突破自然季節的限制，隨時移栽定植，是中國古代農業生產技術發展的重大成就之一。

到了西漢時期，在《氾勝之書》中非常詳細地記載了嫁接的方法，如種瓜，當十株苗的蔓長到二尺多以後才嫁接，這時各株根部都已相當發展。嫁接後，只留最強的一蔓，它必然特別旺盛。再加上掐掉分枝，以免消耗養分，使養分集中三個果實，自然可以結出特別大的大瓠。

以後嫁接技術繼續發展到不同植物之間的嫁接。北魏時由草本植物嫁接發展到木本，由靠接發展到劈接；由近緣嫁接發展到遠緣嫁接；由純粹為了結大果實發展到選擇接穗和砧木；使植物提早結果實和改良品質。《齊民要術》認為梨樹只

⊙西漢鼠吃葡萄。隨葬品。鼠豎耳圓目，尖喙有鬚，口銜餅餌狀物，長尾平舉體後，形態維妙維肖。

有選用適宜的砧木和接穗，才能提高嫁接成活率，改進果實品質；並提出適時嫁接是提高成活率的重要環節之一，指出嫁接最好在「梨葉微動」時進行，這時樹液開始流動，進行嫁接容易成活。而且還特別強調嫁接時一定要「木邊舊木，皮還近皮」，即接穗和砧木時使木質部靠近木質部，韌皮部靠近韌皮部，使形成層密結合，提高成活率。可見當時的嫁接術已達很高的水準。這種成功的嫁接技術後來又推廣應用到各種果樹、植物、花卉中。而歐洲的無性雜交嫁接技術直到二千年後才出現。

⊙弋射收穫畫像磚

各派方術流行

道家修煉方術在戰國時出現，其中有行氣、房中術和服食等流派，至漢代已十分流行。

行氣（包括導引），亦稱服氣、食氣、煉氣，是一種以呼吸吐納為主，輔以導引、按摩的養生內修方法。《莊子．刻意》云：「吹呴呼吸，吐故納新。熊經鳥伸，為壽而已矣。」吹呴呼吸、吐故納新指行氣；熊經鳥伸指導引。道教修煉，重視氣對人體的作用，認為自天地至於萬物，無不須氣以生。世傳行氣方法甚多，僅據後世《雲笈七籤》記載，諸家氣法有數十種。具體程序不一，原則大致相同。要求行氣時，凝神淨慮，專氣致柔，呼吸吐納，做到輕、緩、勻、長、深；輕，呼吸輕細；緩，進出氣舒緩；勻，呼吸節拍有致，不時粗時細；長，呼吸之間隔時間長，引氣入鼻中而閉之，陰以心數數，方徐徐吐之；深，閉氣時使氣滲進腑肺百脈，滲透組織深部。據稱煉氣既久，可達到鼻無出入之氣的最佳境界，猶嬰兒在母胎中，名曰「胎息」。行氣又輔以導引與按摩。導引，即以力引動肢體，做俯仰屈伸運動，「導氣令和，引體令柔」。按摩，即以摩、捏、推、揉等手法作用於人體之經絡穴位，以求筋肉舒展，血脈流通，使行氣更見成效。

⊙漢代養老畫像磚

房中術，亦稱男女合氣之術，或黃赤之道。原為講求房中節欲，「還精補腦」的修煉方法。道教認為男女交合，是陰陽和合之常，「陰陽不交，則坐致壅閼之病」，無益人壽；但恣情縱欲，必損人壽命，乃至速死。故一要講求交合方法；二要注意房中節欲；三要實行房中禁忌，如醉飽、勞累、喜怒、憂懼過甚，以及大寒大暑大風大雨之時，皆不宜於房事。認為實行此術，可以延年益壽，乃至長生不死。

服食，指服食藥物（丹藥和草木藥）以求長生。道教修真煉養方法，有內修和外養兩類，服食藥物屬外養。最初為服食「仙藥」。《韓非子．說林上》載有方士向荊王獻不死之藥的傳說。戰國齊威王、燕昭王以及秦始皇等曾先後派人去海上仙山搜求，後又有造人造仙丹之外丹術產生。當時除服食人造仙藥外，某些草木藥如芝、菌、朮等，仍作為仙藥服食。道教承襲服食術，所服藥物即為丹藥和草木藥兩種。某些服食藥方，豐富了古代的醫藥學。

賈誼最早提出「法錢」概念

西漢初期著名的政治家和文學家賈誼，多次上書陳述政見，反對漢高祖和漢文帝實行的任民鑄錢政策，主張由國家統一鑄造銅錢，禁止私人錢幣。

他指出，由於商賈利用銅錢名義價值和鑄造成本之間的差別鑄幣獲利，導致幣值與物價長期波動，流通混亂，出現了劣幣驅逐良幣的現象。因此，國家應壟斷鑄幣原料銅和貨幣鑄造權，推行禁銅政策，消除私鑄的根源，減少犯罪活動，安定社會經濟秩序，使鑄幣者重返農田，以進一步發展農業，貫徹重農抑商政策。「法錢」是指符合國家規定的標準重量和成色的銅錢。中央政府應「立法錢」，建立統一的本位貨幣，使市場上只有良幣，人民在使用貨幣時互不相疑，限制富商大賈對市場的操縱，平穩物價，增加中央政府的財政收入，鞏固封建國家的法制。賈誼提出「法錢」概念和「立法錢」的要求，並把貨幣問題和生產、交換、富國、強兵等問題聯繫起來，既符合了封建王朝的統治利益，又符合社會經濟發展的客觀趨勢，為歷代封建王朝，特別是漢武帝統一鑄造五銖錢做了準備，對中國古代社會經濟和思想的發展具有深遠的影響。

⊙西漢博弈老叟。這組木雕博弈俑，簡潔概括刻劃出人物的動態，並施黑、白、灰三色的彩繪紋飾，構成富有變化的素淡色調，加強了木雕的立體感。

淳于意錄「診籍」

中國古代醫學習稱的「診籍」，即現代醫學的「病歷」，中醫叫做「病案」。它是臨床診治過程的紀錄，對吸取經驗教訓，提高醫術，促進醫學的發展，具有重大意義。

周代已有中醫書寫病案的優良傳統，但沒有文獻記載，現存最早的病案是西漢名醫淳于意的「診籍」。

⊙麟趾金和馬蹄金。流通於西漢的麟趾金（右）和馬蹄金，是一種用於收藏、饋贈或大筆支付的特殊貨幣。

淳于意（約西元前二〇五至？年），臨淄（今山東淄博）人，曾做過齊國太倉長，故稱「太倉公」。他醫道高明，常常匿名行醫，看診時，總是認真記錄，積累經驗，總結教訓，醫術日臻精良。

漢文帝四年（西元前一七六年），淳于意遭到誣陷，小女兒緹縈到了長安後即刻上書文帝，為父申冤，以願做宮中婢女來替父贖罪。文帝深為緹縈的忠孝品行感動，便將淳于意免刑釋放，並親自召見了他。

漢文帝召見淳于意時，對他學醫的經過及臨床治病的具體情況都做了詳細詢問，他根據平日記錄整理的「診籍」，舉廿五例回答。當文帝問他「治病決生死，能全無失乎」時，他回答說：「時時失之，臣意不能全也。」他採取實事求是的科學態度，即便療效不佳甚至死亡的病例也照實記載，毫不掩飾。

在「診籍」中，他詳細而有條理地記載了病患者的姓名、性別、職業、里居、病因、病機、症狀、治療、癒後等內容，具備了現代病案格式的主要款項。他在疾病的治療上，以藥物為主，常用複方，包括湯劑、丸劑、散劑、含漱劑、酒劑、外敷藥、陰道坐藥等多種劑型；還輔以針灸、冷敷等其他療法，體現了西漢初年藥、灸、針並用的治療原則，說明方藥治病為主的情況。其中記有內、外、婦產、口齒等科的廿三種

⊙西漢醫工盆。醫用器具。敞口，外折沿，淺折腹，假圈足。口沿和器壁上刻有「醫工」字樣，口沿上一處為工整的隸書，其餘兩處較潦草。

病症，以消化系統疾病為主。所述及的病因，以房事、飲酒為多，過食、寄生蟲、過勞汗出、外感風寒等次之。「診籍」中不僅記有浮、沉、弦、緊、數、滑、澀、大、小、代、實、弱等近二十種單脈，而且論述了脈大而數、脈大而躁、脈大而實、不平而代、脈沉小弱等兼脈的診判意義，其中有十例可單憑脈象而判斷生死，展現了他高明的醫術和西漢初年的醫學水準。

淳于意向文帝答辭的「診籍」，被司馬遷載入《史記．扁鵲倉公列傳》中，得以完好的保存下來，成為中國現存最早的病案。

中國飲食方式確立

秦漢時期是中國的多元化飲食方式確立的時期。飲食狀況反映了當時的生產狀況、文化素養和創造才能，反映了人們利用自然、開發自然的特種成就和民族特質。

這一時期，人們已確立了以五穀為主食的飲食結構。五穀即粟、黍、麥、菽、稻。

由於各地自然條件和穀物種植狀況相異，不同地區的主食各有特色。秦代北方人以粟為主食，漢代北方人以麥為主食，南方人則以稻米為主食，邊郡人以雜糧為主食。主食製法可分餅、飯、粥三種，其中餅又有蒸餅、烤餅、湯餅等。這些食品的做法一直沿襲至今。

⊙庖廚俑(上、中圖)

⊙執廚俑

副食可分蔬菜水果、豆腐和肉食品三大類。這時的蔬菜水果種類頗多，長沙馬王堆漢墓和廣西貴縣羅泊灣墓就出土了幾十種蔬菜水果品。豆腐被稱為時尚之食；製造豆腐技術，不僅打開了利用大豆蛋白質的途徑，開發植物蛋白也是對世界的一大貢獻。肉食可分家養和野生兩大類，種類很多，豬和雞是人們最愛吃的家養肉類，有數十種野生動物被人們經常食用。

在飲食搭配上，秦漢人以五穀為主，各種水果、蔬菜、肉類為輔，互相補充，使食物多樣化。這種飲食結構有合理的一面，因為不同食物所含的營養素不同，為了取得人們賴以生存並維持

健康的營養素，保持人體內酸鹼平衡，就要攝取多種食物。但從現代營養學的觀點來看又有不合理的一面，這是一種低等、簡單、不完全的飲食結構，因為主食五穀是低蛋白，而含有品質較好的蛋白質的肉類又只是輔食之一，不利於人體素質和壽命的提高。這種以植物為主，以動物為副，只講色香味，不講營養的低等飲食結構，沿續了二千多年，至今沒有大的改變。

秦漢人的飲食習俗隨身分地位不同而各異，一般官吏和貧民一日二餐，上層統治者到漢代已是一日三餐，而天子們的飲食則為一日四餐。秦漢統治者宴飲成風，目前可以找到四個代表漢代飲食品種和烹調水準的菜單，第一個是長沙馬王堆馱侯家族墓葬的出土食品；第二個是山東諸域涼台村出土的東漢晚期畫像石墓的「庖廚圖」；第三個菜單是《鹽鐵論．散不足》中列舉的當時二十款時尚之食；第四個菜單是枚乘的《七發》列出的九款「天下之至美」飯菜。這四張菜單，反映了當時唯求稀珍、重葷輕素、菜肴量過大的宴飲特點，是中國傳統宴席的通病。

⊙紅陶灶

漢代飲酒成風，進食遵循禮節。宴飲場面豪華而壯麗，菜肴豐盛，賓客如雲，僕從穿梭，還有伎樂百戲娛樂賓客，充分反映了貴族奢侈靡費的生活狀況。

秦漢人的飲食文化心態是整個秦漢時代社會心理的重要組成部分，具有民族性、等級性、地域性三個特點。在飲食文化的價值取向方面不僅體現了多重價值的集合，而且增長了誇飾性與炫耀性。

⊙庖廚石刻像。早期的食物與藥物往往難分彼此，人們在尋找食物時常常發現藥物。同樣，早期的庖廚器具乃至烹飪技術也往往直接用作醫用，藥物的炮製和製劑、複方的調配等當與烹飪有密切的關係。

漆器工藝統一發展

西漢前期，漆器工藝在戰國、秦的基礎上獲得長足發展。此時的漆器已不像戰國那樣具有各地不同的形態和風格，而是差異消泯，風貌漸趨統一。漆器生產數量增多，品質提高，不但製作精工，而且在造型和髹飾方面有不少創新。

漆器輕便、美觀、不易摔破，是較好的生活日用品，有很高的藝術價值。在製作技術方面，漢前期漆器製作分工細密，專業化程度相當高。據出土的漆器銘文，此期較好的漆器至少要經過八道工序，即「素工（製胎）」、「髹工（垸漆、糙漆等）」、「上工（鑲嵌飾件）」、「銅耳黃塗工（鍍金）」、「畫工（描繪紋飾）」、「雕工」、「清工（清理打磨）」，最後經「造工（工師）」檢查才可通過。其中兌漆和髹漆是製作漆器的兩道基本工序。兌漆即視不同的需要，摻入一些稀釋劑和著色劑。髹漆是為改善漆的流動性能，提高製品的光潔度而在天然漆中摻入油類。凡黑色、深色主要用漆塗物；凡顏色淺淡鮮明者，則須摻油。漢代漆器色澤豔麗，常在黑漆地或朱紅地上，使用朱紅、赭紅、金黃、土黃、乳白、銀白、粉綠、暗綠、藍紫等構成各種紋飾，線條細膩勻稱，別具一格。長沙馬王堆漆器代表了西漢前期髹飾工藝的最高水準，其中的一件彩繪黑地漆棺以雲氣旋卷、神仙鳥獸飛騰出沒的雲虛紋為題材，色彩流動凝重，具有特殊藝術魅力。

⊙雲紋漆鈁。湖南長沙馬王堆漢墓出土。斫木胎，器表黑漆，器內紅漆。領圈朱繪鳥頭形圖案，其下為紅色和灰綠色的雲紋。

⊙漆案和杯盤

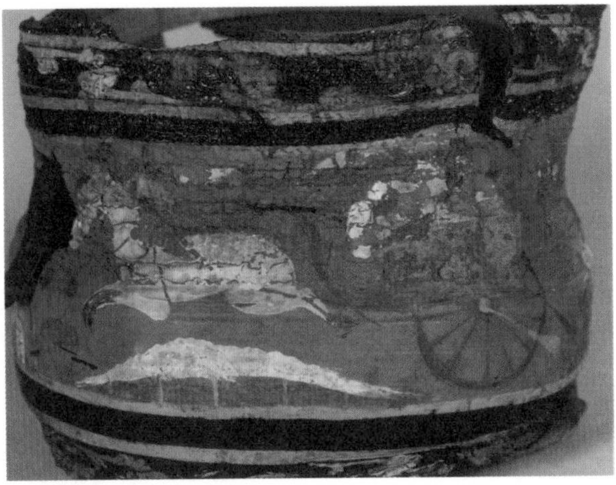

⊙西漢墓中出土的漆奩，卷木胎，有蓋。奩身上下為兩周粉彩卷雲紋，中間主要部分以黑、黃、灰綠等粉彩於紅地上繪《車騎出行圖》。描繪當時貴族出行情景：一貴族坐在急馳的馬車上，其馬四肢騰空。御者雙手緊勒韁繩，以控奔馬。為防仰翻，車箱底裝有兩條向外傾斜的支足，車後跟隨三騎，前兩騎可見騎士，後一騎僅從小亭背後露出馬頭和前蹄。車騎過後，亭長在小亭內目送。其後，還有持戟的衛士和躬身的小吏。雲、山、飛鳥、樹木等自然景象也畫入圖中，畫面活潑流暢，生動逼真。《車馬出行圖》是西漢時期漆器繪畫具有代表性的作品之一。

漢代漆器裝飾技術也有很大發展，主要有鑲嵌、螺鈿、金銀平脫、扣器、堆漆、戧金幾種技法。鑲嵌是在漆胎中嵌入玉石、珠寶、瑪瑙、金銀箔等飾物。北京大葆台墓漆器上鑲嵌玳瑁、雲母等。螺鈿是在漆面嵌以貝殼類，馬王堆二號墓出土過螺鈿漆器。金銀平脫也是金銀嵌的一種形式，西漢前期已開始使用平脫工藝，這類出土的器物有安徽阜陽雙古堆墓中的柿蒂紋銀平脫漆奩等。扣器是在口沿部鑲嵌金屬的漆器，從出土的漆器看，西漢前期王府貴族所用漆器，已普遍採用鑲嵌銀扣和鍍金銅扣等技術。貴州清鎮出土了西漢元始年間廣漢郡工官造鍍金銅扣漆盤。堆漆是在漆面上堆疊出種種花紋，長沙馬王堆三號墓出土的一件長方形奩，上面佈滿彩色雲氣紋，以白色凸起的線條勾邊，用紅、綠、黃三色勾填雲氣紋。戧金是以針在漆面刺刻出圖紋，再把金、銀屑撒入紋中。西漢早期漆器刻紋技術已相當成熟，馬王堆三號墓的部分漆器有針畫紋，同墓出土的竹簡把這種技法叫「錐畫」，它在當時已成為一種專門的工藝，在此基礎上發展出戧金工藝，從西漢中期開始使用。

漢初漆器大多莊重、實用，出土地點主要分布在南方，每每大量被發現。這表明西漢前期已大量生產漆器，並且融合各地區漆器工藝的特色，形成漢代漆器的統一風格。

西漢中晚期，漆器生產地遍及全國，髹漆與金工及其他工藝相結合，使漆器更加華美瑰麗，金銀平脫等西漢前期很少使用的技法，到西漢後期已普遍使用，漆器出土的狀況說明了西漢後期漆器工藝的普及程度。

首先，出土漆器的西漢中晚期墓葬幾乎遍及全國，超過前期。出土量雖不像前期那樣大宗，但出土地點明顯增加。西漢前期漆器出土地主要在南方，到西漢中晚期，漆器較難保存的黃河流

⊙雲龍紋漆平盤。湖南長沙馬王堆漢墓出土。直壁，平底，盤內髹黑漆和紅漆，以漩渦紋組成龍鬚鱗爪，口沿上為波摺紋，內外壁為鳥頭形圖案，筆法工整，花紋構圖精緻巧妙。

域也出現漆器製造中心，如洛陽漢墓、河北滿城劉勝墓、北京大葆台燕王劉旦墓等，說明漆器產地增多。此外，西漢後期還形成最為重要的官漆產地——漢蜀郡和廣漢郡、朝鮮平壤附近以及貴州清鎮都有這兩地製造的漆器出土。

從製作工藝來看，西漢中後期漆器更精緻華麗，夾紵胎、扣器的比例增大，金銀平脫比較普遍地使用起來。西漢中期在漢初漆器刻紋的基礎上發明了戧金技法。湖北光化縣三號、六號漢墓出土的兩件漆卮，刻有動物和流雲紋飾，所有刻紋都填入金彩，是中國最早的戧金器。西漢前期漆器多較莊重、實用，木胎居多，夾紵胎一般只見於諸侯王和列侯墓中，扣器為數不多，金銀貼花的漆器更為稀少。

⊙雲紋漆匜

西漢中期以後，流行在盤、樽等器物的口沿上鑲鍍金或鍍銀的銅箍，在杯的雙耳上鑲鍍金的銅殼，這種「銀口黃耳」或「扣器」開始普遍使用，不限於王府貴族之家。金銀平脫技術在西漢前期開始使用，到後期此項技術更普遍，此期出土的漆器蓋上都有金或銀平脫飾。

西漢中後期，漆器普遍使用較複雜的漆器裝飾技術，產地由長江以南擴展到黃河流域，隨著商品流通的發展，漆器工藝在西漢中晚期普及中國，在各種工藝品中占有重要的位置。

中國第一部訓詁學專書——《爾雅》

《爾雅》是中國第一部以訓釋字、詞為主要內容的訓詁學專書，它開創了中國詞義分類和比較研究的訓詁學新階段。它與《說文解字》、《方言》、《釋書》一起構成了漢代小學的高峰，是中國語言文字學研究的重要里程碑。

關於《爾雅》的作者及成書年代，有很多說法，鄭玄認為它是孔子或門徒所著，成書於東周，魏太和中博士張揖又以為是周公所作，但他也無法肯定。

現代多數學者認為，《爾雅》一書的淵源很古，在相當長的流傳過程中經許多學者增補，最後成書於漢初。關於書名的涵義，唐初陸德明在《經典釋文》中解釋為近正，近人黃侃先生考證認為，「雅」是「夏」的借字，因而他斷定《爾雅》是諸夏人的言論，為經典的常用語，《爾雅》的釋詞為訓詁的正義。綜合考察，《爾雅》是一部通釋先秦語詞語義的訓詁專著，應當是無疑的。它所釋詞包括用標準語釋方言詞語，用當代語釋古語及用常用語釋難僻詞語三種類型。

這部書是訓詁學史上第一部脫離具體語境訓釋語詞意義的專書，它是先秦語言文字研究成就積累的結晶，彙聚了先秦文獻訓釋的大量材料，是研究先秦文獻語言的入門書，它繼承了戰國中期萌芽的詞義類聚和比較研究的方法和成果，將分散在不同文獻中的隨文釋義的訓釋材料，按同訓的原則彙集起來，展示了詞與詞之間的意義關係。它還首創了按詞的義類編排辭彙的辭書編纂體例，對後世辭書影響很大，後世百科詞典基本上承襲了這種體例。

此外，《爾雅》還可以幫助我們瞭解古代的自然狀況和社會狀況，因而極為後代所珍視，漢文帝時代就曾把它同《論語》、《孟子》、《孝經》並列於官學，作為通讀古代文獻的基本必讀書。唐文宗將它列為經書，地位十分重要，因而它流布很廣，校注和研究《爾雅》的學者很多，僅清代到近代就有不下二十家。研究集中在校正文字如阮元、嚴元照等，補正注疏如周春，疏證如邵晉涵和郝懿行等以及釋例的如陳玉澍和王國維等等，這些恰恰表明它在文化史上具有重要地位。

⊙漆盒

選士制度鼎盛

選士制度開始於西周，到西漢時期進入鼎盛時期。漢代選士制度的鼎盛主要表現在它有眾多方式。漢代選士，以察舉和考試為主體，以薦舉、辟署、徵召、軍功、納貲、任子等為輔助，多途徑、多方位地選拔賢士為官吏。

察舉是經過考察後進行薦舉的選官制度，盛行於兩漢；辟署是主要長官任用屬吏的制度，漢代規定，二千石以上的長官可以自闢掾屬，直接為百石官吏，百石以上的官吏再報中央批准。徵召是皇帝採取制徵和聘召的方式，選拔有才能及有名望的人直接進入朝廷。薦舉有私人薦舉和官府薦舉之分，帶有一定保舉性質，如果被薦舉的人犯法，薦舉的人要負連帶責任。軍功是按從軍征戰、功勞大小賞給爵位和官職的制度，漢代的李廣、趙充國、傅介子等都是積功而為將帥的著名人物。漢代選士制度中的納貲是指用資財和金錢而得官。任子則是指子弟依靠父兄的官秩和功勞被保任為官的方法，即靠世襲進入仕途。此外，漢代還有計吏、上書、博士弟子和國子、技藝等多種選拔官吏的途徑。漢代選士制度確實選出了許多名將、賢相，也確實在歷史上發揮了重大的作用，但選士制度流弊也很多。漢代選士制度以財富為主要條件，可憑藉大量財富取得入選資格，反之則有一批寒士，雖然學問深厚，也無條件入選。

選士制度對中國歷代教育都有一定影響，隋以後各王朝設科考試，分科取士，從此中國選士制度進入另一階段——科舉制度階段。

⊙舉孝廉圖。秦漢選官為察舉制，孝廉、茂才等常科和特科成為察舉制實踐的具體途徑。圖為內蒙古和林格爾漢墓壁畫舉孝廉圖。

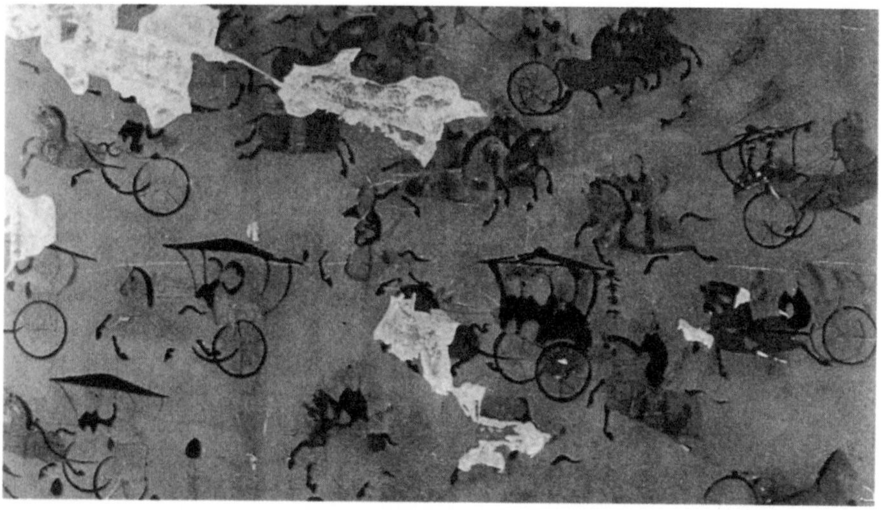

世界最早行星運動紀錄

兩漢時期，對天象的觀察之細緻和精確程度，足以令今人驚嘆，其中最為代表性的便是一九七三年在湖南長沙馬王堆三號漢墓出土的帛書《五星占》。

《五星占》，字體為隸書，全文共有一四四行，約八千字，另有廿九幅彗星圖。其中，占文部分保存了甘氏和石氏天文書的一部分，尤以甘氏的為多，全書詳細敘述了從秦王政元年（西元前二四六年）到漢文帝三年（西元前一七七年）這七十年間金、木、水、火、土等五大行星的運行情況及準確位置，並推出它們的會合週期和公轉週期。另外，彗星圖的畫法還顯示了當時已觀測到彗頭、彗核和彗尾，並且彗頭和彗尾還有不同的類型。

據《五星占》所載，金星的會合週期為五八四．四日，比現在測量值僅大〇．四八日；土星的會合週期為三七七日，比現在測量值只小一．〇九日；土星的公轉週期為三十年，比現在測量值只大〇．五四年；木星的會合週期為三九五．四四日，比現在測量值只差三．四四日；木星的公轉週期為十二年，比現在測量值的只大〇．一四年等等，都說明當時的測量手法與技巧已達到了很高的水準，可見當時的天文學的興盛程度。

《五星占》成書於西元前一七〇年，比古希臘天文學權威喜帕恰斯的有關記錄至少早一個世紀，是世界上最早記錄有關行星運動的史料。

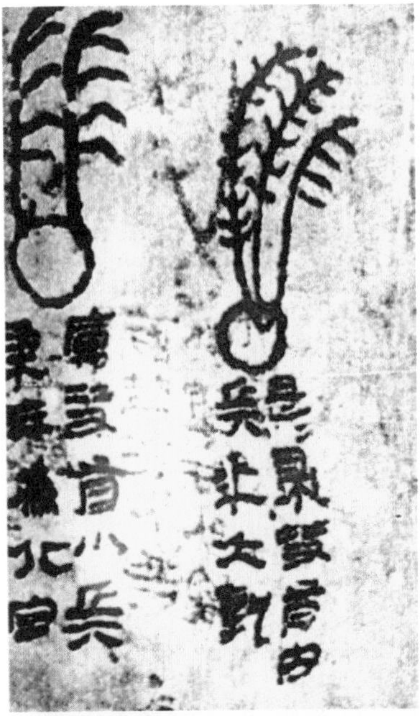

⊙漢代帛畫《彗星圖》。帛上共有二十九幅彩繪彗星圖，除兩圖有殘缺外，其他各圖均完整無缺。圖中繪有三種不同的彗頭，四種不同的彗尾。說明當時的觀察已很精確，分類也很科學。

⊙漢代畫像石中的北斗星象圖（拓片）。在墓中刻北斗七星以象徵帝王之車，乘北斗升天。

馬王堆漢墓帛畫

漢代，厚葬之風盛行，隨葬品豐富多樣，其中包括帛畫。馬王堆漢墓的隨葬帛畫，都是覆蓋在內棺上的彩繪帛畫。帛畫共五幅，其中一號墓一幅，三號墓四幅，為西漢文帝時期創作（西元前一七九至前一六三年），是迄今發現的漢代最早的獨幅繪畫作品，是漢代美術的重要遺物。

一號墓帛畫，為「T」字形，畫面完整，形象清晰，自上而下基本分為三部分，描繪了天上、人間和地下各種景象。一號墓軑侯利倉妻子墓中有一幅：最下面是一個立在交身紅鱗青色巨魚身上的裸體力士，他雙手用力向上托著代表大地的平板，象徵地下，即「黃泉」的情景；中部一段則描擬人間，穿璧雙龍體上有一個雙豹臥於下的白色平台，一個老婦人拄杖前行，服飾華麗，身後和身前各有女婢和男子恭侍和跪迎，老婦人應該是墓中死者的形象；上部描繪天空，有應龍和雙豹守衛閶闔門——天門，頂上是日、月、蛇身神人和升龍，在左邊彎月下有一女子飛升，多半是代表死者靈魂升仙。三號墓出土的一幅帛畫與此幅尺寸、形制、內容都相近。這兩幅帛畫以有序的層次展示了漢初人們觀念中的宇宙圖景，取自遠古神話的大量形象和按照現實描繪的人與物構成天、地、人相溝通的世界。帛畫是葬儀中用以表示招魂、導引後隨葬的旌幡，又名為「非衣」。因而，畫的主題是靈魂升天，畫中人物（墓主人形象）正行進在通往「天國」的途中，天上日月並輝，明樂環響，龍、豹、翼鳥、玉璧等都是吉祥、護佑的象徵。發現於三號墓的另外三幅隨葬帛畫，描繪的內容是盛大的車馬儀仗隊場面，表示墓中人的生榮死哀，及其身分和顯赫的家勢。

馬王堆漢墓的隨葬帛畫，內容豐富，極富想像力；人物造型帶有風俗畫的性質，寫實和裝飾相結合，線描規整灑脫，色彩絢爛協調，顯示了當時已相當高的藝術水準和織繡工藝的高超技術，是中國繪畫現實主義傳統的發軔，後來的北魏司馬金龍墓隨葬漆畫與東晉顧愷之的《女史箴圖》卷，與之一脈相傳。

⊙西漢軑侯妻墓帛畫。帛畫於一九七二年在長沙馬王堆一號漢墓出土，出土時畫面向下，覆蓋於內棺蓋上，呈T形，下邊四角綴有麻質絲帶，作用近乎葬具的銘旌。作品以祈頌墓主人飛升為主題，補以神話傳說。內容豐富，構圖精巧。人物形象仍如戰國帛畫，取側面像，平面排列，卻注意於情態的表達。色調則比之戰國帛畫豐富濃麗。淡墨起稿後以朱砂、石青、石綠等礦物顏料，青黛、藤黃等植物色及動物色蛤粉，綜合運用，平鋪施色，間以渲染，勾勒精巧，表現了漢初繪畫的新水準。

⊙西漢軑侯子墓帛畫（局部）。一九七一年出土於長沙馬王堆三號漢墓，墓葬年代為前一六八年。帛畫內容基本同於一號墓帛畫：上部畫天上景象，有圓日、金烏、扶桑樹、彎月、蟾蜍、玉兔和星斗，其中畫一側身女子，人首蛇身，其側有上裸男子，騰空飛舞。中部上段是墓主人出行場面，墓主為一男子，戴冠佩劍，身著紅袍，前有三人作恭迎狀，後有六人隨行。中部下段是宴饗場面。下部畫一裸身力士托舉大地。整個畫面也是圍繞著墓主人靈魂升天這一主題，所不同者，僅在此圖無女子托月形象，其天闕下降至T形豎段上方。畫中人物形象仍為側面，主大賓小，基本平列，服飾體態用於體現人物身分，亦能表現一定情態。線描精細，設色瑰麗，則多同於馬王堆一號漢墓帛畫。構思安排、藝術水準略遜於前者。

西漢地圖保存至今

一九七三年十二月在湖南省長沙市東郊馬王堆三號漢墓出土了三幅繪於帛上的地圖：地形圖、駐軍圖和城邑圖，前兩幅保存較完整。這些圖件均為漢文帝十二年（西元前一六八年）之前製作，迄今至少已有二一六〇年的歷史，經整理復原，成為舉世罕見的珍品。

地形圖為邊長九六公分的方形地圖，上南下北，範圍大約在東經一一一至一一二度三〇分，北緯二三至二六度之間，相當於當時的長沙國南部地區（今湖南南部、廣東北部和廣西東北部），中心城鎮為深平，故可稱為《長沙國深平防區地形圖》。圖的內容豐富，繪畫精細。如用按水流方向由細到粗的漸變線表示了湘江水系，其中至少有九條標注了名稱；用方框符號表示了八個縣城；用大小不等的圓圈表示鄉、里級村莊。山形線的表示方法獨特，如用魚鱗狀圖形和月牙形符號分別顯示渾圓丘崗和突出山嘴。該圖以三種顏色繪製，位於圖幅左上方的珠江口以田青色繪畫，道路用淡赭色描繪，其餘內容均以黑色表示。圖上注記的字體為篆隸之間的過渡體。

與現在地形圖對比，可發現河流、山脈範圍及走向大體正確。說明當時已有了較準確的測量技術，也糾正了過去人們認為西晉以前的地圖不繪名山大川、不按比例尺製圖等傳統看法。

駐軍圖其範圍是地形圖的東南部分，圖中以黑色套紅標誌了九支駐軍駐地，並以紅色標出整個防區的範圍，設在防區中央偏後的指揮部則以紅色三角形標示，旁邊還繪有一個儲水池。另外，還以黑紅勾框標出了前哨警戒部隊。用箭樓狀和台柱形符號標示城防工事，尖狀符號則表示後勤基地，而且這

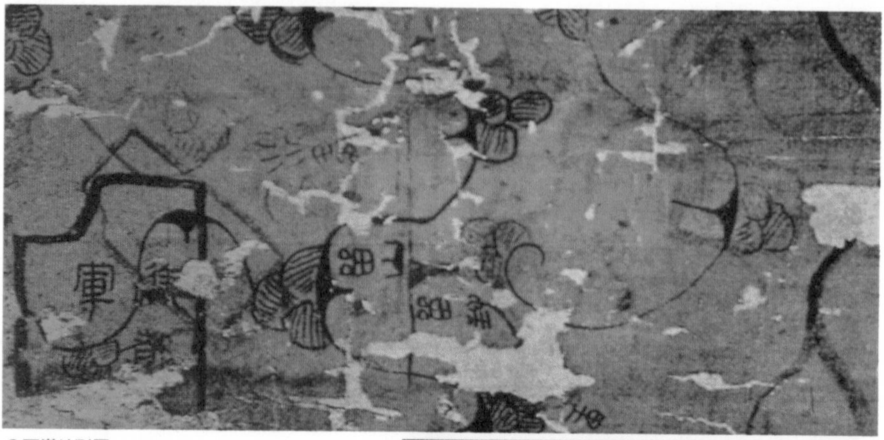

⊙西漢地形圖

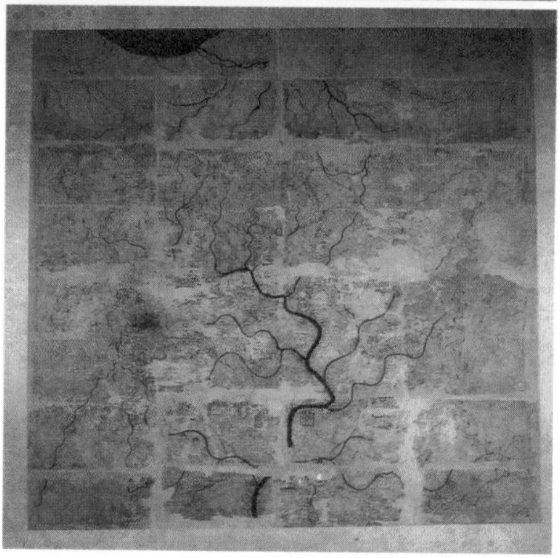

⊙西漢駐軍圖

些軍事要素都用紅色描繪。前沿通向敵方的道路也當作軍事內容用紅點表示，秘密通道還注有「複道」字樣。圖上還畫了四十九個有名稱的居民點，圈內注地名，旁注戶數，其中有的還注「不反」、「今毋人」等字樣。前沿地帶的村莊，如「胡里」旁注「並路里」，反映了當時屯邊並村的邊防措施。在前沿通往防區外的道路還標注了村莊之間的里程。總之，駐軍圖的發現表明，漢代軍用地圖已經形成了獨立的體系，各種製圖、標圖技術已經相當規範化。

馬王堆出土的西漢地圖是中國，也是世界上現存最早的實測彩色古地圖，它證明中國漢代在測量技術、繪圖技術、符號設計、製圖原則等方面已經達到了相當高的水準。

⊙西漢張掖都尉啟信。它是通行關禁的證件，又是高級官吏的一種標幟。啟信上的字體為正統的小篆，是當時行世的官書體之一。

文化小事典

郡守開始使用符節

漢文帝二年（西元前一七八年）九月，漢朝郡守開始使用符節。

符節為符和節的統稱，是古代傳達命令、調兵遣將、出入關卡時及出使者所持的憑證。多以金屬製成，也有的由玉石、竹木製成。漢文帝時為加強中央對地方的控制，開始讓郡守使用銅虎符、竹使符。符即虎符，是銅虎符的簡稱，因為以銅製作，另外又形似猛虎，因而得名。符長六寸，原為完整虎形，順脊背梁部一分為二，右半部留朝廷，左半部與郡國。虎符專供發兵使用，如果朝廷要調撥郡國之兵，就向郡國出符，合符才可發兵。節是信物，為號令賞罰之節。多以竹製成，長約七八尺（漢一尺約合現今七寸），節上裝飾旄牛尾，尾由犛牛縣按年進貢，所飾犛尾共三重，顏色常有變更。開始時為紅色，漢武帝時為防止太子假傳命令調兵遣將，於是在第一座上加飾黃旄，以示區別。由於節為信物，有節則顯示權重，無節則權輕，因此漢朝時人們重節。

漢文帝時讓郡守使用符節有助於社會穩定，對阻止諸王列侯等擁兵自重有重要作用。

馬王堆漢墓漆器代表漢代漆工藝水準

一九七二至一九七四年，在長沙馬王堆出土的西漢初期長沙國丞相軚侯利倉及其家屬的墓葬，有大量形制多樣、工藝精巧、保存完好的漆器。這些漆器代表了漢代漆工藝的水準。

漆器是中國古代一項獨創性發明，用漆樹的分泌物漆醇塗飾器物而成。漆醇形成的漆膜對器物有保護作用，而且美觀精緻，經久耐用，作為飲食器皿，比青銅器更具優越性，故為漢代統治階級所愛好，製作極盛。馬王堆出土漆器共約五百件，一號墓一八四件，十五種樣式，三號墓三一六件，十二種樣式，有盛放食物的鼎、盒、盤、盆；盛酒的鍾、圓壺、方壺；生活用具几、案、屏風、卮林、耳杯；盥洗用具、沐盤；梳妝用具有方、圓奩盒等。其中漆耳杯占漆器總數的一半以上。

漆器大部分是木胎，只有少數奩和卮是夾紵胎。木胎的製作有輪旋、割削和剜鑿、卷製三種，不同器形分別採用不同的方法。夾紵胎先用木頭或泥土製成器形，作為內模，然後用多層麻布或繒帛附於內模上，逐層塗漆，乾實後，去掉內模，剩下夾紵胎，用的是脫胎法。

漆器的裝飾花紋多為漆繪的紅、黑和灰綠等色。紋樣則以幾何紋為主，龍鳳紋和草紋為輔。施花紋時有漆繪、油彩、針刻、金銀箔貼等幾種方法。漆繪用漆液加顏料在已塗漆的器物上描繪圖案，色澤光亮，不易脫落；油彩用油汁調顏料繪描在已塗漆的器物上；針刻是用針尖在已塗漆的器物上刺刻花紋，有的刻縫中填入金彩，類似銅器上的金銀錯效果；金銀箔貼是用金箔或銀箔製成各種圖紋，貼在漆面上，呈現「金銀平脫」的效果。

軑侯在漢朝的公侯序列中微不足道，僅領有民戶七百，和萬戶大侯相比，小得可憐，但作為第一代軑侯的利蒼在漢初為相，封侯前後只八年，墓葬中就置有幾百件精美的漆器，造型完美，色彩絢麗，由此可窺見西漢髹漆工藝鼎盛；保存得那樣完好齊備，更是我們瞭解當時漆器工藝以及飲食日用制度習俗的寶貴資料。

⊙馬王堆出土漆耳杯

馬王堆漢墓醫書

一九七三年底，湖南省長沙馬王堆三號漢墓出土了大批帛書及竹木簡牘。其中與醫學有關的帛書共十四種，合稱《馬王堆漢墓醫書》。三號墓墓葬年代是漢文帝十二年（西元前一六八年），根據書寫字體考察，其抄寫年代約在西元前四世紀末或三世紀初。

這批醫書分別書寫在大小不同的五張帛和二百支竹木簡上，出土時已有不同程度的殘缺或損壞，後經拼綴修復及辨認研究，估計總字數約三萬字左右，可辨認字數約二萬三千字左右。原書本無名，馬王堆帛書整理小組根據內容分別定名。

《足臂十一脈灸經》和《陰陽十一脈灸經》，全面論述了人體十一條經脈的循行走向、所主疾病和灸法，為現知最早專論脈經的文獻，被認為是《靈樞．經脈》的祖本。《脈法》可辨識部分，主要記述運用砭法在脈上排瀉膿血來治療癰腫。《陰陽脈死候》是古代診斷學著作，講述「五死」病候，與《靈樞．經脈》篇相近。估計著作年代應早於《內經》。

《五十二病方》是馬王堆醫書中內容最豐富的一種，也是中國已發現的最古醫方。記載了五十二類疾病，包括內、外、婦、兒、五官等各科病症，其中百分之七十以上是外科病，可視為當時的一部外科著作。最能反映《五十二病方》外科成就的是書中對痲瘋病的發病機制和症狀的具體、生動描述和對腹股溝斜疝的治療技術。認為痲瘋病是由蟲侵入人的機體，就像螟囓食植物一樣，發病沒有定處，鼻、口腔、齒齦、手指處均可出現，能使人鼻缺、指斷，用這種生動形象的比喻對其病因病機論述得十分深刻，反映了當時醫學家對痲瘋病細緻的臨床觀察和認識水準。

《卻穀食氣》是現存最早的氣功文獻之一，而《導引圖》則是現存最早的導引圖譜，描繪了四四種表現各種導引姿勢的彩圖，每圖均標有所治疾病或所模擬動物的名種。《胎產書》也是現知最早專論婦產科的醫學文獻，內容包括求子、養胎、產後處理等，其中「十月養胎」之說即後世「徐之才逐日養胎方」的祖本。《十問》、《天下至道談》、《合陰陽方》及《養生方》、《雜療方》的主體部分屬房中類醫書。《雜禁方》、《養生方》和《雜療方》的部分內容屬巫術方。這些醫學文獻有很高的價值，值得我們倍加珍視。

漢代「氣」的思想定型

氣的運行從另一個途徑豐富了戰國「易」的思想，氣作為本體，特別是運動、變易的本體可以規範和具體化「易」，但似乎這是使問題更複雜而又沒有真正的進展。

最早提出元氣的可能是管子（他稱之為精氣，萬物都具有的一種東西，但我們可以認為他講的是物理構成），孟子也有所謂氣（但多半指的是人的精神），但是在戰國人那裡，氣已不是簡單的物理和生物氣，而是一個範式。

可以把五行、陰陽乃至原子（在墨子和惠施那裡有邏輯的原子概念，但沒有足夠的證據說他們認為世界是由原子構成的）看作組合範式的具體形式，看作戰國文明用組合結構規範物件，那麼氣就是變換的範疇，氣指的是萬物之間的變化方式，氣的運動、聚散、流布就

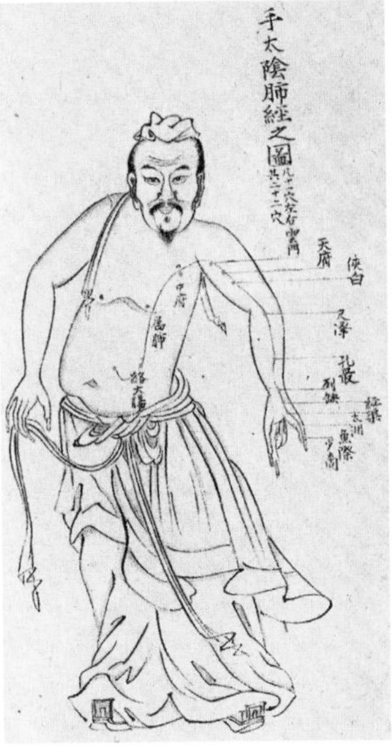

⊙手太陰肺經。人體營衛之氣運行的起始之經，平旦（寅時）人體營衛之氣始出於手太陰肺經。

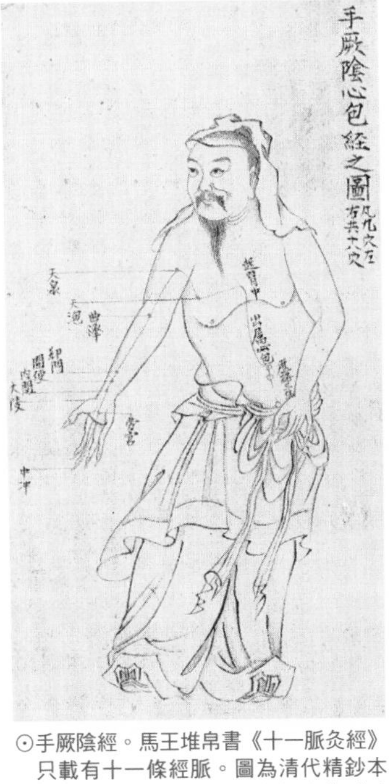

⊙手厥陰經。馬王堆帛書《十一脈灸經》只載有十一條經脈。圖為清代精鈔本《淩門傳授銅人針灸指穴》中的《手厥陰心包經圖》。

⊙長沙馬王堆漢墓出土的《五十二病方》，是已知最早的醫方專著，而且已有了辨證施治的思想萌芽，反映當時的臨床經驗醫學已發展到一定水準。

構成一切具體事物（包括本原），而它們是可以用組合（如五行、六十四卦）來規範的。此時氣與五行是並列的範式。

在西漢，氣上升為本體，也就是主導範式的絕對化，氣被孤立出來成為物件，並被用變化、生成的方式研究，就構成了絕對的性質。這時組合範式（卦、五行、陰陽）不再是與它並列的圖式。

七國之亂

漢初，高祖劉邦因兄弟少，諸子年紀小，又不相信異姓王等原因，大封同姓為王，並與群臣盟約「非劉氏而王者，天下共擊之」。

經過幾朝的演變，到景帝時齊、楚、吳三封國幾占天下之半。且吳國擁有江蘇五十三縣，盛產銅、鹽，吳王劉濞「即山鑄錢，煮海水為鹽」，使吳王錢幣滿天下，「富埒天子」，且軍力強大。吳王驕橫，早就蓄謀叛亂。文帝時，晁錯曾數次上書請求削減吳王封土。景帝即位，吳王更加驕橫，晁錯又上《削藩書》明確指出，削藩諸侯王會反叛，不削藩他們也同樣反叛。如果削藩，他們會馬上反叛，麻煩小些；如果不削藩，他們的反叛會遲延，麻煩反而大些。景帝採用晁錯之策，將楚王東海郡、趙王常山郡、膠西王六縣削去。漢景帝三年（西元前一五四年）正月，又將吳王會稽等郡削去，激起諸王強烈反對。吳王劉濞與膠西王劉卬約定反漢，一旦事成，吳王與膠西王分天下而治，此後吳王即聯合楚、趙、膠西、膠東、菑川、濟南等六國，以「誅晁錯、清君側」為名，發動武裝叛亂，史稱「七國之亂」。吳王還同時謀殺了吳國境內中央政府所設置的二千石以下官吏。吳王親率吳楚聯軍二十餘萬人西征。膠西、膠東、濟南、菑川四國合兵圍攻忠於漢廷的齊國。趙國則暗中勾結匈奴，起兵反叛。面對聲勢洶洶的七國叛軍，景帝輕信了晁錯的政敵袁盎之言，以為除掉晁錯，退還削地，就可使七國罷兵，於是將晁錯在長安東市斬殺，並派袁盎去談判求和，卻沒能平息七國的叛亂，吳王劉濞自稱東帝，不肯罷兵，七國之亂反而愈鬧愈大。

⊙晁錯像

周亞夫平定七國之亂

漢景帝三年（西元前一五四年）正月，吳、楚等七國起兵反叛，三月，太尉周亞夫率軍平定。

景帝誤殺晁錯後，悔恨之餘，決定以武力平叛，於是派遣太尉周亞夫統領三十六將軍率兵征討，迎擊吳楚聯軍，並派酈寄擊趙、欒布擊齊地諸國。

其時，吳王親率吳楚聯軍二十餘萬將糧倉設在淮南的東陽，而以主力渡過淮水，向西進攻。同時，膠西、膠東、濟南、菑川等四國合兵圍攻忠於中央政權的齊國。趙國也在暗中勾結匈奴。二月，周亞夫採納趙涉建議，從武關出兵抵洛陽。當時吳楚聯軍正猛烈進攻梁（今河南開封），亞夫不救，並率兵向東北走昌邑（今山東定陶東），以堅壁固守的戰術，避免與叛軍正面交鋒，並派精銳騎兵突入敵後，奪取泗水入淮口，截斷叛軍的後勤補給。加上戰事在淮北平原上進行，吳楚聯軍多為步兵，漢軍多是車騎，形勢對吳楚軍不利。吳楚聯軍連戰無功，士氣低落，供應短缺，又無法越過梁國堅守的睢陽（今河南商丘南）。吳楚聯軍於是北進至下邑以求和亞夫軍一戰，結果一敗塗地。三月，吳王劉濞殘部數千人退守丹徒（今江蘇鎮江），被東越人所殺。楚王劉戊也兵敗自殺。其他諸王為欒布和酈寄所逼，有的被殺有的自殺。歷經三個月的七國之亂遂被平定。

七國之亂的平定，鞏固了削藩政策的結果，解決了漢高祖分封同姓王所引起的紛爭，並有利於日後漢武帝以推恩令進一步解決諸侯國的問題。

⊙伍伯畫像磚。為浮雕官吏出行隊伍的前驅伍伯六人，跨步飛奔，表現出行行列威武氣氛。

⊙徐州出土西漢楚王墓兵馬俑

孔壁遺書出土

漢景帝後三年（西元前一四一年），曲阜孔壁遺書出土。

漢景帝子劉餘被封為魯王，設都曲阜（今屬山東），魯王喜歡建造宮室，由於魯王府與孔子故居緊緊相連，魯王計畫拆毀孔子舊宅以擴建王宮，由於聽到宅中有鐘磬琴瑟之聲，因此中止拆毀工作。但已毀壞部分宅室，並在孔子舊宅的夾牆中發現了一批經傳，據判斷是秦始皇下焚書令後孔子後人隱藏之物。這批經傳用所謂蝌蚪文，亦即戰國時古文字抄寫，後人稱為孔壁古文經傳。據《漢書．劉歆傳》和《藝文志》等記載，孔壁所存經傳包括《尚書》十六篇、《逸禮》卅九篇，以及《論語》、《孝經》等。字句篇章與今文學派所傳有些不同，這些經傳後來歸孔子後裔安國所有。孔安國以今文識讀《尚書》，開創古文《尚書》學派的先河。

⊙魯壁。秦始皇焚書坑儒時，孔子九代孫孔鮒將《論語》等儒家經冊藏在一堵牆壁中，直到漢代這批所謂「魯壁藏書」方被發現。

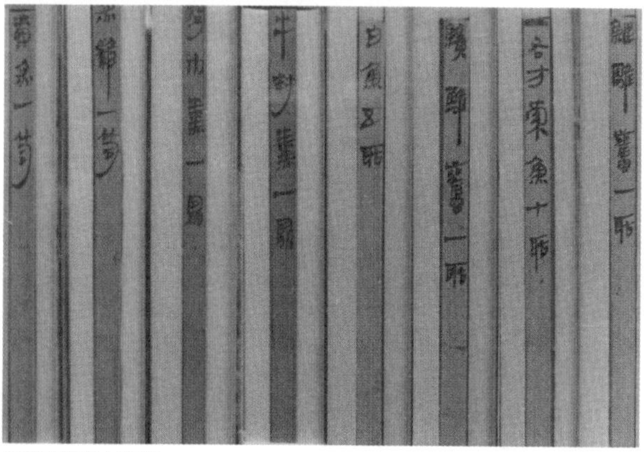

⊙馬王堆出土竹簡

黃老之學昌盛

黃老之學是戰國時期的早期道學發展的新階段，它繼承了早期道學的理論，並有所改造和發展。黃老之學形成於戰國末期，興盛於西漢初期，到漢武帝「罷黜百家，獨尊儒術」之後，由盛而衰。所謂「黃老之學」從字面上理解，就是黃帝與老子的學說。但它不是黃帝學說和老子學說的簡單拼湊，而是秦漢之際的新道學家假託黃帝立言，改造老子學說，並綜合吸收了先秦各家學說重要內容的一種理論體系。

漢初黃老「無為」思想的主要代表是陸賈、蓋公，主張「貴清靜而民自定」，使統治者少生事少擾民，以利人民休養生息。漢武帝初年，思想家司馬談的《論六家要旨》，則從理論上指出漢初道家黃老之學思想特徵，體現這種思想在繼承戰國末期諸子學說的趨勢下發展，從而帶有綜合諸子思想的色彩。湖南長沙馬王堆漢墓出土的《黃老帛書》、《經法》、《十六經》、《稱》、《道原》，則是漢初黃老後學的代表作。漢景帝時，淮南王劉安主持編著的《淮南子》，是繼承綜合諸子思想，並在道家思想為主導思潮影響下出現的學術成果。

據考證，湖南長沙馬王堆漢墓出土的帛書是漢初流行的《黃帝書》的重要部分，作為漢初黃老後學的代表作，它包含兩方面主要哲學思想：天道思想和辯證法思想。漢初黃老後學把「道」作為最高範疇，看作萬物本原，又將「道」稱為「一」，即客觀存在的宇宙萬物的總規律，在帛書中黃老後學也吸取了當時的科學成就來說明「道」的客觀必然性，《十六經·本伐》中說：「道之行也，繇（由）不得已」，強調自然規律對萬物產生支配作用，不依人的意志為轉移。「道」也被黃老後學看成治世的總原則，提出天、人、地三道參合而治，再進而提出「執道」、「循理」、「審時」、「守度」的處事與治世方法。

在政治上，黃老之學綜合名法，道法結合，提出「道生法」，主張恩威並施以利於鞏固政權，而它的「清靜無為」切合漢初恢復經濟的需要，受到統治者重視，成為指導思想，從漢高祖起，至武帝初年六十餘年間，統治者大多信奉黃老之學，主張「無為」的「有為」。漢初名相曹參，他的後繼者陳平都提倡黃老之學，文、景二帝以及參予這兩朝朝政的竇太后都是「黃老之術」的尊崇者，足見黃老之學影響巨大。

黃老之學改造了《老子》的道，把它看成客觀存在的萬物總規律，又指出社會生活中也有客觀規律。主張以法治國，賞罰必信，循名責實，也主張用戰爭來完成國家統一，和「省苛事，薄賦

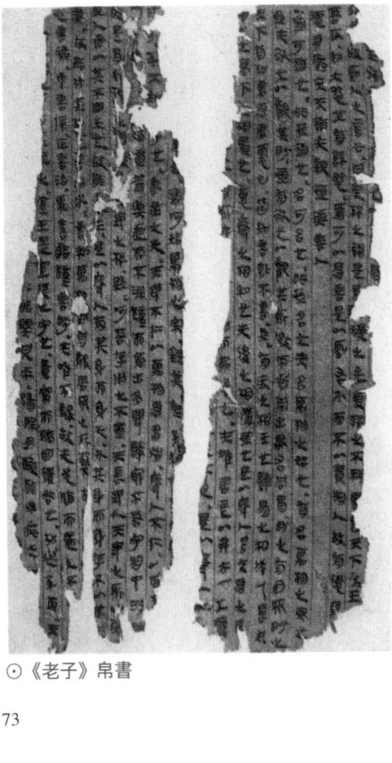

⊙《老子》帛書

斂，毋奪民時」。

道家重視成敗存亡的歷史經驗，主張清虛自守，卑弱自恃，所以它適應農民戰爭後的政治形勢，適合恢復生產、穩定封建秩序的需要。所以，在漢初統治者的提倡下，黃老之學盛極一時。武帝建元六年（西元前一三五年）竇太后死，武帝與丞相田蚡漸漸罷黜黃老之言，延攬儒學者加以重用。由此，黃老之學才盛極而衰。武帝時「罷黜百家，獨尊儒術」，開創了中國歷史發展的一個新階段。

董仲舒獻天人三策

董仲舒（西元前一九七至前一〇四年），西漢思想家。廣川（今河北棗強東北）人。青年時期研讀《春秋公羊傳》，景帝時為博士，一心鑽研孔子學說。曾作《聞舉》、《玉杯》、《蕃露》等數十篇文章論說《春秋》得失，後合編為《春秋繁露》。他的著作以闡發《春秋》大義為名，並雜湊陰陽五行學說，加以引伸改造，建立了一個宗教唯心主義思想體系。其內容進一步發揮天人感應學說，對自然和人事做各種牽強比附，把一切自然現象都說成是上天有目的的活動，強調人的行為必須符合天意，強調漢王朝的興起正是天意的體現，以論證君權神授。並提出歷史循環論的「三統」、「三正」說，把人性分為上、中、下三品的「性三品說」和維護封建統治秩序的「三綱」、「五常」說，為加強封建統治提供理論依據。

建元元年（西元前一四〇年）十月，武帝詔令各地推舉賢良方正直言極諫之人，並以古今治國之道及天人關係問題親自策問賢良。董仲舒以賢良名義上書「天人三策」。在對策中，董仲舒請罷黜刑名，崇尚儒術，明確教化，廣興太學，讓郡國盡心於求賢。根據《公羊春秋》，董仲舒在第三策中對道：「《春秋》大一統者，天地之常經，古今之通誼也。」其所謂「大一統」，即損抑諸侯，一統於天子，並使天下都來向天子稱臣。另外，提出以儒家學說作為封建國家統治思想，認為凡是不在研習六藝（六經）之科、孔子之術的，都要斷他們晉升的道路，不要讓他們與儒學之士齊頭並進，此即所謂「罷黜百家，獨尊儒術」。由於他的言論適應了鞏固專制皇權的需要，也有利於維護統一的封建帝國的統治秩序，因而受到武帝賞識。

⊙董仲舒

中國開始使用年號

漢景帝後三年（西元前一四一年）正月，景帝劉啟去世，皇太子劉徹繼位，是為孝武帝。第二年十月，武帝定年號為「建元元年」，此為中國歷史上使用年號的開端。

自古以來中國的帝王沒有年號，其紀元有的以一、二、三……數計，有的以前一、二、三……，中一、二、三……，後一、二、三……數計。武帝繼位時有司上奏認為：元應當採用天瑞，不應以一、二數。一元叫「建」，二元以長星稱「光」，現在城外得一角獸叫「狩」。於是武帝以「建元」為年號，並以西元前一四〇年為建元元年。（也有人認為中國年號發端於元鼎四年「西元前一一三年」，武帝即位後的建元、元光、元朔、元狩等年號都是後來追紀的。）自此，中國歷史上開始使用年號，皇帝年號這種紀年名稱一直沿用到辛亥革命。

⊙漢武帝劉徹像，西元前一四〇至西元前八七年在位。

淮南王門客編《淮南子》

順應漢初以黃老之學為主體、相容諸子百家之學的學術趨向，約於漢景帝時，淮南王劉安主持編著了《淮南子》一書，亦稱《淮南鴻烈》。參與編著的賓客中著名的有蘇非、李尚、伍被等人。此書據《漢書．藝文志》載，卷帙甚多，但留傳下來的只有《內篇》廿一篇。

《淮南子》雖是劉安及其賓客合作編著，但由於劉安「為人好書」、「善為文辭」，其中必有他親自著述之文，該書也基本能反映他本人的思想。在綜合百家方面，《淮南子》與《呂

⊙被稱為「中國的金字塔」的漢武帝茂陵，位於西漢十一座帝陵的最西端，周圍還有衛青、霍去病等名將、名臣的陪葬墓，是漢諸陵中規模最大的帝王陵。

⊙西漢狩獵畫像磚

氏春秋》一脈相承，所不同的是，它更多地吸取了《老子》、《莊子》，特別是《黃老帛書》的思想，成為集黃老之學大成的理論著作。侯外廬指出，《淮南子》企圖以道家「總統百家」，並且以這種「總統百家」的道家自居，這正點出了《淮南子》與《呂氏春秋》的不同。它對道、天人、形神等問題提出了新的見解，還在繼承春秋時的「氣」說和戰國中期稷下黃老之學的宋鈃、尹文學派的「精氣」說的基礎上，提出了「元氣論」的概念和系統的宇宙生成論。

《淮南子》與《論六家要旨》一樣，在諸多方面，發展了先秦道家。「夫作為書論者，所以紀綱道德，經緯人事，上考之天，下揆之地，中通諸理。……故言道而不言事，則無以與世浮沉；言事而不言道，則無以與化遊息。」不僅言道「與化遊息」，而且還要言事，「與世浮沉」，這就與老莊有所區別。「紀綱道德，經緯人事」的積極人生態度，是黃老之學「新道家」區別於先秦道家的基本點。據此，《淮南子》對先秦道家的「無為」也做了新的闡釋和發揮，強調遵循客觀規律，因時而動，建功立業，並批評了守株待兔式的消極「無為論」。《淮南子》將積極的「無為」思想貫徹到現實政治之中，總結秦之教訓，批判法家專制主義「悖拔其根，蕪棄其本」，「背道德之本」，主張「上無苛令，官無煩治」，「仁義者治之本也」，提出「因民之性而治天下」的統治政策。顯而易見，這正是漢初六、七十年間清靜寧一的時代政治與社會風尚的理論概括。

《淮南子》出現於西漢封建統治階級羽翼日漸豐滿，力量逐漸強大，時代精神正由休養生息重新返回積極有為的轉折時期。儘管它本身包含著「變相的有為論」，但仍不受懷有雄才大略的漢武帝的欣賞，遭到了當權派的冷落。劉安及其同黨最後以「謀反」罪遭誅滅，恰是黃老之學由興盛而衰敗的形象表現。

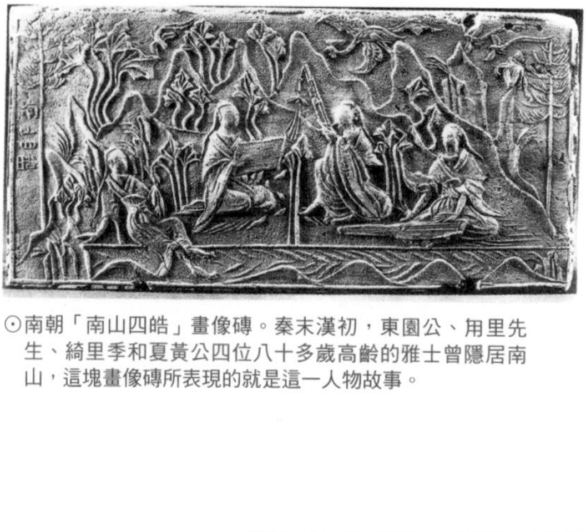

⊙南朝「南山四皓」畫像磚。秦末漢初，東園公、甪里先生、綺里季和夏黃公四位八十多歲高齡的雅士曾隱居南山，這塊畫像磚所表現的就是這一人物故事。

《大戴禮記》編成

《大戴禮記》是一部有關中國古代禮制的文章彙編，與《禮記》大體同時完成，西漢戴德編。

戴德，字延君，西漢時梁人，曾與沛名人通漢、慶普、戴聖等一同師從后倉研習禮學。當時人們稱戴德為大戴、戴聖為小戴。漢宣帝時，以博士為信都王太傅，並以徐良為師，接受了徐氏的學術思想。

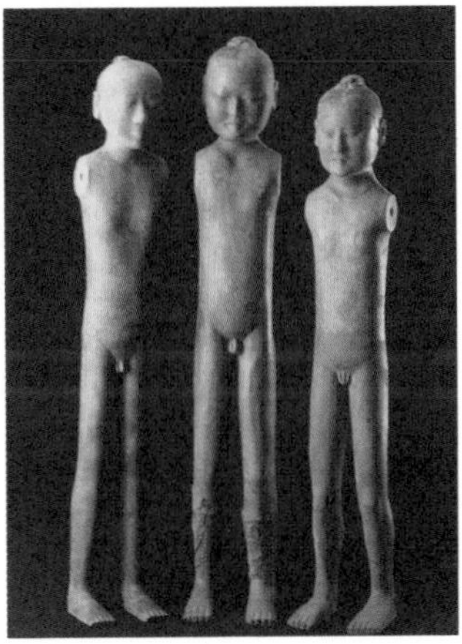

⊙漢景帝墓出土的彩繪陶俑

相傳戴德從當時所存、戰國以來的孔門弟子及後學說禮的文章一三一篇中撿得一三〇篇，加上日後所得的《明堂陰陽記》、《孔子三朝記》、《王氏史記》、《樂記》，共二一四篇，將重複和繁雜的文字刪除合編為《大戴禮記》八十五篇。由於東漢末鄭玄為戴聖所編《小戴禮記》作注，使《小戴禮記》成為獨占「禮記」之名的「三禮」之一，《大戴禮記》被認為不符合聖人的思想而沒有得到廣泛的學習和傳播。

《大戴禮記》所收編有與《禮記》大致相同的五篇：《哀公問》、《投壺》、《禮察》、《曾子大孝》、《本命》；有《禮

⊙漢景帝墓彩繪陶俑出土情景

記》所沒有的古代儀禮，如《諸侯遷廟》、《釁廟》、《朝事》、《投壺》、《公符》等五篇；從《荀子》輯錄的有三篇：《哀公問》、《勸學》、《禮三本》等。此外還從《孔子三朝記》、《曾子》、《賈子新書》等輯收不少，該書既有先秦的文獻，也有不少篇是漢代所作，因此書中保存了不少有價值的文獻，如《夏小正》是戰國時關於天象物候的科學資料。《五帝德》、《帝系》是東周所傳古史系統，司馬遷撰寫《五帝本紀》和《三代世表》就以此為依據。

《公羊傳》立於官學

《公羊傳》亦稱《春秋公羊傳》或《公羊春秋》，儒家經典之一，與《左傳》、《穀梁傳》同為闡釋《春秋》的三傳之一。舊題戰國時公羊高撰。初僅口說流傳，西漢初才成書。據說是景帝時（西元前一五七至前一四一年）由公羊壽和胡毋生整理編著而成，景帝時立於官學。其大師胡毋生、董仲舒等任博士，專門從事研習、講授之業。至武帝時（西元前一四〇至前八七年）因貧苦儒生公孫弘通曉此書得官至丞相，其後習者甚眾，逐漸成了漢代顯學。

《公羊傳》議事起於魯隱公元年（西元前七二二年），終於魯哀公十四年（西元前四八一年）。屬「今文經」，並為「今文經學」主要經典。

⊙《公羊傳》磚拓本。《公羊傳》亦稱《春秋公羊傳》，是儒家的經典之一。舊題戰國時公羊高撰，最初口述流傳，漢初才寫成書。它是今文經學的重要典籍，為研究戰國秦漢時期儒家思想的重要資料。此磚草書帶有隸意，不但說明東漢時期今文經學的普遍流傳，同時也是當時書法藝術的傑作。

《公羊傳》採用問答體解說《春秋》所記史事，其重點在從政治的角度闡釋《春秋》「大義」，並視之為孔子政治理想的體現，作為指導後世帝王行事的準則，而史事記載較簡略。由於其借議論史事來發揮自己的政治見解與主張，故而歷代今文經學家時常用它作為議論政治的工具。

《公羊傳》是研究戰國、秦、漢間儒家思想的重要資料。後有東漢何休《春秋公羊解詁》、唐徐彥《公羊傳疏》、清陳立《公羊義疏》等。

枚乘作《七發》

枚乘（西元前？～前一四〇年）字叔，淮陰（今江蘇清江市西南）人，著名西漢辭賦家。文帝時為吳王劉濞郎中。吳王謀反，枚乘兩次上書諫阻。吳王兵敗身死，枚乘也因此知名。「七國之亂」平定，景帝拜其為弘農都尉。後辭官游梁，為梁孝王門客。梁王死，枚乘回到淮陰故里。武帝即位，慕其文名，派「安車蒲輪」接他入京，因年老死於途中。

據《漢書．藝文志》載，枚乘有賦九篇，《七發》為其代表作。《七發》是一篇諷諭性作品。賦中假設楚太子有疾，吳客前往探望，互相問答，構成七大段文字。作品的主旨是勸誡貴族子弟不要過分沉溺於安逸享樂，縱欲傷身，對貴族的腐朽生活提出了諷刺和勸戒。

《七發》用鋪張、誇飾的手法來窮形盡相地描寫事物，語彙豐富，詞藻華美，結構宏闊，富於氣勢。劉勰在《文心雕龍》評說道：如觀濤一段，用了許多生動形象的比喻來描繪江濤洶湧的情狀。另賦中用誇張、渲染的手法表現音樂的動聽，用音節鏗鏘的語句寫威武雄壯的校獵場面，也頗為出色。在結構上，它分七大段，一事一段，移步換形，層層逼進，有中心，有層次，有變化，不像後來大賦那樣流於平直呆板。

枚乘《七發》的出現，標誌著漢代散體大賦的正式形成，在賦的發展史上豎起了一座里程碑。後來許多作者模仿《七發》的形式寫作，在賦中形成了一種定型的主客問答的文體，號稱「七林」。例如傅毅的《七激》、張衡的《七辯》、曹植的《七啟》等等。

⊙西漢羽人騎馬玉雕。這件玉雕精品，是西漢案頭陳設性雕塑的優秀典範之一，反映了當時祈求性、幻想升仙的思想習尚。

枚乘的散文今存《諫吳王書》及《重諫吳王書》兩篇，都是為諫阻吳王謀反而作。枚乘散文善用比喻，多用排句和韻語，有明顯的辭賦特點。

牽牛織女塑像

中國現存最早的一組大型石刻就是以牽牛織女為題材的。原存於陝西省長安縣常家莊村北的牽牛像，和長安縣斗門鎮梅絨加工廠內的織女像，兩者東西間距僅有三公里。據《漢書》記載，它們是元狩三年（西元前一二〇年）在上林苑漢昆明池邊建立的。採用花崗石雕成，造型簡潔，風格古樸。

⊙織女石像。這是漢武帝元狩三年在昆明池西岸所建立的織女石像。此像臉型圓潤，髮辮後垂，身著右衽長衣，抄手環垂腹前，作端坐態。保存狀況欠佳，鼻、口部分已經後人重裝，頸部有斷裂痕，左臂及後背已遭風化剝蝕。但是，從它那蹙鎖的雙眉、下撇的嘴角和籠袖而坐的姿態中，不難看出被銀河阻隔、不得與牛郎團聚的織女所獨具的痛苦神情。

蜀太守文翁最早興辦地方官學

西漢景帝時的蜀郡太守文翁，是中國歷史上最早興辦地方官學的人。

文翁為改變蜀地文化落後於中原的狀況，親自挑選了十餘名聰敏有材者，派往京城，有的隨博士學習，有的學習法律。他節省府庫開支，購買蜀中特產贈給博士以表酬謝。幾年後，這些人學成後返回蜀郡，文翁均予以重用。他又在成都建起學舍，招收下屬各縣的子弟入學，免除他們的徭役，學成後，從中擇優選拔錄用。文翁平時巡視各縣時，讓高材弟子隨行，代為傳達教令，以此給弟子增添榮耀。於是各地吏民爭先恐後地送子求學，甚至不惜重金謀取弟子資格，蜀地勸學重教的風俗從此形成。

漢武帝繼位後，推廣文翁興學的作法，「乃令天下郡國皆立學校官」。西漢末年，王莽執政時，於西元三年按地方行政系統設置學校，郡國一級設「學」，縣、道、邑、侯國一級設

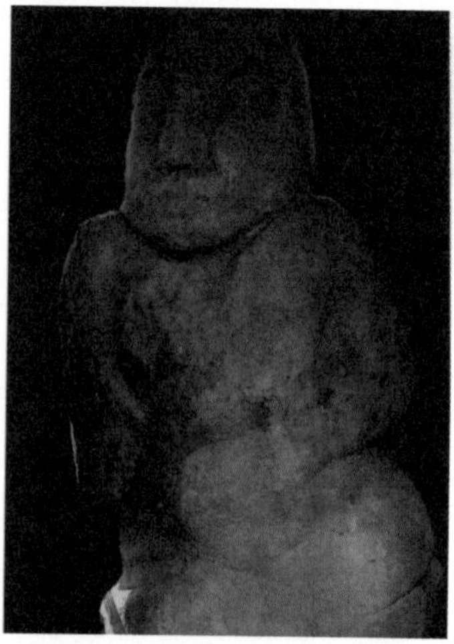

⊙牽牛石像。為了象徵池水浩瀚無涯，猶如天河，特地按「左牽牛而右織女」（班固《西都賦》）的格局，在池之東西兩岸，分別建造兩件大型石像。這是立在昆明池東岸的牽牛像。

⊙千佛崖蜀道。時過千年，昔日的古棧道仍是今日川陝公路的重要路段。

⊙西漢銅馬。民間流行的一種玩具，從一個側面反映了漢代生活方式的豐富多彩。

「校」，各配備經師一人。鄉一級設「庠」，鄉以下的基層單位「聚」一級設「序」，各配備《孝經》師一人。

東漢前期，地方教育相當發達，班固《兩都賦》中讚頌「四海之內，學校如林，庠序盈門」，正是當時地方學校昌盛的寫照。

漢代地方官學的教師是郡國文學

掾史。文學官多由學者名流擔任，除作為郡國長官的學術顧問外，在有地方官學的地方，還從事教授諸生的活動。漢代碑刻文字中有許多關於地方官學的記載。如《蜀學師恩》等題名碑中，將從事地方官學的人列舉得十分詳細，教學分工很明確，已與太學相似，這表明了當時文教事業發達地區的狀況。

地方官學的主要任務是作為本地從事禮教的中心場所，以地方官學的禮教典範來推動社會風尚的轉變，培養學術人才只是次要目的。這種教育一般由地方行政長官主持，地方教育的開展在很大程度上取決於地方長官對教育事業的積極性，不過它是一項良好政績，可以作為培植自己的政治勢力和升遷的資本，所以事業心強的地方長官，也樂於在自己的轄區興辦教育。但這時地方官學的師資水準一般偏低，且盛衰無常，與中央官學沒有銜接措施，朝廷對地方官學也沒有考試升遷的專門措施，因而各地有志於求學的人，都力爭進入京城的太學深造，或拜在有學術造詣的私家大師門下。

⊙文帝九年編鐃

⊙城南張儒生弟子、車騎畫像。此圖為淺浮雕。畫面中一橫欄分隔二層：上層，一列冠服人物，雙手捧簡冊而左向行，有軺車三輛，騎吏四、五百人，第三輛車施耳，一人跪迎車騎隊伍。

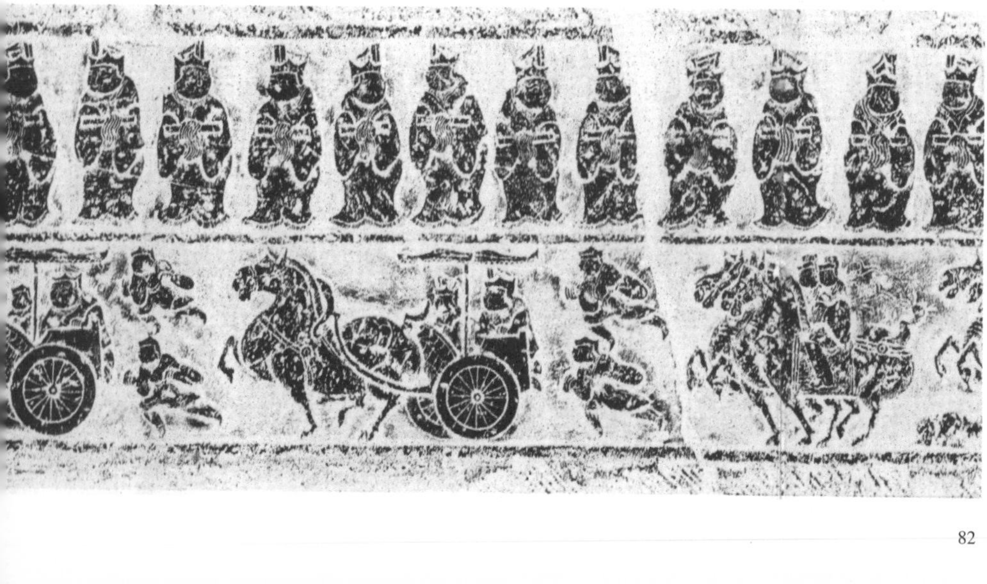

長信宮燈 代表漢工藝的高峰

富有想像力和裝飾性的青銅器，是夏、商、周和春秋時期藝術成就的標誌；到了漢代，青銅器皿的製作尤其精美，在注重裝飾性的同時，也開始注意實用價值。以青銅為原料製作的長信宮燈，就是漢工藝美術在技巧上達到高峰的代表。

⊙長信宮燈以宮女持燈為其造形。原為文帝皇后竇氏所有。

長信宮燈，一九六八年出土於河北省滿城縣西漢中山靖王劉勝之妻竇綰墓，因為曾經置放在竇太后（劉勝祖母）居住的長信宮，故名。宮燈高四八公分，通體鎏金；燈體是一位跽坐掌燈的優雅恬靜的宮女，設計極其精巧，燈座、燈罩、屏板及宮女頭部和右臂都可拆卸，罩下屏板又能轉動開合，用以調整燭光照度；燈盤有一柄，便於轉動和調整照射方向。宮女左手握燈盤的柄，右手握燈，十分巧妙地將右手袖設計成煙道，煙灰可以通過右臂納入體內，減少了油煙污染。銅鑄宮女，是一個面龐豐滿、眉目清秀而帶幾分稚氣的少女形象，身著右衽寬袖長服，席地跽坐，掌燈的姿態恭謹，造型及裝飾風格輕巧華麗。從四面八方各個角度觀賞，每個角度都很自然優美，一改以往青銅器皿的神秘厚重，顯得舒展自如，更接近人世生活。這是一件既實用，又美觀的漢代青銅燈的珍品。

長信宮燈的出現，表明了秦漢以後的青銅工藝，因鐵器、漆器的出現和使用，而更加轉向輕便、精巧、實用的生活器用及觀賞藝術品方向發展。

文化小事典　鎏金工藝

從春秋時代開始，各種金屬表面裝飾工藝進一步發展。戰國時期（西元前五世紀），中國發明了金（銀）汞齊鎏金（銀）的技術。鎏金又稱火鍍金，是用塗抹金汞齊的方法鍍金的一種工藝，主要用來裝飾銅鐵一類建築構件和各式器皿。

到了漢代，鎏金工藝開始興盛起來。一九六八年河北滿城出土的漢代長信宮燈就是一盞通體鎏金的銅製宮燈。這盞長信宮燈呈一宮女跪坐雙手持燈狀，高四十八公分，宮女高四十四．五公分，設計渾然一體，非常巧妙，反映了漢代高超的合金冶煉技術和鎏金技術。

兩漢以後，鎏金工藝傳承不衰，日漸發展提高。一九五八年在浙江金華出土的五代時期的銅鎏金觀音菩薩像即是最好的證明，直到近現代，鎏金工藝仍被廣泛使用。

⊙西漢鎏金馬，隨葬品。馬作立勢，昂首，豎耳，鬃毛清晰，通體鎏金，線條洗練。從同坑出土的馬具、車飾的分析可知此為駕車轅馬。

漢武帝加強中央集權制度

以雄才大略著稱於世的漢武帝即位以後，由於不滿丞相專權，致力於官制的改革，逐步建立起以皇帝制度為核心，以中央丞相制度、地方郡縣制度為基礎的中央集權制度。

漢武帝首先推廣察舉制度，以賢良、文學等名義廣泛招攬人才，原統屬於郎中令的諸大夫和許多文學名士先後被徵召，成為皇帝的高級幕僚，賦以重權，史稱「天子賓客」。這些文學之士的作用主要就是與聞朝政，詰難大臣，以侵奪相權為己任。「天子賓客」的出現是漢武帝建立中朝的開始，朝廷自此始分為內外，丞相由全體百官之長降至只為外朝長官而不得過問宮中事務。

隨後，漢武帝又利用和發展了秦代和漢初以來的加官制度，使原統屬於郎中令等卿的諸大夫和諸郎等官基本上擺脫正常的公卿行政系統，直接由皇帝控制並使之參與政治決策，從而使中朝制度化。侍中、中常侍、給事中、諸曹、諸吏等都屬加官，得以出入宮禁，披閱章奏，顧問應對，參與國家機密。還可以舉法彈劾，對外朝百官行使監察職權。其中侍中、中常侍、給事中等官開始時基本上由士人擔任，後來逐漸為宦官占據，成為宦官專權的重要工具。

中朝官吏還包括大將軍、驃騎將軍、前後左右將軍等武官，以及太中大夫、光祿大夫、尚書文官，其中尤以大將軍和尚書最為重要。

將軍的稱謂在先秦時期已經很普遍。漢武帝時正式設置了大將軍、驃騎將軍等官職，頒有印綬和秩俸。之後又在大將軍、驃騎將軍官名前加官名。大將軍、驃騎將軍的地位與丞相相當，其他將軍如車騎將軍、衛將軍、前後左右將軍的地位則與上卿相當。

尚書在先秦時期原為主管文書的小官。漢武帝時期出於加強皇權、抑制相權的需要，更多地利用尚書機構辦理政務，尚書機構日益重要。漢武帝還開始任用宦官擔任尚書，稱為中書。在此以前，皇帝下章通常要經過丞相、御史。從此時開始，吏民一切章奏都可以不經過政府，而透過尚書直達皇帝，丞相

⊙漢銅兵馬陣。「兵馬」代表軍隊。

⊙西漢鎏金雙駝飾牌。匈奴貴族服飾品。

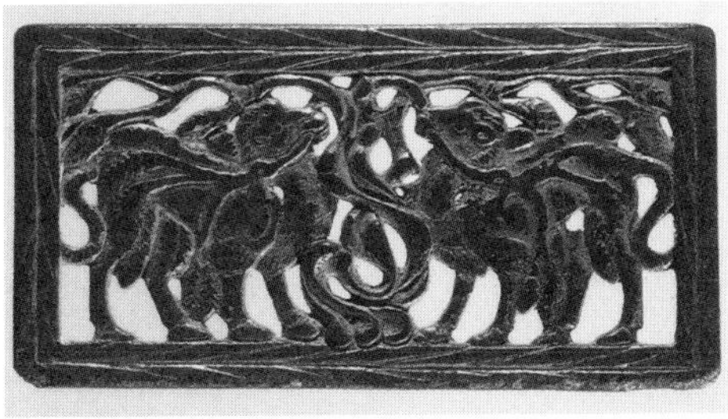

九卿也必須透過尚書入奏，皇帝的旨意也由尚書下達丞相。按照當時的規定，所有上書都寫成正副兩本，尚書有權先開啟副本，所言不善的可以摒去不再上奏。以前歸丞相、御史二府掌管的選舉、任用、考課官吏之權也轉歸尚書。尚書還掌握刑獄誅賞的大權，可以質問大臣，並可因大臣所言不善加以彈劾。

漢武帝還繼承了秦以來的九卿制度，設立官員掌管宮室、刑獄、鹽鐵、外交等事務，逐步建立起一套行之有效、相當嚴整的統治秩序。

文化小事典

飛將軍李廣威震匈奴

李廣，隴西成紀（今甘肅秦安）人，秦國名將李信之後，世世傳習射箭。文帝時，以「良家子」從軍抵抗匈奴，殺敵虜甚多，表現出非凡的軍事才能，被選為郎官。景帝時，隨周亞夫平定吳楚之亂又大顯身手。此後，他歷任沿邊諸郡，以抗擊匈奴聞名於世。

元光六年（西元前一二九年），他參加了抗匈大戰。匈奴經過這次打擊，勢已疲敝，被迫遠遁。武帝因其戰功，拜李廣為右北平太守。任職其間，因盡於職守，善長騎射，作戰驍勇，因而被稱為「漢之飛將軍」。匈奴對他十分敬畏，數年不敢入界侵犯右北平。李廣還參加西元前一二一年河西之役與漢北之戰，為安定北疆鞠躬盡瘁。

馬蹄鐵發明

早在二千多年前的秦漢時期就發明了蹄鐵術，這種製造蹄鐵和裝蹄、削

⊙楊家灣漢兵馬俑

蹄的專門技術，對提高馬的工作效率、矯正肢勢、防止蹄病有重要的意義，並且在西漢武帝時期被普遍的使用。當時的蹄鐵匠被稱為「掌工」。《史記》中記載漢武帝為了討伐匈奴，養了幾萬匹馬，幾萬匹馬都要裝蹄鐵，關中的蹄鐵都不夠用，所以還調了附近州縣的蹄鐵匠來給馬匹裝蹄鐵。而當時的歐洲還只用革製的簡單的蹄鞋。

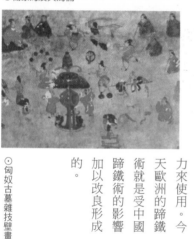

中國發明馬蹄鐵之後，外國競相仿製。馬蹄鐵傳到歐洲之後，馬才成為歐洲的家畜之王，人們才把馬當作主要動力來使用。今天歐洲的蹄鐵術就是受中國蹄鐵術的影響加以改良形成的。

⊙匈奴古墓雜技壁畫

董仲舒提出三綱五常

西漢唯心主義哲學家和政治家董仲舒在他的著作《春秋繁露》中提出三綱五常，這一道德規範，反映了當時加強君權、鞏固封建中央集權的客觀需要，在歷史上產生過一定的進步作用。

「三綱」指「君為臣綱，父為子綱，夫為妻綱」三條道德原則，要求為臣、為子、為妻必須絕對服從於君、父、夫，也要求為君、為父、為夫的為臣、子、妻作出表率。「五常」指仁、義、禮、智、信五個道德教條。「仁」即愛人、孝悌、忠恕等。「義」指封建道德規範和標準。「禮」是各種封建禮儀、制度和規範。「智」為判別是非之心。「信」係忠誠守信。這些都是用以調整君臣、父子、兄弟、夫妻、朋友等人倫關係的行為準則。作為一種道德原則、規範的內容，三綱最早淵源於先秦時期。董仲舒從孔子的「君君、臣臣、父父、子子」和孟子的「父子有親、君臣有義、夫婦有別」加以理論概括和改造，而成「王道之三綱」，提出「君臣、父子、夫婦之義皆取諸陰陽之道」是不可改變的，永恆存在的。五常則是由董仲舒在孔孟宣揚的仁、義、禮、智基礎上，再加上「信」而成的，即「仁、誼（義）、禮、知（智）、信，五常之道」。從宋朱熹開始，將三綱五常聯用。三綱五常是歷代封建統治者套在人民身上的精神枷鎖，但作為一套完整的道德體系，它體現了封建社會的人倫關係和封建宗法等級制度。

中國官學形成

出於統一思想，鞏固專制制度的需要，西漢初期，統治集團中的高層儒士認真反思了秦亡的教訓，一反秦王朝焚書禁學的簡單粗暴手段，主張治國以「教化」為本，制定了「文武並用」以期長治久安的政策，把敬士和選吏二者結合起來，開始興辦由朝廷直接舉辦和管轄，旨在培養各種統治人才的官學系統，拉開了中國統一官學形成的序幕。

中國古代官學主要由中央官學和地方官學兩大系統組成。

中央官學依據各自所規定的文化程度，教育對象和教學內容的不同而細分為最高學府、專科學校和貴族學校三大類。這些毫不例外地肇端於漢代。

太學是中央官學的最高學府，其實是古代的大學。建元五年（西元前一三六年），漢武帝採納董仲舒提出的文化教育政策建議，下令設置儒家五經博士，罷免其他諸子、傳記博士，開始「獨尊儒術」。元朔五年（西元前一二四年）丞相公孫弘奏請為博士置弟子員，太學從此開始形成，武帝時置博士弟子五十人，後來逐漸增加。博士弟子的入學資格一部分由太常選拔十八歲以上儀態端正的人，一部分是郡國所選的喜好文學，孝敬長輩和上司、有良好教養、行為端正的人，順帝時元士的子

⊙繼秦朝而興的漢朝，使華夏族相對穩定的地域及共同經濟文化生活得到進一步加強，「漢人」的稱謂應運而生。圖為漢景帝陽陵出土陶俑頭，具有「漢人」形象的主要特徵。

弟也可入學，東漢質帝本初元年（西元一四六年），又規定大將軍至六百石官吏都可送子弟入學，還有一些少數民族子弟也在太學學習。本著敬士、養士與選吏的目的，太學中形成了一系列嚴格的考評制度，這種注重課試，以試錄士的做法，打破了世卿世祿、任人唯親的體制，對於選拔封建賢德之士具有積極的意義，它是世界教育史上和文官選拔制度的一項創舉。

由於老師少，學生多，漢代太學已開始強調自修，引導學生課餘自由研究學術，這是一種培養大學問家所必須的學術氛圍，為後世所繼承和發揚。

中國古代的專科學校，最早的當是創立於東漢末年的鴻都門學，這是由宦官建立的，以辭賦、小說、尺牘、字畫為主要教育內容的文藝專科學校，是與士族相抗衡的產物，打破了「儒學獨尊」的沉悶氣息。東漢的四姓小侯學是東漢外戚樊、郭、陰、馬四大家族，於明帝永平九年（西元六六年）為其子弟創辦的中國最早的貴族學校，後來，其他貴族子弟也可入學。此外還有專為培養皇太子開設的宮廷貴族學校也屬此類。

在上述中央官學系統之外，還有地方官學系統。它們是指地方官府創辦並管理的學校。西周時期關於「鄉學」的傳說可能是最早的地方官學，而真正意義上的地方官學是由漢景帝末年（西元前二世紀中期），蜀郡郡守文翁創辦的，他十分重視教化，在成都建立學宮，招屬縣的子弟入學，受到漢武帝贊許，令各郡國效仿，一時這類地方官學大盛。直到平帝元始三年（西元三年），地方學校的制度才最後被規範，教學的內容也限於儒家五經。

漢代的中央官學和地方官學，共同構成了其官學教育體系，其體制為後世所長期沿襲。這種將敬士、養士、選士結合起來的教育體制，服從了統治階級的思想統一和鞏固帝王專制的主觀需要，客觀上也培養了大批優秀人才，在繼承中國古代文化遺產，繁榮科學、學術事業等方面都產生十分重要的作用。

⊙四川省出土的漢代太學授業畫像磚。學生手中皆有竹簡綴成之教本。

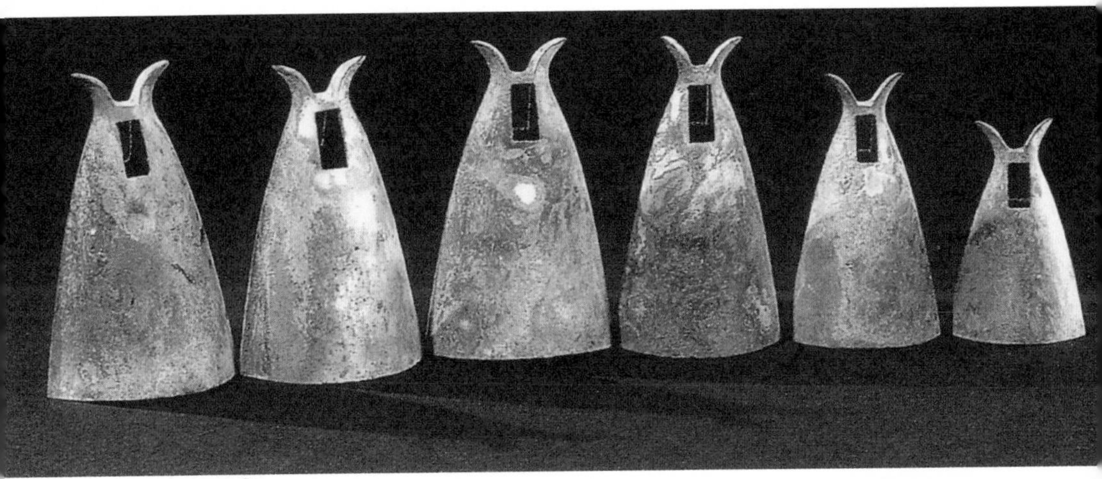

⊙西漢羊角狀鈕編鐘。雲南少數民族貴族墓隨葬禮樂器。共六枚，為一編。前五枚鐘發音均按自然音階順序排列，唯第五、六枚間似有缺漏。從所測音階看，已有準確的半音關係，可視為變徵與徵，或變宮與宮的關係，即含有六聲或七聲音階的因素。對研究少數民族的音樂史有重要價值。

漢樂府建立

元狩三年（西元前一二〇年），漢武帝設置樂府，令司馬相如等作詩賦，以宦者李延年為協律都尉，掌制樂譜、訓練樂工、採集民歌。

樂府始創於秦，與掌管廟堂音樂的「太樂」並立。漢初沿襲下來，有「樂府令」掌管音樂，漢武帝時，為「定郊祀之禮」，大規模擴建樂府機構，對郊廟禮樂進行了重大改革，樂府的性質發生了變化。

漢武帝建立樂府，目的是改革傳統的郊廟音樂。漢時的郊祀天帝，基本是沿用秦流傳下來的禮樂，曲為雅樂，辭為古辭。許多古辭深奧無比，一般人難明其意；而樂曲也需整理。樂府的建立，就是要用新聲改編雅樂，以創作的歌詩取代傳統的古辭。所以，樂府的任務就是採集各地的民歌來創設新聲曲調；選用新創頌詩作歌辭；訓練樂工、女樂進行新作的排練。

樂府設在帝王遊幸的上林苑，樂工組織龐大，有上千人，並且分工明確，有表演祭祀儀式的「郊祭樂員」，演奏南北樂的「邯鄲鼓員」和「江南鼓員」，專門演唱的「蔡謳員」、「齊謳

⊙舞樂畫像磚。圖中右座二人，一人揮弦鼓瑟，另一人戴冠席地而坐，席前置一几，旁有一盂，似為觀賞者。圖中左二人正拂袖起舞。

員」，表演少數民族音樂的「諸族樂人」等，並且還擁有一批優秀的音樂家和文學家。

樂府大規模地採集、整理和改編了大量民歌。為記錄民歌，創造了「聲曲折」的記譜法；同時制定「採詩夜誦」審查制度，經誦讀取捨，把採集的民歌整理記錄下來。據《漢書．藝文志》記載，僅西漢樂府民歌就有一三八首之多，收集地幾乎遍及全國。東漢時，採集民歌的「觀採風謠」活動仍有進行，

⊙西漢競渡紋鼓。南方少數民族樂器。

現今留存的樂府民歌，多是東漢作品，共有三、四十首。

樂府經武帝擴建發展，興盛一時，之後便日漸式微，至西元前七年，漢哀帝下令撤銷樂府。

作為掌管音樂的「樂府」官署被撤銷了，但由於它專事搜集、整理民歌俗曲，因此後人就用「樂府」代稱入樂的民歌俗曲和歌辭；六朝時人們已將樂府唱的「歌詩」也稱為「樂府」，與「古詩」相對並舉，把入樂的歌辭和諷誦吟詠的徒詩兩種詩歌體裁區別開來；宋、元以後，「樂府」又被借作詞、曲的一種雅稱；所以，作為文學體裁的「樂府」卻流傳了下來。

漢樂府民歌今存不足百篇，大部分保存在宋代郭茂倩的《樂府詩集》中，分《鼓吹曲辭》、《相和曲辭》和《雜曲歌辭》三類。由於這些民歌都是出自下層人民，而且都具有「感於哀樂，緣事而發」的特點，所以樂府民歌思想內容豐富深刻，相當廣泛地反映了漢代社會的現實生活。有揭露當時嚴重對立的階級狀況，戰爭和勞役帶給人民的深重苦難，如《婦病行》、《東門行》、《悲歌行》和《十五從軍征》、《戰城南》、《飲馬長城窟行》等等。《東門行》甚至寫出貧苦百姓因生活所迫不得不鋌而走險的苦況。有描寫愛情、婚姻的，如《上邪》、《陌上桑》和《孔雀東南飛》都是描寫和吟詠愛情的千古名篇，特別是《孔雀東南飛》成為古代漢民族最長、最優秀的敘事詩。樂府中還有其他內容的詩歌，反映了廣闊的社會生活，但樂府中數量最多、最具特色的是反映家庭和社會問題的作品，如《婦病行》和《孤兒行》。

漢樂府或為雜言詩，或為五言，標誌著詩歌形式得到了更充分的發展，為後代雜言歌行及五言詩的繁榮奠定了基礎。漢樂府的建立，對中國文學、音樂發展都有決定性作用。雖然樂府最終

被撤銷，但它所形成的批判現實、反映現實，具有敘事性特色的詩歌形式，卻成為中國詩歌的一支主流，被後代文人爭相模仿。從三國的曹操到唐代的李、杜，都有模仿樂府之作。

鼓吹樂與相和歌興起

樂府中民間俗樂的主要體裁為鼓吹樂和相和歌。隨著樂府興盛，鼓吹樂和相和歌也隨之興起。

鼓吹樂源自於西北少數民族的馬上之樂，漢初流入中原，在中國發展、成熟為一個新樂種。漢代從民間引入宮廷，主要用於宮廷、軍府、官府的儀仗、軍旅和宴饗，是樂府及太常編制的樂種，部分取代了周代雅樂的職能。相和歌則源於北方民間，它由清唱的「徒歌」（亦叫「謠」）發展為「一人唱，三人和」的「但歌」，再加上管弦伴奏，歌者用「節」打節拍，最後發展成為相和歌。相和歌得名於《宋書．樂志》的「絲竹更相和，執節者歌」，是「街陌歌謠」與先秦楚聲結合，在宮廷發展的產物。相和歌主要在官宦巨賈宴飲、娛樂等場合演奏，也用於宮廷的元旦朝會、宴飲及祀神乃至民間活動，有娛樂欣賞的性質。相和歌比鼓吹樂應用更為廣泛，影響更大。

⊙漢竹製十二音律管

⊙西漢竹木竽

相和歌曲目絕大部分是在民間歌謠基礎上加工整理或另填新詞而來的，來自民間的相和歌歌辭反映了人民的苦難及純真的感情。如描寫官吏劫奪人民的《平陵東》；反映家人思念服役親人的《飲馬長城窟行》；描寫病婦臨終託孤和丈夫為飢兒乞討求飲的《婦病行》；描寫孤兒遭兄嫂虐待的《孤兒行》；以及描寫羅敷不畏強暴的《陌上桑》，都是膾炙人口的作品。由文人創作的相和歌，歌辭內容就比較複雜，有描寫統治者求仙問道的《善哉行》、《西門行》；有歌頌人民不畏強權、怒斥權貴走狗的《羽林郎》；有頌揚官吏政跡的

《雁門太守行》，均有一定的社會意義。

鼓吹樂的曲調和歌辭開始也來自民間，進入宮廷後，或將原辭換上新辭，或刪除原辭成為器樂曲，但都保留了民間歌曲的純樸內容和特徵。如反映愛情忠貞的鐃歌《上邪》；反映反戰情緒的橫吹曲《紫騮馬》；反映戰爭殘酷的鐃歌《戰城南》，都是勞動人民樸素感情的體現，有特別的感動力和社會意義。

鼓吹樂按用途不同，分為四類：一是黃門鼓吹，也叫「長簫」。由天子近侍掌握，在天子宴席、飲膳時用，也有專用於天子儀仗的；二是騎吹，用於儀仗，隨行帝王、貴族等車駕，因用簫、笳、鼓、鞞等樂器在馬上演奏而得名；三是短簫鐃歌，主要用於社、廟、「愷樂」、「郊祀」、「校獵」等盛大活動；四是橫吹，用於隨軍演奏，朝廷常用來賞賜邊將。相和歌正式樂曲分為引、曲、大曲三類。引就是引子，僅用笛與絃樂器演奏。曲即中小型樂曲，大多為聲樂曲，可分為吟嘆曲與諸調曲兩類。大曲是大型樂曲，一般是歌舞曲，也有部分聲樂曲與器樂合奏曲，它是相和歌中最重要、也是最能反映當時藝術水準的部分。大曲是將器樂、歌唱和舞蹈融合一起的形式，是前代宮廷樂舞的延伸，但它摒棄了古樂舞濃厚的宗教色彩，加入了厚重的世俗內容，反映了社會現實生活，加之音樂更為活潑，表現手法更為多樣，又迥異於古樂舞。大曲的音樂結構由豔─曲（解）─趨─亂構成，同時又有平調、清調、瑟調和楚調、側調等調式，可以表現複雜的節奏層次和調式色彩。

鼓吹樂和相和歌所使用的樂器，一部分是繼承先秦已有的樂器加以發展，一部分是新出現的樂器，如笳、角、笛（豎吹）、箏、筑、琵琶、箜篌就是漢代新出現的樂器。漢代的琵琶是柄直盤圓的琵琶，與今日的琵琶不同。

⊙西漢彩繪木樂俑。兩俑吹竽，三俑鼓瑟，均作跪坐式。

鼓吹樂和相和歌反映了當時民歌發展以及漢族音樂與少數民族音樂融合交匯的情況，它取代了宮廷雅樂的主導地位，對後世音樂的發展具有深遠的影

響。兩千多年來，鼓吹樂不僅為封建宮廷儀式音樂所採用，而且深入全國各地的民間音樂。現存的各種鼓吹、吹打、吹歌、管樂、鑼鼓等，都由它繁衍發展而來。

漢發明井渠施工法

元狩三年（西元前一二〇年），為解決陝西西北洛水下游東岸一萬多頃鹹鹵地的灌溉水源問題，漢武帝徵一萬多人挖龍首渠。

龍首渠中間有商顏山，由於土鬆渠岸易坍塌，當時的施工採用了井渠施工法。具體的建造方法是從接近水源的地方起挖一條暗渠，然後每隔一定距離穿一個通往地面的豎井，使井與渠相連。龍首渠長達十餘里，最深處井為四十餘丈，歷時十年，是一項極為複雜的工程。

⊙井渠

龍首渠開中國隧道豎井施工法的先河。由於龍首渠渠長，如果只從兩端對挖，施工面積小，洞內通風、照明條件也差；採用井渠施工法，既增加了開挖工作面，加速了施工進度，又改善了洞口通風與採光條件。另外，龍首渠的開鑿是在中間隔山，兩端不通視的情況下同時施工的，在這種情況下進行管道定線與多方面同時施工，同時又要保持渠線吻合，工程難度較大，因此，它的開挖成功，也可見當時測量技術

⊙洛惠渠龍首霸。洛惠渠是在漢代龍首渠的基礎上興建的。

有相當高的水準。

井渠施工法漢朝時在西域得到推廣，隨著絲綢之路的出現，這項技術又傳到中亞。

青銅兵器退出歷史舞台

兵器製作工藝體現科技發展的高水準。漢代，由於冶鐵業和鍛鋼技術被應用於兵器工業，延續二千多年的青銅兵器逐漸退出歷史舞台。

早在新石器時代晚期，中國已出現了青銅器，甘肅東鄉馬家窯文化遺址出土的一把青銅小刀，距今已有五千多年，是這時期青銅兵器的實物例證。

到了商代，為了維持相當規模的軍事力量，擴大了青銅兵器的生產，其作戰性能也隨之不斷改善。經西周、春秋時期的不斷發展，到戰國中期，青銅兵器製作技術和產品品質達到了高峰，品種也十分繁多，包括戰車的部件，進攻性兵器和防護用具。進攻性兵器有用於遠射的弓箭，箭上裝有青銅箭鏃，格鬥兵器如青銅戈、矛、鉞、大刀等，護衛武器如短刀、短劍。

⊙鐵矛頭

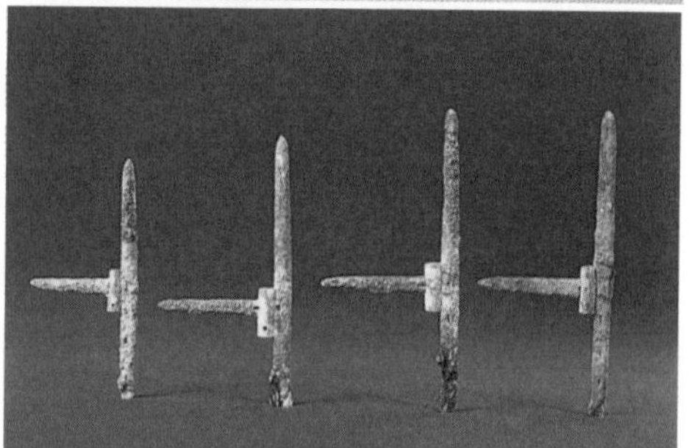

⊙十字形鐵戟

戰國末年，鐵製兵器出現並正式裝備部隊，由於鋼鐵兵器較青銅兵器鋒利且有良好的韌性，適應騎兵和步兵新的戰術需要，漢代以後，商周時期主要兵器的青銅戈和青銅戟都從戰場上逐漸消失了。

考古發掘的實物資料，為我們描繪出了一幅青銅兵器逐漸退出歷史舞台，而被鋼鐵兵器所取代這一歷史演進的完整畫面。冷兵器中消耗量最大的是箭鏃，在秦始皇兵馬俑坑中，出土箭鏃八千四百餘枚，只有一枚為鐵製，另有四枚鐵鋌銅鏃，其餘均是青銅鏃，這說明秦代雖已出現鐵製兵器，但軍隊裝備仍以青銅兵器為主。一九七七年發掘的安徽阜陽雙古汝陰侯墓，出土箭鏃卅五枚，其中廿六枚為鐵鋌銅鏃，九枚為銅鏃，該墓主人死於漢文帝時期，因此，在西漢前期，青銅兵器仍占據主要地位。而在河北滿城漢武帝年間中山靖王劉勝墓中出土的四百多枚箭鏃中，僅七十枚銅鏃，其餘均為鋼鐵鏃，這一現象清楚地顯示，由於漢武帝時期對冶鐵業的壟斷，冶鐵工業已經飛躍發展，鋼鐵兵器的數量已大大增加，青銅兵器已經在軍隊裝備中退居次要地位。到了西漢中晚期，它們就逐步被淘汰了。在洛陽金谷園和七里河等地發掘的西漢中期至末年的墓葬中，青銅兵器已十分少見，卻有為數眾多的鐵劍、鐵刀、鐵戟等出土，這表明西漢後期鐵製兵器種類已十分齊備，鋼鐵兵器已基本取代了青銅兵器，構成了軍隊裝備的主體。東漢的出土兵器中，青銅兵器更為稀少，除弩機和箭鏃外，已全部被鋼鐵製品所取代。

從上述情況可以清楚地看出，由於漢代冶鐵業的迅速發展和工藝的日趨成熟，在西漢後期，鋼鐵兵器構成了軍隊裝備的主體，中國的軍事文明邁入了鋼鐵兵器的時代，實現了冷兵器的一次重要的革命，使用長達二千多年的青銅兵器從此退出了歷史舞台。

文化小事典

刀成為主要格鬥兵器

西漢時期，隨著鋼鐵冶鍛技術的進步，出現了用鋼鐵製造的一種新型的刀，即環首刀。它直體長身，薄刃厚脊，短柄，柄首加有扁圓狀的環，故稱為「環首刀」。

在河北省滿城縣西漢劉勝的古墓中出土了一把環首刀，套有髹漆木鞘，環首用金片包纏，極為華美，顯示出封建貴族的富貴奢侈。環首刀在西漢時期發展較快。河南省洛陽市西郊的一批西漢墓中就出土了大量、較長的環首刀，後來，百煉鋼和灌鋼技術用於造刀，因此適於劈砍的短柄鋼刀成為了步兵和騎兵的主要兵器。在山東省蒼山縣發現了東漢永初六年（西元一一二年）造的「卌湅」鋼刀，全長一一一．五公分，刃部經過淬火，品質優良。

戰國以前青銅刀不如劍重要，而漢代環首刀的出現使得刀成為了軍隊主要的格鬥兵器。環首刀一直沿用到魏晉以後。

漢北大戰．漢匈自此無大戰

元狩四年（西元前一一九年），漢、匈軍隊在漠北一帶發生激戰，漢軍大勝。從此，匈奴遠遁，漢朝基本解除了匈奴的軍事威脅。

擊敗匈奴，是西漢商人地主的迫切要求。漢武帝審時度勢，於西元前一一八年命大將衛青、霍去病等人率領遠征軍，分別從定襄（今內蒙和林格

⊙磚範刻文。內蒙古自治區呼和浩特出，正面有千秋萬歲，安樂未央。從書體考察，應是西漢時物。它反映了漢與匈奴間長期和好的願望。

⊙西漢彩繪騎馬俑。充分顯示漢軍的威武陣容。

爾）、代郡（今河北蔚縣）出發，越過漠北追擊匈奴。

衛青率軍行千餘里度漠，紮環狀營，以兵車自衛，然後命五千騎兵去單于陣中挑戰，與萬騎單于騎兵發生激戰。天近傍晚時，漠上刮起大風，飛沙走石，於是衛青趁機令左右翼騎兵從側面迂迴包抄。單于戰不能勝，守不能支，被迫撤營冒險突圍，向北遁去。漢軍乘勝連夜追擊，直至寘顏山趙信城（今蒙古訥拉特山）。是役，衛青捕獲或斬首匈奴軍約二萬人，大勝而返。

霍去病亦率軍與匈奴左賢王之軍作戰，追至二千餘里，把匈軍逐出居胥山（今蒙古德爾山）以遠。霍去病在戰爭中足智多勇，俘虜匈奴小王三人、將軍和相國等高級官員。是役，令匈奴元氣大傷，聞風喪膽。此後，匈奴長期遊牧於漠北，無力南下。

⊙西漢車馬人物飾牌。北方遊牧民族服飾品。

透過漠北之戰，匈奴遠遁，漠南一帶沒有政權統治，亦不再受匈奴侵擾。而漢軍也因騎兵缺少駿馬，沒有再次去漠北討伐匈奴。此後，匈、漢相安無事，長期沒有發生大規模的戰爭。

武帝戰勝匈奴，打通了到塔里木盆地及中亞的商路，匈奴控制的河西走廊被漢朝接管。從此，在從中原到中亞的絲綢之路上，西漢的外交使節和商人源源不斷，絲綢之路逐漸形成中西交流的一座橋樑。

⊙西漢雙獸飾牌。匈奴貴族服飾品。

⊙西漢玉熊

⊙高昌故城。漢時又叫高昌壁，位於吐魯番市東約五十公里處，始建於西元一世紀，後為高昌國都、西州回鶻都城等，元末明初始廢，歷時一四〇〇餘年。圖為高昌故城遺址中的佛塔遺跡。

烏孫使者至長安，西域始通

元鼎二年（西元前一一五年），張騫第二次出使西域歸途中帶領幾十個烏孫使者到漢長安報謝，此為西域使者首次來中原，揭開了漢與西域交通往來的序幕。

烏孫係漢時中亞一民族，位於今新疆西北部伊黎河和伊塞克湖一帶，首都赤穀城。張騫於前一一九年出使西域，把價值「數千巨萬」的金帛貨物獻給烏孫王。在此情況下，烏孫王派遣使者數十人隨張騫到長安聯絡，獻馬報答，並表示願娶漢公主和親。此後，大宛、康居、月氏、大夏也遣使來中原。西北諸國從此與漢朝交往。

使節往來，還進一步促進了西漢與中亞商路的發展。

大宛良馬入中國．中西交流密切

西漢時代，作為中國西境門戶的大宛，是漢文化和希臘、波斯文化交接的前哨。

西元前一〇四年，漢武帝劉徹曾派李廣利率軍攻打大宛，前後四年，歷經兩次戰役，終於獲勝，擊敗了匈奴對天山南北交通線的干擾，將其勢力逐出了天山，打通了與大夏等國的國交，而大宛也於二年後歸順了漢朝，漢考慮到大宛是中國和西域各國文化鏈條上不可或缺的一個環節，即與大宛互通有無，維持友好外交關係。

李廣利對大宛首次出戰的目的就在於取得大宛貳師城中名貴的汗血馬，遭到失敗。兩年後，再次出戰得勝後，漢軍從大宛得到了幾十匹汗血馬，以及中馬以下牡牝約三千多匹。在張騫出使烏孫前後，漢曾從烏孫得到優良的烏孫馬（伊犁馬），漢武帝對其極為欣賞，名之為「天馬」。而自從大宛獲得汗血馬後，這種出紅色汗液的名貴馬血統更高一籌，於是劉徹乾脆將汗血馬命名為「天馬」，而將烏孫馬改稱「西極馬」。

從此，漢代從大宛成批輸入良種馬匹，這在內地的經濟生活上引起了很大的變化。漢代內地的養馬業由於大批駿馬從中亞各地的輸入而得到了極大的促進，這不僅壯大北方邊塞地區裝備的騎兵，而且也刺激了在交通運輸中使用大量馬匹作為力畜。東漢首都洛陽的貴戚官僚，常常在嫁娶的儀仗隊中，使用長達數里的車駢，騎奴侍童和車馬相並，顯示其威勢赫赫。

除了由大宛獲得良種馬外，李廣利還從大宛得到了苜蓿、葡萄種子。劉徹在長安的園囿中首先提倡引種苜蓿，專闢了苜蓿園，而葡萄也在長安宮殿別館旁被加以栽種，從此，北方內地開始栽種苜蓿和葡萄。大宛盛產的葡萄美酒，

⊙西漢銅馬與銅俑。出土於廣西，是嶺南與中原地區聯繫日益緊密的標誌。

⊙西漢粉彩騎俑。馬揚首佇立，身體雄健，具有旺盛的生命力。

⊙西漢甲冑武士俑

在其歸漢之後，也成為中國北方特色別具的佳釀。

中國的絲綢，漆器也源源輸往大宛等中亞各國。漢獨有的鑄鐵（生鐵），也是中亞各國所無，漢向這些國家運去的銅幣以及俗稱白銅的銅鋅鎳合金，在當地被用來熔鑄器物。另外，漢代中國先進的冶鐵技術和軍事裝備，也深深吸引了大宛、康居、大月氏和安息等國家。同時，在漢代經過改進的中國弩機，透過大宛第二次西傳，成為西方各國同類武器的楷模，中國內地的穿井開渠技術也得到廣泛流傳。

中山靖王劉勝墓

漢中山王劉勝墓及其妻竇綰墓葬於河北省滿城縣陵山，夫妻同墳異葬，其中竇綰死年稍晚於劉勝，墓葬中完整地保存了劉勝死時入葬的大量珍寶，其中有許多精品、珍品，堪稱考古史上的奇跡。

劉勝是漢景帝劉啟之子，漢武帝劉徹的庶兄，景帝前元三年（西元前一五四年）立為中山王，死於武帝元鼎四年（西元前一一三年），諡靖王。

劉勝和竇綰均以「金縷玉衣」作為殮服，這是中國首次發現最完整的金縷玉衣，也是有準確年代可考的，外觀與人體一樣，分頭部、上衣、褲筒、手套和鞋五部分，全部由玉片拼成，用金絲聯綴。劉勝玉衣用玉片二四九八片，金絲一一〇〇克，竇綰玉衣用玉片二一六

⊙西漢劉勝墓出土玉人

⊙中山內府鑊。量器。

〇片，金絲七〇〇克。製造時需先把玉料切開，磨製成各種規格的薄片，再在四角鑽孔。據測定玉片上有些鋸縫僅〇．三公分，鑽孔直徑僅一公分左右，工藝繁難與精密程度之高令人驚訝。

竇綰鑲玉漆棺裝飾頗為特殊，也是考古發掘中的首次發現。漆棺內壁鑲玉版一九二塊，棺外壁及棺蓋共鑲玉璧廿六塊，與玉衣加在一起，等於雙重的玉匣，其權勢和奢富可想而知。

入葬的銅燈共有十九件，其中的長信宮燈（見八十三頁）、當戶燈、朱雀燈、臨羊燈（見二〇一頁）等都是別具一格

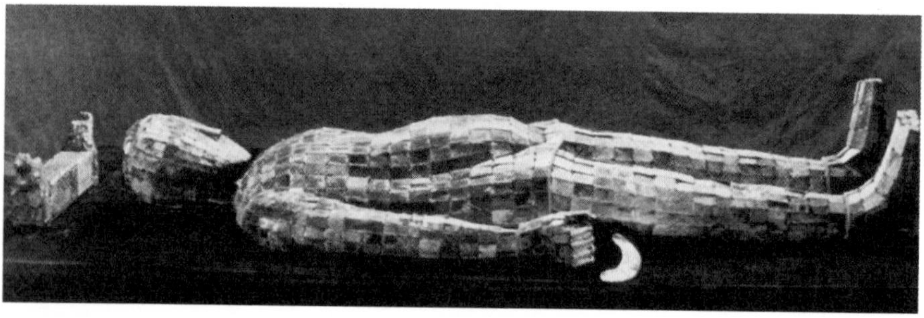

⊙銀鏤玉衣

的不朽之作。當戶燈僅高十二公分，下為半跪銅人，張嘴瞪目，形象醜惡，是當時強悍的少數民族匈奴的形象，可使敵不攻自破，反映了當時尖銳的民族衝突。朱雀燈高三十公分，朱雀為南方火神，以它的形象作燈具，職司燈燭，它腳踏蟠龍，展翅欲飛，嘴銜環形燈盤，可燃三支蠟燭，製作精巧。

其它如二具帷帳，整套銅質構件完好無損，銅質鎏金，製作精美華麗，刻天干地支及各種數字作組裝搭接的記號，可以復原，為考古發掘中所僅見。劉勝

墓的一領鐵鎧甲屬早期的「魚鱗甲」，是現已發現的保存最為完整的西漢鐵甲。還有大量青銅和鋼鐵製的兵器，銅弩、箭頭、佩劍，工藝水準都極高。所出土的古代醫具、篩器、灌散器，用於針灸的金、銀醫針和用於計時的銅漏壺，分別是研究中國醫學史和天文學史的重要資料。精美絕倫的錯金博山爐、錯金銀鳥篆文壺、鎏金銀蟠龍紋壺和鎏金銀鑲嵌乳丁紋壺等，都是漢代銅器中難得的藝術瑰寶。許多漆器、紡織品以及車馬、俑、錢幣等類都代表當時的較高水準，值得重視。

中山靖王劉勝夫妻墓葬完整保存了如此豐富精工的隨葬物品，對研究漢代考古和歷史都有重要價值。

⊙中山靖王墓出土朱雀銜環杯。弄器。器形作朱雀銜環矗立於兩高足杯之間的獸背上。通體錯金，以金為主紋。出土時高足杯內尚存朱紅色痕跡，可能是作為放置化妝用品用器，製作精美。

⊙西漢鎏金嵌琉璃鳥形鐏。兵器附件。同出一對，鐏作鏤空鳥形，探首鉤喙。通體鎏金，嵌有彩色琉璃珠，部分已脫落。出土時銎內有朽木。琉璃珠上有圈形花紋，在青銅兵器中極為罕見。陝西西安小白楊村出土。

鐵鎧取代皮甲

西漢時期，鐵鎧逐漸取代了皮甲。鎧甲是中國古代將士穿在身上的防護裝具。先秦時，主要用皮革製造，稱「甲」「介」「函」等；戰國後期，鋒利的鋼鐵兵器逐漸用於實戰，促使防護裝具變革，開始用鐵製造，改稱從「金」的「鎧」，皮質的仍稱為「甲」。

西漢時期的鐵鎧經歷了一個由粗至精的發展過程。從用較大的長條形的甲片（又稱「甲札」）編的「札甲」逐漸發展為用較小的甲片編的「魚鱗甲」；由僅保護胸、背的形式，發展到有加保護肩臂的「披膊」及保護腰胯的「垂緣」。河北省滿城縣西漢劉勝墓中出土了一領鎧甲，是有披膊和垂緣的「魚鱗

⊙西漢動物紋臂甲

甲」，由二千八百多片甲片編成，總重近十七公斤，製工精湛。

自西漢以後，甲片的形制和編組方法變化不大，但隨著鋼鐵加工技術的不斷提高，鎧甲的精堅程度也就日益提高，類型也多了起來，其防護身體的部位逐漸加大，功能日益完備。

把握農時脈搏的「二十四節氣」

中國古代曆法一直使用陰曆月。由於季節寒暑的交替主要取決於太陽位置的變化，而這種變化在陰曆中又得不到確切的反映，所以用陰曆月指導農業生產很不方便。為了彌補這個缺陷，把握農時脈搏，我們的祖先很早就在曆法中引進了節氣的概念。

節氣標誌著太陽在一周年運動中的某一個固定位置，各種物候現象以節氣為準，它們的發生、活動時間也就得相對固定。早在西周、春秋時期，人們就學會了用圭表測日影的辦法確定春分、秋分、夏至、冬至四個節氣，而夏至冬至、春分、秋分以外的節氣名，在先秦文獻中也屢見不鮮。至遲到戰國末期，已經完整地確立了太陽移動的黃道上二十四個具有季節意義位置的日期，這就是二十四節氣，漢初的《淮南子．天文訓》中有詳細記載。作為二十四節氣的補充，又有七十二候，這在《逸周書．時訓篇》中可以見到。

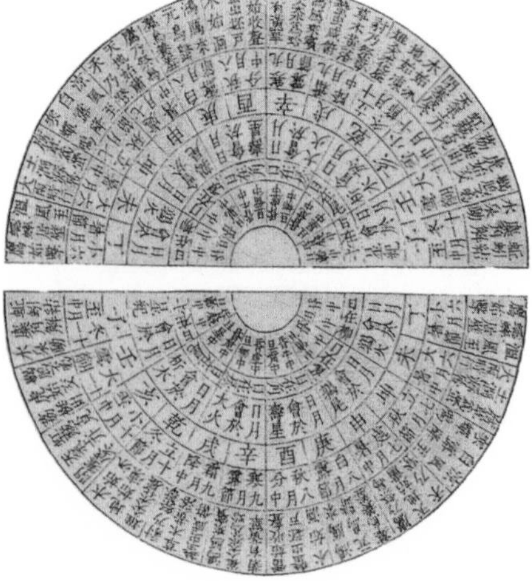

⊙二十四節氣。二十四節氣是華夏先民根據農業生產需要創造的一種農事曆，堪稱古代農業科學上的一大創舉。它根據地球環繞太陽運行所處位置的不同而劃定。在中國應用至今。

絲綢之路形成

西元前一三八年和一一九年，漢武帝兩次派遣張騫出使西域，正式開闢了中國與歐亞各國的陸地交通路線。當

時，從長安經甘肅涼州武威抵達對外通商的西陲城市敦煌，從敦煌出發通往歐亞各國的商路有兩條：一條沿崑崙山北麓經今新疆境內翻越蔥嶺（今帕米爾高原）南經大月氏（今阿富汗境內）、安息（今伊朗）諸國再抵達地中海，或南行至身毒（今印度），此為南道；一條沿天山南麓西行經今新疆境內翻越蔥嶺北部經大宛（今費爾干納盆地）、康居（今撒馬爾罕附近）、奄蔡（臨今里海）諸國，再西行抵達大秦（羅馬），此為北道。北道和南道都在高山、沙漠和高原之間蜿蜒伸展，使節、求法高僧和駝商隊伍往來其間，主要貨物是絲織品，也有寶石、香料、藥材和玻璃器具等。自張騫出使西域以後，中國大量的絲織品沿著張騫通西域的道路運往歐亞各國，歷經東漢、魏晉南北朝和隋唐時期，直到元代由於蒙古西征破壞了中西亞的經濟和文化後才開始衰落。這條橫貫亞洲的中西陸路交通主要是運銷中國的絲織品而聞名於世界，因此被中外歷史學家譽為絲路或絲綢之路。

絲綢之路把歐亞大陸的幾個國家和地區，如中國、安息、希臘、羅馬、

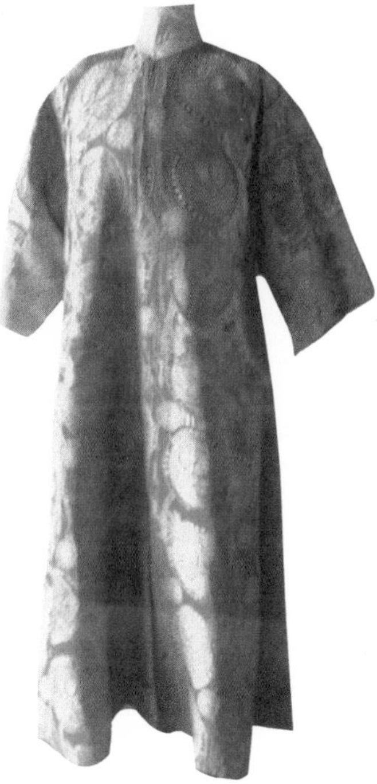
⊙西方人穿中國的絲織服裝。絲織品始終為中西貿易的重要商品。西方人甚至將絲綢的價值比作黃金，在古羅馬上層社會的人才能穿絲綢服裝。圖為雅典博物館展出中國古代絲織服裝。

⊙玉門關遺址。漢代建立。

⊙陽關遺址。陽關是漢王朝在河西走廊上建立的兩座著名的關隘之一，絲綢之路關通初年，商隊主要經南道橫貫亞洲大陸，陽關扼其咽喉。

大食和馬其頓等聯繫起來，在古代中西內陸貿易活動中具有很重要的地位。幾千年來，中國和歐亞各國人民沿著這條長達幾千公里的絲綢之路進行了極為豐富的政治、經濟和文化交流。除經常互派使節進行友好訪問外，還彼此輸送自己的物產和技術。新疆和中亞各地的特產，如石榴、芝麻、蠶豆、大蒜、胡蘿蔔以及駱駝、驢等傳入中原地區，增加了中原農牧產品的品種，促進了黃河地區經濟的發展；新疆和中亞琵琶等樂器以及舞蹈傳入中原，豐富了中原人民的文化生活。同時，印度的佛教通過大月氏傳到了中國各地。另一方面，中原地區冶鐵、造紙、穿井等先進技術傳入亞洲和歐亞各國，也有利於當地經濟的發展。西元五世紀，中國的養蠶技術經由伊朗傳入東羅馬，羅馬人民把中國稱為絲國，並在首都開設了專門銷售中國絲綢的市場。西漢開闢的絲綢之路推動了東西方物質文明和精神文明的交流，對於發展中國各族人民和中國與歐亞各國人民之間的經濟和文化交流產生很大的促進作用。絲綢之路無論從內涵還是從外延上都遠遠超過了其本意，成為一個東西方文明互相交往的同義語。

漢代與伊朗的文化溝通

漢武帝時，張騫初次出使西域，第一次發現安息（今伊朗）是西域一個物產富饒且軍事力量較弱的文明國家。西元前一一九年，張騫再次出使西域，派副使率龐大的使團，帶著牛羊、黃金和絲綢到安息國。安息王為保使團不受干擾，派二萬騎兵在邊境木鹿（今蘇聯馬里）接引。漢使回國時，又隨即派使團往長安，向武帝進獻大鳥卵（駝鳥蛋）和黎軒眩人（魔術師）。西元前一一一年，天山南路的北道和南道相繼開通，絲綢之路在山嶺間延伸，北道直抵安息國都和櫝（今伊朗沙赫魯德），南道進入伊朗南部，兩道均以伊朗為終點。隨著絲綢之路上使節的頻繁往來和商賈的貿易拓展，中國的絲綢、鐵器和漆器透過安息暢銷西亞和地中海，西方各國珠寶、香藥、毛皮和麻織物也經安息輸入中國，中國與伊朗的文化交流和溝通也由此而日益廣泛和密切。

在安息使用的波斯語裡，因為中國絲綢的引入，產生了一些新的辭彙。如波斯語的「越」，最初是借用漢語的「幡」。中國的幡傳到安息後，變成了絲旗。安息軍隊中使用各色絲旗，也是從中國學去的。另外，西漢時中國生產的優質鋼鐵，是木鹿市場上廣受歡迎的大宗貨。木鹿以冶鑄刀劍聞名，用的就是中國運去的鐵、鉛和錫。木鹿刀劍犀利異常，使安息騎兵在戰場上大顯身手，羅馬史家普盧塔克將它專

⊙初唐畫的《張騫出使西域辭別漢武帝圖》敦煌壁畫（莫高窟第三二三窟），表現的是漢武帝帶領群臣到長安郊外為出使西域的張騫送行。持笏跪地辭行的是張騫。

稱為「木鹿兵器」。銅鋅鎳合金是中國的發明，稱為「鋈」，俗稱白銅。傳入伊朗後，在波斯語中稱為「中國石頭」。伊朗人用白銅製作箭鏃，可致命。古代伊朗有關鎳合金的知識，是由大夏傳去的，而大夏卻得之於中國。西元二世紀大夏製造出鎳幣，就是得益於漢代中國和大夏、安息冶煉技術的交流。歐洲直到一七五一年才知道鎳的存在。再有，波斯的穿井開渠技術，也是經絲綢之路由中國傳去的。

西漢時中國的生產技藝傳到伊朗，影響了伊朗的文明發展。同樣地，伊朗在安息時代富於獨特風格和精湛技藝的美術、樂舞和雜技流入中國，也豐富了漢代中國的文化藝術。漢代的藝術，開始出現駱駝、翼獸和獅子等動物題材和紋飾。翼獸和獅子都源於伊朗的雕刻。東漢時翼獸作為鎮墓獸和描在墓葬和祠堂壁間的畫像石中，已相當普遍。西元二〇九年建造的四川雅安高頤墓翼獅，就仿自波斯阿塔薩斯宮前的翼獸，並將雙翼簡化為中國式粗

⊙傳入中國的阿拉伯數字版

線條肥壯而緊貼胸旁的二重翅翼。這種風格在東漢時由安息傳入的鎮墓獸天祿、辟邪和麒麟中也可看見。在漢代流行的海獸葡萄鏡中，葡萄和各種怪獸，包括翼獸的安息紋樣成為流行圖式。

漢代由安息傳入的伊朗樂器、樂曲，對中國音樂的發展和進步極有影響。安息樂曲大多經由康居、龜茲媒介，現已無法稽考。而伊朗的豎箜篌、四弦曲項琵琶和篳篥流入中國後，風行一時，對中國音樂的發展有深遠的影響。

漢代以後，在長安、洛陽流行的雜技中，伊朗的節目占有重要的地位。安息的黎軒眩魔術師的魔術變幻及化妝歌舞、假面戲劇、角力競技、馬戲鬥獸，在當時十分流行。

中國和伊朗的文化交流，隨著絲綢之路的興盛而頻繁，在漢代時盛極一時，對伊朗文明和中國發明的發展都產生過深遠影響。

海上絲綢之路開創

漢代，中國與域外各民族的交往日益頻繁，陸上絲綢之路開通，幾乎同時，在南部沿海，聯繫海外民族的海上絲綢之路也拓展出來，絲綢及其他貨品透過航船運往海外，再從海外運回珠寶、棉布等等。

中國東南沿海的百越民族素來擅長航海，和東南亞各地早有聯繫。漢以後，番禺（今廣州）成為南方沿海的一個大都會，海內外物品都在此集散，附近的徐聞、合浦，連同漢代所屬日南郡的邊塞，更成為遠航印度洋的啟航港。

漢武帝時，曾派使者到達南印度東部科羅曼德的黃支國（今康契普臘姆）。此後，兩國使者互往貿易，中國以黃金及各種絲織物換取黃支的明珠、璧流離（藍寶石）和各色寶石、珍奇貨色。西元前二三〇年，黃支是德干高原上的一個強國，當地出產的周徑二寸的

⊙漢代戰船

大珠和以藍寶石著稱的各色寶石，吸引中國人冒險遠航。

西漢時到南印度洋的航線，都是沿大陸邊緣延伸的。從徐聞、合浦出發，經十個月的航行，繞過麻六甲海峽，到達泰國南部塔庫巴的諶離國，再經過十多天的陸路，越過克拉地峽，在地峽西端派克強河口的夫甘都盧國（今泰國克拉附近）繼續乘搭印度船，沿孟加拉灣航行兩個多月，才可到達人口眾多、寶貨匯萃的黃支國。西漢時與黃支交往相當頻密。王莽攝政後，西元二年春，黃支國曾由三萬里外獻犀牛的壯舉。

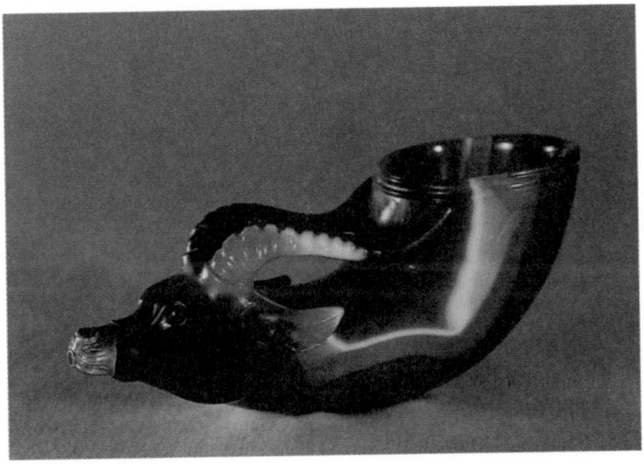

⊙獸首瑪瑙環。出土於陝西西安何家村。中國大量絲綢外銷，西方亦有不少珍品傳入中國。獸首瑪瑙環造型具中亞古物風格，可能是透過絲綢之路傳到中國來的。

西漢武帝時已有使者經黃支國到達已程不國（今斯里蘭卡），這是當時中國使者經海上所到的最遠國家。東漢後，由於羅馬對印度貿易繁榮，來自地中海和紅海的各種珍奇物產和精巧手工藝品都彙聚於南印度東西海岸，刺激中國航海家和商人開闢了從馬來半島西岸塔庫巴到黃支以南科佛里河口科佛里派特那（希臘航海家稱卡馬拉，今特朗奎巴）的直達科羅曼德的航線，在東北季風期只需一個月的航期，從此，到斯里蘭卡交易的中國人數量更多。

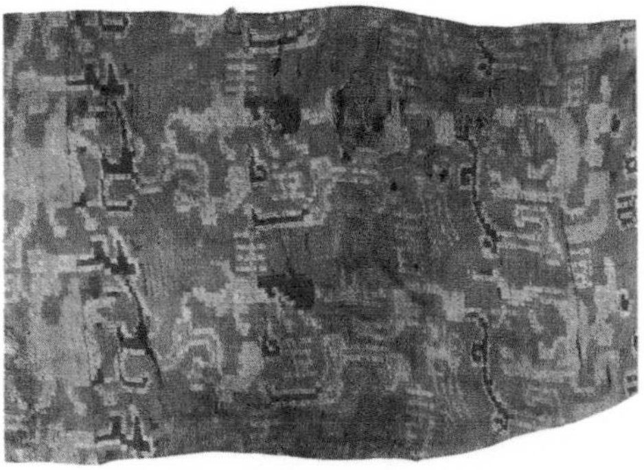

⊙織錦

東漢時，中國航船在塔庫巴、克拉和印度科羅曼德的索派特馬（今馬爾卡納）與科佛里派特那（今特朗奎巴）之間，開闢了定期航線。在從索派特馬通過馬納爾灣向西直達羅馬帝國的印度洋航線上，「航張七帆」的中國帆船已穿梭其中。據文獻記載，東漢時，中國的帆船已經印度馬拉巴海岸的莫席里港

（今克拉格諾爾）到達埃塞俄比亞的港口阿杜利，並與阿杜利有使節往來。阿杜利在羅馬東方貿易盛期，是中國帆船所到達唯一被確認是羅馬世界一部分的海港城市。

中國海上絲綢之路的開創，把中國的絲綢和其他貨物從廣州、交州，沿著馬來半島和印度次大陸，運送到亞丁灣和紅海南端的埃塞俄比亞，並與羅馬世界建立貿易往來，使中國人早在二世紀就與高棉人、馬來人、泰米爾人、卡納克人、希米雅爾人、埃塞俄比亞人及希臘人有了貿易和文化的交往，這是中國與羅馬世界最早的直接交往。沿著海上絲綢之路的開創，黃河流域的中華文明得以傳播，黑海和波斯灣的文明也流入中國，世界文化得到交流和融合。所以海上絲綢之路的開創在中國航海史和中國文明發展史，甚至世界文明發展史上都有著相當重要的意義。

中國年節逐漸形成

漢定天下以後，沿襲了秦匡正異俗穩定大一統的政策，休養生息使國力逐漸強盛，風俗文化也有不同程度的創造和定型，中國傳統年節也在這一時期最終形成。

節日是民族風俗中最有特色的部分，中國的許多節日都經歷了長期的民間流行，多可上溯到先秦，而其中的主要節日，如除夕、元旦、元宵、社日、上巳、寒食、端午、七夕、重陽等的風俗內容基本定型於漢代。

除夕與元旦是漢民族最重要的傳統節日，「年」本為「豐收」之意，以祭祀方式慶賀豐收，祈禱來年的好收成，是「年節」的原始意義。漢武帝改行太初曆，將正月初一稱為元旦，由於此時正值農閒季節，便於舉行大規模的節日活動，這些無疑受到當時的政治、文化，尤其是農本思想的影響，同時帶有濃厚的巫術和宗教色彩。其貼門神、驅儺、放爆竹、祭百神、飲椒柏酒、放雀等一系列

⊙中秋佳節。清代楊柳青年畫。

活動，無不是這些思想的反映。

漢武帝時，亳人謬忌奏請祭祀「泰一神」，得到信奉神靈的漢武帝的贊成，在甘泉宮修建一座太一祭壇，專供太一神，並於正月十五隆重地舉行祭祀活動，祭祀燈火通宵達旦，張燈結綵度元宵的風俗從而形成，這是一個象徵團圓、美滿的節日，在新年第一個滿月之夜，祈禱神靈的佑護，反映了人們對幸福圓滿的嚮往和渴望。

⊙古代月餅模子

端午節稱紛繁，它最初萌芽於民間巫術和巫醫活動，先秦時是北方中原驅邪避瘟的日子。南北風俗也各有不同，掛菖蒲飲菖蒲酒和吃粽子是漢代端午的重要習俗，而龍舟競渡的熱鬧場面，當也源於民間的原始崇拜，後來又被直接附合於紀念屈原的活動。

中國傳統年節在秦漢時雖已定型，但卻具有濃厚的迷信色彩，反映了他們以農業為本的思想和生活及倫理觀念，神話傳說構成其生動話題，道教、佛教的影響也十分明顯，但娛樂成分明顯增加了。所有這些都直接沿續下來，構成我們今天日常生活的組成部分。

中國發明犁壁

早在春秋戰國時代就發明了鐵製犁鏵，這種堅硬、鋒利、耐用的簡易鐵犁鏵從戰國到西漢都廣泛地使用。西漢時期，由於冶鐵技術的發展，新型農具不斷出現，人們又在全鐵製的犁鏵上裝置了犁壁。犁壁的發明是耕犁發展史上的第一次重大突破。

一九七二年在甘肅武威磨嘴子的漢墓裡發現的一件西漢的木犁模型，就是由犁梢、犁床、犁轅、犁箭等部件構成，其最主要的特點就是增加了犁床，這樣才能在上面安裝犁壁。有犁壁不僅能深耕翻土，還能開溝作壟，並可以中耕培土和除草，耕速也比原始的犁大大提高，有利於搶時耕作，不誤農時，更能適應精耕細作的需要。

有壁犁的發明，在中國犁的發展過程中，具有承前啟後的深遠影響。世界耕犁史的研究專家保萊·賴頓說：「構成近代犁特徵的部位，就是和犁鏵結合

⊙西漢鐵鏵。鐵鏵的製造和使用，是鐵器冶鑄業和農業生產力提高的重要標誌。

⊙陶踐碓和風車

在一起，呈曲面狀的鐵製犁壁。它是古代東亞發明的，十八世紀才從遠東傳入歐洲。」中國古代犁壁的優點被歐洲吸收後，不僅在耕犁的改進上具關鍵作用，而且在促進農作制度的演變上也有極大的影響，這是中國犁對世界農業作出的重大貢獻。

俗樂舞興起

俗樂舞，即民間舞，在宮廷則被稱為雜舞或散樂。《樂府詩集》五十三卷載：「雜舞者……始出自方俗，後寖於廷殿。蓋自周有縵樂、散樂，秦漢因之增廣，宴會所奏，率非雅舞。」這種舞蹈常作為百戲的組成部分出現。漢代「文景之治」後，社會更是相對穩定和富裕，早在春秋戰國就已呈上升趨勢的俗舞也就迅速發展起來。再加上漢武帝時，擴充樂府機構，專門管理俗樂舞，並透過俗樂舞觀察民風，從而使民間俗舞傳入了宮廷。而在日常生活及酒宴之際，除了欣賞樂舞藝人表演，也有主客相邀起舞的習俗，稱「以舞相屬」，還有作舞以抒發內心感受、難以言傳的意願和需求的。總之，漢代俗樂舞十分興盛，而這種興盛來源於社會相對穩定，

⊙西漢樂舞雜技陶俑群

人民相對寬裕，以及文化上世俗化的傾向。

俗樂舞既然常常作為百戲的組成部分，它就包含著多種涵義，如戲樂、戲法、戲耍、戲弄等，以及用戲謔逗樂形態出現的戲劇因素，在表演項目中，舞蹈和雜技占較大比例。

根據陸續出土的漢代舞畫像磚石和文獻記載，可知秦漢時俗舞主要有：以衣袖和飾物為特徵的「長袖舞」《巾舞》，以執舞具或樂器為特徵的《盤鼓舞》、《建鼓舞》、《拂舞》、《鐸舞》、《革卑舞》，和百戲中的舞蹈節目「魚龍蔓延」，《巴俞》、《俵僮程材》，以及帶有人物事件背景為主要表現手段的情節性舞蹈《東海黃公》、《總會仙倡》等。其中「長袖舞」自戰國以來就比較流行，長袖樣式主要有上下同寬的狹長袖，上下同寬的寬長袖，寬袖齊腕再由腕內延伸出一段窄長袖。

⊙東漢吹笙陶俑

典型的「長袖舞」：即舞人身穿斜襟鑲邊長裙，右臂上舉，甩長袖過頭，再順左肩垂下，左手放於腰上，長袖捲曲向裙邊上方，腰肢扭向右邊，衣裙下襬則飄向左邊，體態柔美多姿。其舞容有柔婉、健朗、詼諧多種；表演形式有單人、雙人、集體幾種，多表現對稱、變換的美。

巾舞是漢代著名的「雜舞」之一，也稱《公莫舞》，突出的特徵是舞巾，舞巾有長短兩種，長的約兩丈有餘，短的僅二、三尺左右。巾舞的形象在出土的漢代畫像石中比較多見，如四川揚子山出土的漢代樂舞百戲畫像磚上，一個舞巾少女穿著紋飾鑲邊的寬口袖衣褲，梳著雙髻，雙手各執一條長巾，上身向前，像正快步騰躍，雙臂一高一低，使巾上下飛揚，像波浪一樣。張衡《觀舞賦》曾用「香散飛巾，充流轉玉」來描述巾舞者的舞姿。

盤鼓舞是漢代辭賦和畫像磚石形象資料中出現最多、最負盛名的舞蹈之一，又稱《鼓舞》、《盤舞》、《七盤舞》、《般鼓舞》，因表演中的不同形態而定。其主要特徵是技藝結合，舞蹈的人在地面陳設的盤鼓上或盤鼓間，翻騰、踢踏、跳躍、跪跌作舞，大概開始時盤鼓舞是一種雜技，漸漸與以腰袖見長的楚舞結合，演變成風格獨特的漢代主要舞蹈。

百戲流行

西漢中葉以後，在秦代已經十分繁榮的百戲表演更為廣泛地流行起來。百戲又名「角抵戲」、「大觳戲」、「角抵奇戲」，有時也簡稱「角抵」，是中國古代文化、藝術、體育的綜合表現形式，內容非常龐雜，包括樂舞、雜技、幻術、角抵戲、俳優等諸多類別。

早在秦二世時期，就在甘泉宮舉行過大規模的散樂表演。西漢中葉，尤其是漢武帝時期，經濟繁榮，國力鼎盛，民間的娛樂活動與來自西域的各種技藝廣泛交融，技藝逐漸豐富。漢武帝元封三年（西元前一〇八年）春，元封六年夏，分別舉行了兩次盛大的百戲表演集會，這種風習被長期沿習，並開始以此招待外賓，以顯示強盛的國力，同時也大大促進了各民族的文化、藝術、體育交流。

據《漢書．武帝紀》記載，元封三年春舉行角抵戲，三百里內的居民都前來觀看，而元封六年夏在上林平樂館舉行的角抵戲表演也使大批百姓蜂擁而到，可見其盛況。張衡《西京賦》就曾詳細描繪西京「總會仙倡」的盛大歌舞場面。其中倡優扮演一些神話人物和獸類，結合雲、雪、雷、電等場景表現天威，十分宏闊，已初步具備了歌舞故事的戲劇表演因素。

⊙雜技俑

百戲表演的內容十分豐富，在西漢司馬相如《上林賦》、東漢張衡《西京賦》、李尤《平樂觀賦》都有一些節目名稱、演出場面的紀錄。大量的漢墓出土的百戲畫像石等文物也很能幫助我們瞭解這些內容，大體可分為樂舞、雜技、角抵戲、俳優等門類，也已具有戲劇表演的因素，是一種裝扮人物和含有故事內容的歌舞。雜技、幻術節目，豐富而龐雜，見於記載的名目有扛鼎、尋橦、沖狹、燕躍、吞刀、吐火、履索（走索）、飛丸、跳劍……等，不僅有

⊙雜技俑

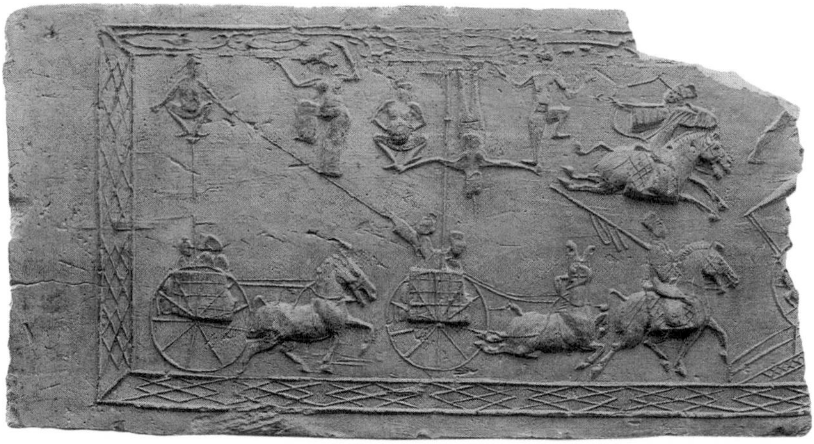

⊙雜技俑雜技馬戲畫像磚。畫面中心為兩輛馬車，前車一人馭馬，一人牽繩，車上立長竿，一人倒掛竿頂，兩臂平舉，兩手各托一人，另外一組一人蹲立竿頂，兩車之間斜拉四十五度繩索一條，一人踩繩向上走。從畫面不難看出，中國的馬戲技藝到漢代已相當高超。

漢代畫像石、畫像磚作為其表演形象的驗證，而且很多仍保留於今日的雜技舞台上和民間藝術活動中。

角抵狹義的概念是一種兩者較力的技藝表演，它源於人與人、人與獸的搏鬥，反映戰爭、狩獵生活場面，把實用性和觀賞性結合起來，發展到後來，就有了兩條線索，一是像相撲、摔跤等純體育運動的延續，另一是融入生活內容，和表現故事結合，成為戲劇表演的最初形式。如角抵戲《蚩尤戲》始於秦漢，它實際上是民間為表現黃帝與蚩尤大戰而創編的樂舞。兩人戴牛角相抵，無具體人物的裝扮，再現故事，供人觀賞，具有一定的象徵藝術手法。但形式簡單，風格粗樸。

百戲表演在西漢時達到極盛，並長盛不衰，這些千姿百態的藝術形式，對後世的音樂、舞蹈、雜技、戲劇及體育的發展產生了巨大影響。

司馬遷著成《史記》

西漢武帝太初元年（西元前一〇四年），司馬遷參與制定的《太初曆》頒行，他認為這是歷史的一個新紀元，便開始撰寫《史記》，經十餘年的艱苦努力，中國第一部紀傳體通史《史記》最終成書，成為中國史學的奠基著作。

《史記》是中國紀傳體通史的開山之作，原稱《太史公書》，東漢以後才稱今名，也稱《太史公記》，《太史記》，共一三〇篇，記事始於傳說中的黃帝，終於漢武帝，歷時三千餘年。所記史事包括政治、軍事、經濟、文化、民族諸方面的事蹟，而尤詳於戰國、秦、漢。

「本紀」十二篇是全書綱領，記載歷代帝王世系與國家大事。其中先秦諸篇按朝代成篇，秦漢諸紀則按帝王成篇。「表」十篇記載帝王、諸侯、貴族、將相大臣的世系、爵位與政治事蹟，其中又分世表、年表、月表。「書」八篇敘述各種制度沿革，內容涉及天文、曆法、禮、樂、封禪、水利、經濟等。「世家」三十篇主要記述西周、春秋、戰國時期諸侯國的世系及歷史，漢朝丞相、功臣、宗室、外戚的事蹟，還記述了在歷史上有特殊文化地位的孔子和有特殊政治地位的陳涉的事蹟。「列傳」七十篇在全書中所占篇幅最多，主要記述社會各階層代表人物的事蹟。此外，少數篇章還記述了中國各少數民族以及與中國互相往來的一些國家和地區的歷史。最後一篇《太史公自序》，敘述作者的家世和事蹟，並說明撰著本書的經過、意旨及作者的史學見解。

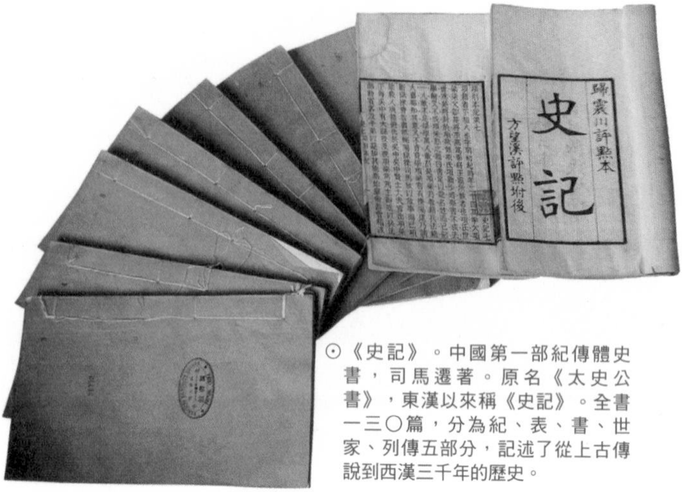

⊙《史記》。中國第一部紀傳體史書，司馬遷著。原名《太史公書》，東漢以來稱《史記》。全書一三〇篇，分為紀、表、書、世家、列傳五部分，記述了從上古傳說到西漢三千年的歷史。

司馬遷撰寫的《史記》，貫穿其歷史思想，比較客觀地把握了天人關係和古今通變關係，「究天人之際，通古今之變，成一家之言」正是這一歷史哲學思想的精闢概括，在天人關係上強調天道和人事不相關聯，與董仲舒宣揚的天人感應針鋒相對。在此基礎上，他深刻揭露和批判了當時盛行的封禪祭祀，祈求神仙活動的虛妄，同時刻意寫出一些在歷史發展中有著重要作用的人物和事件。在正確評估歷史之後，司馬遷充分肯定了歷史是不斷發展進化的這一結論，甚至認為在極盛之時就已呈現出衰落的跡象，並從教化、禮義與物質財富關係的角度，提出「物盛而衰，固其變也」的命題，包含了他樸素的發展觀和辯證觀，標誌著中國古代歷史理論發展的新階段。

在中國史學發展史上，《史記》是第一部規模浩大、體制完備的中國通史，由它所創的紀傳體例，為歷代著史者遵循取法，競相仿效。後世史家以《史記》「善序事理，辨而不華，質而不俚，其文直，其事核，不虛美，不隱惡，故謂之實錄。」而奉之為封建時代歷史著作的典範。《史記》的大部分文字優美精煉，對部分歷史人物的敘述，語言生動，形象鮮明，在中國文學史上也占有重要地位。

《史記》是戰國歷史的絕對化，一

方面，他的史傳形式（中國史傳歷史書的起源）將情節性歷史作塊狀處理（比較一下古典主義音樂對旋律的同樣處理），並在結構、敘事和語言上達成古典主義的標準。另一方面，他對於人物性格處理達到了高峰，性格過程（而不是歷史）是《史記》的中心。實際上，在司馬遷這裡，歷史絕對不是希臘式歷史（事件為中心），而是性格歷史。把希臘雕塑和建築的古典主義文學化，其結構和內容就是《史記》。

⊙司馬遷祠

文化小事典

太史公「司馬遷」

司馬遷（西元前一四五或前一三五至？年），字子長，西漢左馮翊夏陽（今陝西韓城南）人。少年時隨父司馬談讀書，並受教於董仲舒、孔安國，後為郎中、太史令、中書令等。其父司馬談於漢武帝建元、元封年間為太史令，掌管文史星曆，管理皇家圖書，曾有志編寫古今通史，但未能如願，辭世前囑咐司馬遷承其遺志。元封三年（西元前一〇八年），司馬遷繼任父職為太史令，得以閱讀皇家所藏典籍，搜集史料。太初元年（西元前一〇四年），在參加制定「太初曆」後，開始撰寫《史記》。天漢三年因李陵案牽連入獄，受腐刑。太始元年（西元前九六年）獲釋，任中書令。受刑之後，忍辱發憤，艱苦撰述。根據《尚書》、《春秋》、《左傳》、《國語》、《世本》、《戰國策》等史書，諸子百家的著作，官府所藏的典籍檔案，以及親身考察訪問得來的資料，經十餘年努力，終於寫成「究天人之際，通古今之變，成一家之言」的《史記》。

⊙司馬遷像

《天官書》確定中國的天官體系

《天官書》是西漢司馬遷《史記》中一篇，是中國流傳至今、最早的系統敘述星官的著作。它收錄恆星五五八顆，是司馬遷收集到的命名了的星數，比先秦諸籍所記增加了三五〇多顆。它不同於西方詩的命名法，而採用散文的命名法。司馬遷在早已存在的北斗、四象、二十八宿的星官體系的基礎上，進一步發展出五宮二十八宿的完整體系。

在司馬遷筆下，中宮是想像中的天上社會的政治中心。北極星命名為太一，它無明顯的周日視運動，故說「太一常居」，就如天上最尊貴的天帝。旁有三星象三公大臣，後有鉤曲四星若似嬪妃，外部環繞的十二星象藩臣護衛。北斗描繪為「斗為帝車，運於中央，監

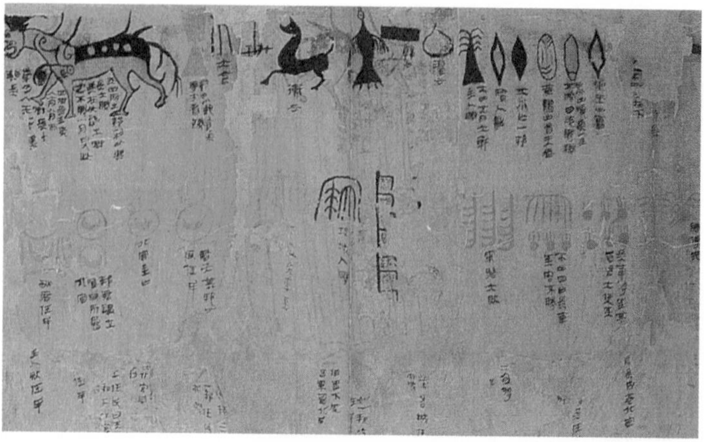
⊙西漢帛書雲氣占圖

制四鄉。分陰陽，建四時，均五行，移節度，定諸紀，皆繫於斗」。它能分辨陰陽，建立四時，調和五行，推移節氣，確定星紀，充分表達出中宮至高無

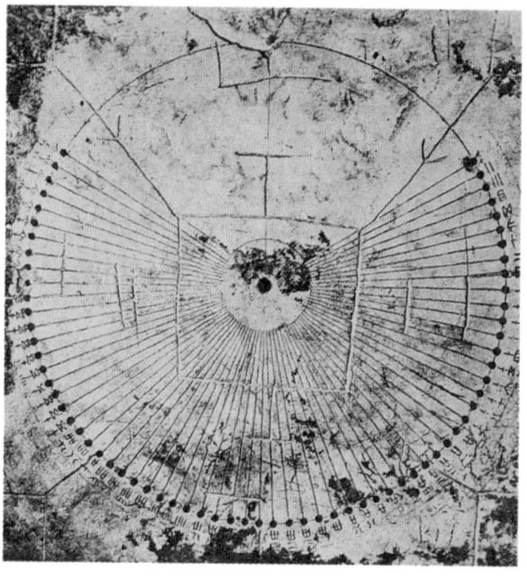
⊙漢代石日晷

上的權威。

司馬遷結束了戰國時期不同星官體系並立的局面，對當時認識的恆星做了系統的總結，這一命名體系大部分為後世所沿用。《天官書》的星官體系，巧妙地將各個星官統一成一個有機的整體，為當時盛行的天人說添上了一個極有色彩的天上社會。從天文學的角度說，新的星官體系有助於進一步研究日月五星的運動。司馬遷為了制訂太初曆，曾樹晷表，立渾儀，測量日月五星及二十八宿的位置，新的星官體系為恆星觀測提供了方便，這是司馬遷對中國古代天文學發展做出的一項重大貢獻。

書中還記錄了太陽系其他天體的現象，如彗星、流星、隕石、黃道光、火流星等。也記錄了極光、雲氣、交食、交食週期、突發變星等地球物理現象和天象，實在是當時的一部天文學百科辭典。

鹽鐵會議

始元六年（西元前八一年）二月，漢廷召開鹽鐵會議，總論武帝時政策得失。

漢武帝曾任桑弘羊為理財官，把一度被私人壟斷的冶鐵、煮鹽、釀酒等行業收歸政府，由國家壟斷經營。這種

鹽鐵官營的措施久生弊端，激起民怨。昭帝始元六年二月，經諫大夫杜延年提議，霍光以昭帝的名義，令丞相田千秋、御史大夫桑弘羊召集郡國所舉的賢良文學六十餘人，商論時政，特別是對鹽鐵專賣政策進行總結。賢良文學一致反對鹽鐵專賣政策，「願罷鹽、鐵、酒榷、均輸官，毋與天下爭利，示以節儉。」只有桑弘羊認為實行鹽鐵專賣對改善國家財政、抵禦匈奴侵擾發揮過很大作用，不可廢止。此外還對與匈奴和戰的問題、法治與德治等問題進行了辯論。最後大家都肯定武帝的基本政策，同時也認為應隨時勢變化對這些政策調整。同年七月，在霍光主持下，取消了酒專賣政策，「罷榷酤官」，在部分地區停止鐵器專賣，其他政策不變。

這次會議留下了詳細記錄，漢宣帝時由桓寬整理成書，即現存《鹽鐵論》，共六十篇，是研究西漢經濟思想的重要文獻。

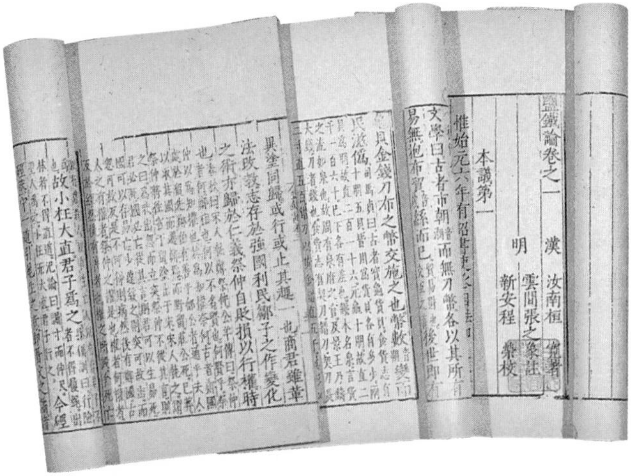
鹽鐵論卷之一
漢 汝南桓寬著
明 雲間張之象註
新安程榮校
本議第一

⊙《鹽鐵論》是反映當時社會狀況、經濟思想等的珍貴資料。

⊙井鹽生產畫像磚

代田法與耦犁

所謂代田法是耕作時把每畝土地犁成三條深、寬各一尺的圳（同甽，田間小溝）。圳旁是壟，也是一尺寬。圳壟相間。一畝定制寬六尺，正好可容納三壟三圳。犁田時挖出的土堆到壟上，穀物種子播在圳底，使它不受風吹，幼苗長在圳中，也能得到水分，生長健壯。在穀物生長過程中，每次鋤草時逐漸將壟土同草一起鋤入圳中，培於苗根。到了夏天，壟上土培光用完，圳壟相齊，這樣就使穀物紮根深，易於吸收營養和水分，耐旱抗風，不易倒伏。為了恢復地力，同一地塊的圳壟位置隔年替換，

⊙趙過像

所以稱作「代田法」。

趙過在推廣代田法的過程中，命令屬下開闢空地做試驗，結果是用代田法耕種的土地比用常法耕種的土地每畝增產一至兩石。後來代田法從關中平原推廣到河東、弘農、西北邊郡乃至居延之地，都收到了良好的增產效果。

當時耦耕用二牛三人耕作：一人牽兩牛，一人掌犁轅，一人扶犁。趙過又發明了耦犁，犁鏵較大，增加犁壁，可調節深淺，深耕和翻土、培壟一次進行，可耕出代田法要求的深一尺、寬一尺的犁溝。此法每個耕作季節可翻耕五頃地。

代田法和耦犁的發明推廣，大大促進了漢代農業生產的發展。據載，每畝可增產一斛到三斛。

文化小事典

畜力播種機耬車

西漢武帝時，搜粟都尉趙過創造了一種畜力播種機——耬車。

耬車也叫耬犁。由耬架、耬斗、耬腿等幾部分組成。耬架為木製，供人扶牛牽；耬斗是放種的木箱，分大小兩格，大格放大種，小格相當於播種調節門，是一個帶閘板的出口，可控制下種速度，以均勻地播撒種子；耬腿是一把只開淺溝的鐵鏟。耬車的這些結構與現代播種機的機架、種子箱、開溝器等部分形狀相似，功能相同。中國古代的耬車是現代播種機的始祖。趙過發明的耬車已有二千多年的歷史，而西方國家發明的條播機的歷史不過一、兩百年。

⊙耬車復原（模型）

漢代玻璃工藝承前啟後

春秋戰國時期的玻璃製品，說明了中國自製玻璃已進入成熟階段。秦始皇統一中國，漢武帝開闢通往西域之路，為中外貿易提供了有利條件，也為中

⊙玻璃盤

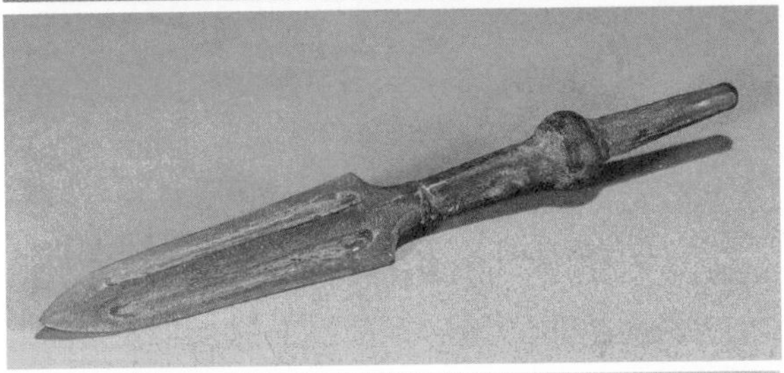

⊙玻璃矛

外玻璃製造技術的交流提供了更大的前景。

考古發現，這時西方的羅馬與波斯等國家的玻璃器已大量輸入中國。四十年來，中國出土的兩漢玻璃器計有碗、帶鉤、璧、耳璫、珠等六千五百餘件，有青、藍、綠、紅、紫、黃、黑、白等多種顏色。陝西茂陵出土的淺綠色玻璃璧，經光譜分析知其為鉛玻璃，應是漢代皇家作坊——東園或尚方所屬作坊的製品。河北滿城劉勝墓出土的玻璃器中最為著名的是玻璃盤和玻璃耳杯，均以範鑄成形，屬於鉛鋇玻璃。廣東廣州南越王墓出土的板狀透明玻璃，尤其引人注意。經檢驗結果表明，廣州玻璃與北方的鉛鋇玻璃不同，屬於鉀矽玻璃。據萬震《南州異物志》記載，南海一帶以南海之濱的自然灰為助溶劑，燒造蘇打玻璃，書中還記述了燒造玻璃的有關配方和技術等問題。葛洪在《抱朴子》中還記述了外國水晶碗的配方和交廣地區仿鑄外國玻璃的情況。由此看來，廣州出土的鉀矽玻璃可能是受南海玻璃的影響燒造的。

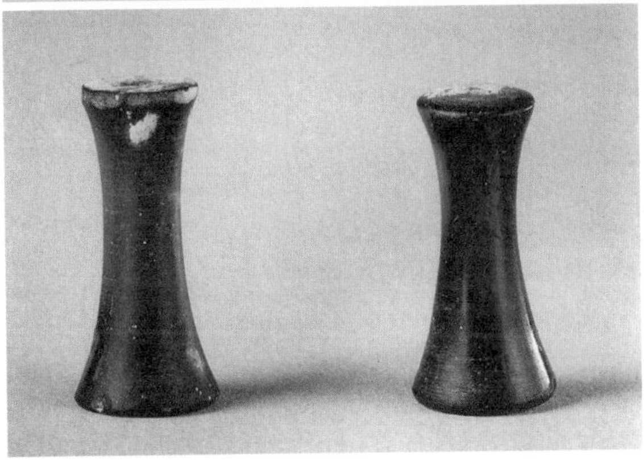

⊙玻璃耳璫

甘肅灑泉漢墓出的藍紫色玻璃耳璫，透明，呈喇叭形，中心鑽孔。經檢驗內含鉛百分之二一．六二、鋇百分之一〇．五、鈉百分之九．三、鈣百分之三．一六，含矽量高達百分之五十以上。這件出現在絲綢之路上含鈉的鉛鈉鋇玻璃，想必是以中國中原地區固有的玻璃配方為基礎，再參照西方鈉玻璃的製作經驗製成的。

從上述出土漢代玻璃的不同化學成分可知，中國漢代玻璃的生產主要分為三個地區。一是中原地區，主要沿襲周代，生產鉛鋇玻璃；二是河西走廊地區，生產以鉛鋇玻璃的傳統配方兼用鈉鈣為溶劑的玻璃；三是以廣州為中心的嶺南地區，生產鉀矽玻璃。

博山爐流行

西漢以後，青銅藝術進一步發展，青銅器上的塑造技藝之高超，紋樣裝飾刻劃之精美、奇特，已臻於藝術頂峰。西漢青銅器皿流行，博山爐是其中最具代表性的一種。

博山爐，流行於漢晉時期，西漢尤盛；又叫香薰、薰爐，爐體呈豆子形狀，上面有蓋，蓋子高而尖，鏤空成山形，以象徵傳說中的海中仙山「博山」，所以稱作博山爐。博山爐蓋上的山形重疊起伏，常常在山巒雲氣之間雕飾飛禽走獸。山間有孔，當香料在爐內燃燒時，煙氣可從孔中散發出來，形成煙霧繚繞，如同仙境。爐座是盤形，有的可以裝水，用以幫助蒸香氣，構造十

⊙錯金博山爐。劉勝墓出土隨葬珍品。爐體用黃金錯出流暢生動的紋飾，爐蓋及爐身上部鑄出高低起伏的山巒多層，其間配有獵人和奔馳的動物，全器富麗堂皇，是不可多得的珍品。

分精巧。

根據歷史記載，漢代的丁緩是製作博山爐的高手，他製作的九層博山香爐，鏤以奇禽怪獸，都自然能動，體現了當時極為高超的雕刻藝術水準。隨著工藝技術的提昇，博山爐的外表還發展出鎏金的或錯金銀的。

博山爐的流行，體現了漢代高超的青銅器製作水準。漢代青銅器，已從單一的實用性向裝飾性、藝術性方向發展。

⊙西漢鎏金透雕蟠龍薰爐。薰爐深腹透雕，器座作蟠龍形，三爪外伸著地，一爪壓住龍尾。蟠龍張口咬柱，柱上承薰爐。爐頂立一朱雀，口沿飾兩虎兩羊，各具神態。腹和蓋均飾雲紋。整修容器另有一層內套，可容香料。蓋作雙層透雕，以散發香氣。

中國最早的數學著作《周髀算經》

西漢時，約在西元前一世紀，出現了一本有關天文學和數學的著作，名叫《周髀》。由於它最先記載許多高水準的數學成果，被後人當作數學經典，稱為《周髀算經》。

在天文學方面，《周髀》主要闡述蓋天說和四分曆法。中國古代天文學按照提出的宇宙模式不同可分為三家學說，《周髀》是其中蓋天說的代表。在數學方面，《周髀》代表了當時的最高水準，記載了漢代最新的數學成就，在許多領域具有創新。

先秦典籍中廣泛出現的分數都較簡單，《周髀》中則出現了許多複雜的分數運算，如在計算小歲、大歲、經歲、小月、大月等時用到一些複雜的運算；為推算木、金、土、火、水五大行星會合週期時也用到一種「通其率」的演算法，這對中國古代不定分析的發展產生了深遠影響。

《周髀》開篇記載了西周初年周公

⊙遊珠算盤是由不固定遊珠和算板組成，是珠算的雛形，是中國古代的計算工具之一。圖為根據漢代徐岳撰寫的《數術記遺》一書記載複製的遊珠算盤。

與商高的一次對話，商高認為數學原理出於方圓，並總結了使用矩的方法，還繪出圓周長的計算公式。規矩是用以驗證圖形是否合規範的工具，後成為最基本的作圖工具，方圓則是古代幾何學的最基本圖形，它們在很大程度上決定了中國古代幾何學的性質、內容和方法，深刻地影響了整個傳統數學。

《周髀》還率先提出了幾何學上重要的畢氏定理，並在測量太陽高遠的方法中給出了畢氏定理的一般公式。對幾何學中其他圖形的比例，《周髀》也進行了一些探討，在推測日地距離時，雖然由於假設大地是平面而導致計算錯誤，但運用的原理是完全正確的。

《周髀算經》的作者不詳。從它的成書時間來看，它並非一人一時之作，而是對先秦數學成就的總結，是集體智慧的結晶。《周髀算經》是中國流傳至今的最早的數學著作，是後世數學的源頭，其算術化傾向決定了中國數學的性質，被歷代數學家奉為經典。

⊙《算數書》（西漢）。記於竹簡上的數學文獻。

蓋天說出現

西漢時期，以成書於西元前一世紀的《周髀算經》為代表，出現了較完整的、成體系的蓋天說。

蓋天說認為天像圓形的斗笠，地像扣著的大盤子，都是中間高而四周低的拱形，北極是天的最高點，天地之間距離八萬里，天穹上的日月交替出沒，大地上就有了晝夜。為說明日月星辰的出現原理，東漢學者王充曾以火光為例解釋：「今試使一人把大炬火，夜行於平地，去人十里，火光滅矣；非滅也，遠使然耳。今，日西轉不復見，是火滅

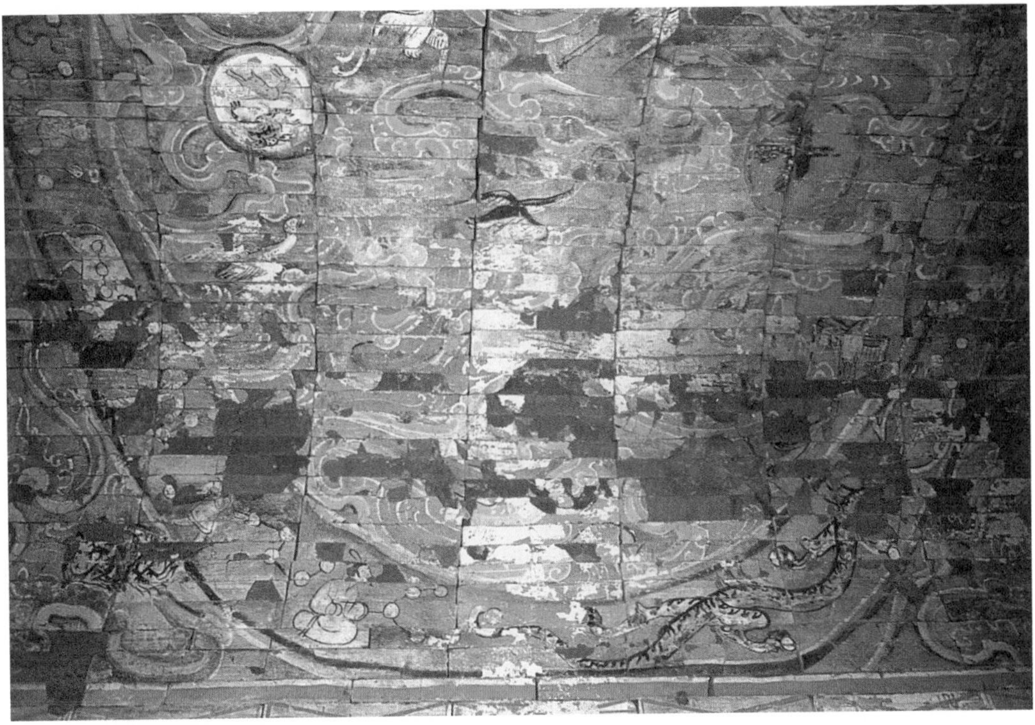

⊙西漢天象圖（部分）。此為西安交大附屬小學漢墓墓頂的畫面。大圓圈內環繞著二十八宿和與四神相配的星圖。星座用白色平塗、黑線勾圈，星與星之間用黑色直線相連。圓環中部，南邊繪太陽，北邊繪月亮，其餘部分滿繪著流動圓轉的雲紋和姿態各異的仙鶴。此類較完備的天象圖在國內尚屬首次發現。色彩斑爛，使用了石青、石綠、朱砂、白、黑、雪青等幾種顏色，用筆流暢瀟灑，技法嫻熟。

之類也。」即認為，日月星辰的出沒，只是離遠就看不見，轉近就看見它們照耀，並非真的忽生忽滅。

蓋天說還力圖說明太陽的運行軌道，定量地表述蓋天說的宇宙體系。《晉書．天文志》載：「天中高於外衡冬至日之所在六萬里。北極下地高於外衡下地亦六萬里，外衡高於北極下地二萬里。」漢趙爽注《周髀算經》載有七衡六間圖，圖中有七個同心圓。每年冬至，太陽處於最外圈，即「外衡」；出於東南沒於西南，正午時地平高度最低；夏至時，太陽在最內圈運行，出於正東沒於正西，正午時地平高度最高；春秋分時，太陽位於中間圈，出於正東沒於正西，正午時地平高度適中。各個不同節令太陽都沿不同的「衡」運動。

與較早的「天圓如張蓋，地方如棋局」的天圓地方說相比，已形成一個完整的、定量化的體系。雖然隨著天文學的發展，這種不符合實際的理論越來越為觀測的事實所否定，但它從古人質樸的直觀性出發，力圖說明天體視運動現象，具有珍貴的歷史意義。

⊙西漢竹簡

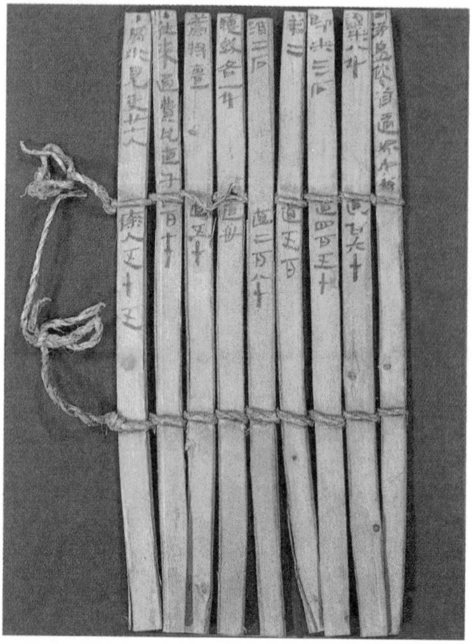

中國竹簡帛書達到高峰期

在春秋戰國之際，由於政治、軍事需要，學術下移，打破了「學在官府」的文化壟斷局面，諸子爭鳴，造成了當時圖書文化的繁榮，各種著作大量湧現。西漢統一以後，鑒於先秦文籍在秦始皇「焚書坑儒」時遭到極大破壞，不少珍貴圖書失傳，重視文化重建的西漢統治者取消了圖書禁令，民間私藏圖書陸續出現，同時，他們還有在全國廣泛徵集圖書。漢武帝即位之初，就制訂了一系列文化政策，設置了專門的機構和官員主持這一事務，經過近百年的積極努力，圖書堆積如山，由於當時尚未發明可供書寫的紙張，可資傳播文化的媒體是竹簡和帛，因而，在秦漢時期，中國竹簡帛書達到了前所未有的高峰。

據邵博所撰《邵氏聞見錄》和黃伯思《東觀餘記》所載，早在宋代就分別在現甘肅和陝西出土過大批竹簡帛書。十九世紀末到二十世紀初，瑞典人斯文赫定、英籍匈牙利人斯坦因等在中國邊疆塔里木河下游古樓蘭遺址、尼雅河下游古于闐遺址、敦煌西北外長城故壘等地發現並竊走了許多漢代或漢晉木簡。二十世紀三〇年代，在羅布淖爾西北和今甘肅額濟納河流域黑城附近，出土了大批漢代木簡，因地屬漢代張掖郡居延縣，所以被稱為「居延漢簡」。內容十分豐富，最具代表性的是一份由七十七根木簡編連而成的東漢和帝永元年間的兵物簿。

⊙帛書《老子》乙本及卷後古佚書

紡車和織機出現

西漢是中國古代紡織技術發展的一個高峰期，紡車和織機的出現，使絲、麻、毛、棉紡織都達到了較高水準。

原始的手搖紡車在商周已經出現，但當時的主要紡紗工具仍是紡墜。秦漢時，手搖紡車普及，並發明了腳踏紡車。紡車在漢代又稱作車壬。《說文解字》中說：「車壬，紡車也。」今天可從出土的漢代畫像磚上看到當時紡車的具體形態。紡車的生產能力比紡墜高出十五至二十倍，還可根據織物性質決定絲麻縷撚度的高低，這是紡墜無法做到的。紡車的發明和推廣使絲麻產品的產量和品質大大提高。

漢代在先秦紡織技術基礎上迅速發展，出現了各種不同功能的織機，主要有斜織機、多綜多躡花織機、束綜提花機、羅織機、立織機等。

斜織機出現於戰國時期，秦漢便推廣開來。與踞織機比較具有織物不易受塵土污染，織工易於隨時觀察織物狀況，勞動強度低等優點，是紡織工藝的一大發展。歐洲六世紀才出現此類工藝，十三世紀才廣泛使用。

斜織機只能織出平紋織物，為滿足社會需要，人們又發明的多綜多躡提花機已十分複雜，可織出對稱、循環的複雜圖案。而對一些大型的花卉、動物圖案，多綜多躡提花機就難以勝任了，

⊙雲南晉寧出土的漢代青銅腰機模型

⊙西漢絳地印花敷彩紗

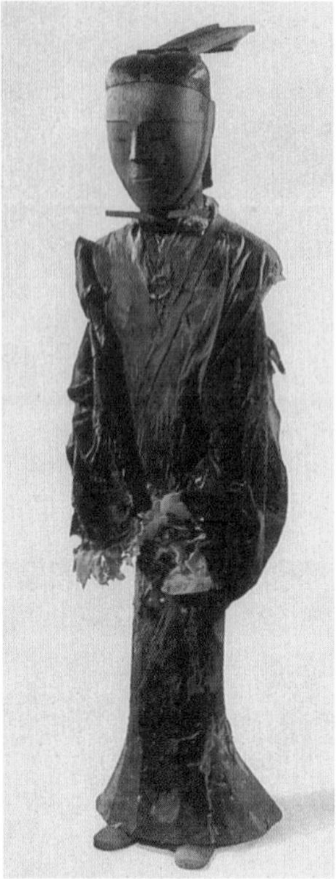
⊙著衣漢代木俑

大約在戰國秦漢之際，發明了束綜提花機。由片綜提花到束綜提花，是提花工藝一次大的飛躍，它提高了提花機的工作能力，為花紋大型化、複雜化開闢了廣闊道路。

羅是中國古代非常古老的織物之一。秦漢時羅織機出現，生產出美觀的四經絞素羅和菱紋羅。立織機也是織機的一種，它的經紗面與地面垂直，主要用於織造地毯、絨毯等毛織物。

由於多種織機的使用和整個紡織技術的提高，漢代生產出了許多紗、縠、羅、綺、綾、錦等色澤鮮豔、圖紋華茂的織物，不但滿足國內社會的大量需要，而且流向世界各地，推動了國外紡織技術的發展。

紡織技術達到前所未有的高峰

中國的紡織業歷史悠久，技術先進，兩漢時期是紡織技術發展的一個高峰期，絲、麻、毛紡織技術都已達到較高水準，邊遠地區的棉紡也有所發展，繅車、紡車、絡絲工具，以及腳踏斜織機都已廣泛使用，多綜多躡織機在實踐中日臻完善，束綜提花機已經產生，染色技術進一步發展，發明了多色套版印花和蠟印工藝。「薄如蟬翼」的素紗可與今天的尼龍紗相媲美；精練後的蠶絲重量能減輕25%，質地柔軟，雪亮光澤，竟與現代用科學方法計算出的絲膠占總量的四分之一的數量相吻合；平紋的絹，其經線密度達每公分一六四根，滿城中山靖王墓出土的，經緯密度達每平方公分二百乘以九十根，還有精美的錦，瑰麗的刺繡，都名冠當世。

⊙西漢素紗禪衣

⊙漢樹葉紋罽毛坐墊

西漢時原料加工技術發展迅速。當時的原料主要有蠶絲、葛、麻、毛、棉等。蠶絲主要產自黃河中下游的山東、河南、四川等地，出現了臨淄、襄邑、任城等著名的蠶業中心，兩漢時養蠶的工具槌、木寺、箔、籠等已大致配套，許多基本工具和操作程序一直延用到近現代。在處理蠶繭上，可能已採用陰攤降溫法來拖延蠶蛹化蛾時間，或用日曬法將蛹殺死，既減輕繅絲的緊張程度，又有利於提高生絲的品質。

⊙西漢絳紫絹裙。用寬一幅的絹四片縫成，四片均上窄下寬，居中兩片寬度相同，稍窄。上部另加裙腰，兩端延長為裙帶。

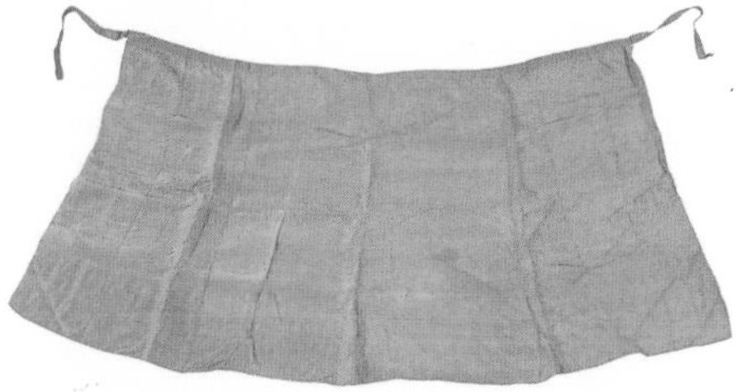

漢代廣泛使用的葛、麻類纖維脫膠法有兩種：一是生物脫膠法，利用自然氣溫來加速微生物繁殖以提高脫膠的速度和品質。二是化學脫膠法，利用石灰水一類的物質同膠質進行化學反應達到脫膠的效果。

漢代製毯和紡織用的毛纖維主要是羊毛，精密稀疏的程度幾乎與絲織羅相仿。產棉區從邊境地區拓展到東南、南部沿海、新疆和雲南一帶。產棉區的拓展說明了長期使用於邊境地區的棉紡技術得到了發展和推廣。

繅紡技術進一步推廣。熱水煮繭繅絲工藝廣泛使用，手搖繅車已相當完善，既具有橫動導絲機構，使繞上去的絲能依層次形成「交叉捲繞」，又具備脫絞機構，使絲絞容易從車上卸下。紡車的發明和推廣，使絲麻產品的產量和品質大大增加。

織造技術得到提高。由於兩漢多種織機的使用，織造技術上除繼承先秦出現的平紋、斜紋、絞經、經二重、緯二重、雙層、提花等織物組織和品種外，還較多地運用了「聯合組織」，生產出了紗、縠、羅、綺、綾、錦等色澤豔麗、圖紋華茂的織品。其中，多綜多躡花織機的發展和束綜提花機的發明是織造技術的一次大飛躍，提高了提花機的工作能力，開闢了花紋大型化、藝術化的道路。

西漢初年，鉅鹿人陳寶光的妻子創製了一種新的提花機，用一百二十躡六十天能織成一匹散花綾，「匹值萬錢」。此後又有人把它簡化成「五十綜者五十躡」或「六十綜者六十躡」，使片綜提花機發展為束綜提花，是一次大的飛躍。

此時的羅織機已能織出四經絞素羅和以四經絞羅為地，兩經絞起花的菱紋羅；主要用於織造地毯、絨毯等類毛織物的立織機，能織出新疆民豐尼雅東漢遺址出土的那種毛織彩色地毯，其表面用橙黃、朱紅、翠綠等色起絨，花紋歷歷在目。

梭和筘分別是引緯和打緯的重要工具，它們的普遍使用，使得織造過程形成腳踏提綜開口，一手投梭，一手持筘打緯的完整體系，這種織機一直沿用到近現代。

染印技術廣泛使用。西漢時期，練、染、印工藝都有了進一步發展。漂練絲帛時，用草木灰漚練工藝和砧杵搗練的方法相結合，提高了絲帛脫膠效果並縮短了脫膠時間；染色有茜草（紅色）、靛藍（藍色）、藎草（用銅鹽劑媒染得綠色）、皂豆（黑色）、梔子（黃色）、紅花（紅色）等植物性的染料，還有丹砂（紅色）、墨黑及金銀粉等礦物性的顏料；染色法有直接浸染和媒染劑多次浸染等。還發展了套色型版印花技術和發明了蠟染工藝。前者使色漿細膩淳厚，複迭出多層次的紋飾，後者先用「蠟刀」蘸取蠟液在預先平整光潔的織物上描繪出各式圖樣，並使其乾燥，投入染色液中染，最後用沸水去蠟，可得到圖案精巧細緻的蠟染織物。

漢代紡織品類豐富

漢代紡織生產以絲綢最為重要，種類也最繁多，從出土的織物來看，錦、綺、綾、縠、綃、羅幾種絲織品的生產在漢代都達到很高水準。

絨圈錦是一種以大小絨圈在織物表面形成浮雕狀凸起各種花紋的絲織物，它的生產比較複雜，需用雙經軸的織機來織。絨圈錦也是後世絨織物的前身，絨圈剪開就相當於提花絲絨。漢代的絨圈錦非常著名，長沙馬王堆一號西漢墓曾出土絨圈錦。

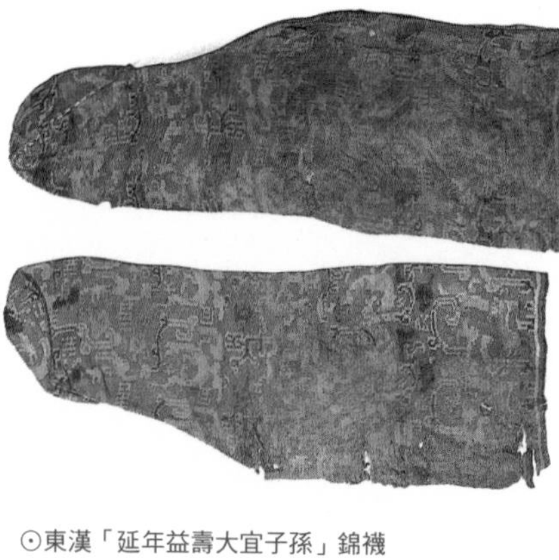
⊙東漢「延年益壽大宜子孫」錦襪

綺是平紋地起斜紋花的提花織物，在漢代同錦一樣為高級織物。花紋有杯紋、棋紋、幾何紋、幾何填花紋幾種。馬王堆出土的織物有漢杯紋綺、幾何填

花對鳥紋綺。新疆阿斯塔那地區也發現了漢菱格龍鳳雲紋綺、幾何填花對獸對鳥紋綺等。

綾是斜紋地起斜紋花的織物，漢代已開始生產，現已出土的綾多是南宋時期的產品。

縠是為了強撚絲織造的薄形織物，織後煮練定形，使織物表面呈現凹凸縐紋，馬王堆漢墓出土一件淺絳色縐紗，織造精良，表明漢代縠的生產技術已比較成熟。

綃是生絲織物，漢人也用來製衣。

羅是用糾織法以地經紗與緯紗交織而成的椒形孔隙的絲織物。漢代羅織物比較普遍，長沙馬王堆、江陵鳳凰山、山西陽高以及古絲綢之路經過的地方均有漢羅出土，比較精美的數馬王堆西漢墓發現的煙色和朱紅色菱紋羅、杯紋羅以及皂色幾何紋羅。

漢代的毛織品除毛布等粗毛織品外，還發展出富於裝飾性的精美織物，種類齊全，有緙毛、花罽、毛毯、毛氈等。緙毛是用通經斷緯的緙織法織出花紋的裝飾毛織物。新疆和闐地區發現的漢代人首馬身緙毛和樹葉紋緙毛，色彩鮮豔如新。

花罽是著名的織花細毛織物。漢代製氈技術在河北、山東、西北等地都很發達。當時還有用彩色絲線繡花氈的，如蒙古人民共和國諾音烏拉山漢代匈奴王族墓群曾出土用辮子股繡法繡成龍紋、玉佩紋、魚鱉花草紋、鬥獸紋等精美圖案的氈毯。

⊙西漢菱花紋貼毛錦

麻布是中國古代大眾的衣料，麻織品生產規模較大。漢代以苧麻為主要原料生產粗、細不等的苧麻布。此外，台（大麻）織品和耿（白麻）織品在漢代也廣泛使用。

中國紡織手工業在兩漢時期得到全面發展，生產體制比較完備，工具比較先進，印染技術相當發達，所產的紡織品色澤豔麗，品種繁多，除滿足國內市場需求外，還遠銷西亞，開闢了「絲綢之路」，海陸方面與日本、東南亞、阿拉伯諸國交往，把精美的中國紡織品傳播到歐洲。

⊙人首馬身紋褲。漢墓中出土，已殘，只剩一條褲腿，是中國絲織品中的珍品。

漢代家具變化

漢代在繼承戰國漆飾的基礎上，漆木家具進入全盛時期，不僅數量大、種類多，而且裝飾工藝也有較大的發展。

漢代的人起居仍是席地跽坐（跪坐）或盤膝坐，垂足坐雖有但還未普及。常用的家具有几、案、箱、櫃、床、榻、屏風、笥（放衣服的小家具）、奩（放梳妝用品的器具）、胡床

⊙子母豹銅飾牌。西漢北方草原遊牧民族特點的青銅文物。

（坐具，又稱交床、繩床）等。這一時期的家具大致有如下特點和變化。第一是大多數家具均較低矮。第二，家具已由低矮型向高型演進。西漢時，由印度傳入榻登，它是用來放在床前以便上床的，這就說明床的高度有所增高。又據《太平御覽》記載：「靈帝好胡床。」胡床是西北遊牧民族的一種可折疊的輕便坐具，坐時垂足。由席地坐演進為垂足坐是家具史上一大變革。第三，出現了軟墊。《西京雜記》中記述，漢時天子的玉几上冬天加有絲綿織物，大臣的木几上則加用橐（毛氈縫製的口袋）。這是最早出現的軟墊。第四，製作家具的材料較為廣泛，除木材外，還有金屬、竹、玻璃、玉石等。第五，在家具的裝飾方面，也有了很大發展。除沿用傳統的漆繪、油彩、針劃、貼金銀箔、

⊙西漢彩漆龍紋勺。為現知時代最早之竹雕，一器兼備浮雕、透雕兩種技法。明清竹雕每用竹節橫膈做器底，亦已見用於此時。此勺工藝精巧，是竹胎漆器中的上品。

⊙西漢熊足鼎。飪食器，有蓋。斂口，鼓腹，雙附耳，圜底，下有三熊足。熊作張口蹲立狀，全身滿刻細密鬃毛紋。

鑲銀或銅扣箍等外，還發展了戧金（針劃填金）、堆漆（用稠厚的漆堆成花紋）等工藝。漆飾後，有的還配以鎏金銅飾件，蓋顯華貴。此外，各種珠寶、玻璃也常作為家具的裝飾材料。

文化小事典

巫蠱禍起

征和元年（西元前九二年）十一月，方士及眾神巫聚集京城，用妖術迷惑眾人。女巫在宮中來來往往，教宮中的妃嬪們念咒，埋木人來祭祀祖先。她們之中有的人本就相互妒忌，因此互相去誣告對方，說這樣做是在詛咒皇帝。漢武帝大怒，從誅殺後宮妃嬪到誅殺大臣，所殺有數百人。後又發動三輔騎士在皇家園林裡大搜查，並在長安城中到處尋找，過了十一天才收兵。自此巫蠱之禍就興起了。因巫蠱的原因牽連受死的，前後達數萬人。

⊙虎駝相鬥銅飾牌。西漢具北方草原遊牧民族特點的青銅文物。

漢武帝首倡榷酒酤

天漢三年（西元前九八年），漢武帝劉徹為了廣開財源用於和匈奴作戰，根據御史大夫桑弘羊的建議，在實行鹽鐵專賣政策的同時，實行了榷酒酤，即由政府控制酒的生產和流通，官釀官賣，寓稅於價，獨享酒利，不許私人酤酒。

榷酒酤是封建中央政府干預工商業政策的一部分，但這種酒類專賣制度在西漢只實行了十七年。在西元前八一年的鹽鐵會議上，榷酒酤與鹽鐵專賣政策受到了賢良文學派的堅決反對，不得不讓步，改專賣為徵收酒稅，每升課稅四錢。王莽時恢復榷酒酤。東漢時因所屬

⊙漢代釀酒畫像磚。漢武帝時期實行酒類專賣，稱為「榷酤」，由官府控制酒的生產和出售。圖為一九五五年四川彭縣出土的東漢畫像磚釀酒圖。磚面右部有一屋頂，表示酒肆是在建築物內。屋前壘土為爐，爐內安置三隻酒罇。爐內側置大釜，一人伸手在釜內操作。屋後壁掛兩壺，可能是盛裝麴藥的容器。酒肆內一梳髻女子當爐，屋外有一沽酒者。磚面左部有荷酒販鬻者二人，一人肩挑兩酒罇，一人推載有方形容器的獨輪車。畫面生動的反映了「文君當爐，相如滌器」之類的漢代兼營釀造與銷售的酒肆作坊。

⊙羊尊酒肆畫像磚。畫面左部是一座具有漢代木構建築特徵的酒肆，內有盛酒容器；右邊木案上有兩具羊尊。酒肆內一人當爐賣酒，外面還有二位沽酒者，右下角有獨輪車來往。此圖勾劃出當爐應接不暇的酒肆貿易情景。

統治區縮小，又常受水旱災害，因此一再禁止私人賣酒，實行私人經營國家徵稅制。唐中葉後重新實行榷酤，並在專賣形式上也更加多樣化。

「農商」本末之爭 持續不斷

先秦時期，為了富國強兵，確保國家有充裕的財政收入和為兼併戰爭提供所需物質及可靠兵源，統治者極力主張把發展農業放在經濟工作的首位，因而抑制奢侈品的生產和商業的發展，認為工商業是導致國貧民困的根源，本末之爭由此開始，商鞅變法是重農抑商的典型範例，韓非子的「農本工商末」形成了這一思想的完整概念，這一時期的思想家們並沒有否定工商業的社會職能，其功能是社會發展不可或缺的，甚至與「農」、「官」同等重要，是社會所必需的，只是不贊成其過度發展而侵占農業的利益並造成農業勞動力的轉移，這一經濟思想是有秦一代的基本國策。

西漢初年，統治者總結了秦亡的教訓，認為秦始皇窮凶極欲的奢靡生活是導致秦帝國速亡的一個重要因素。他們認識到奢侈品的生產和消費，必然造成對自然經濟的衝擊。由於地主權貴追求鮮衣美食、珍寶玩好、孌童冶妾、歌兒舞女的奢靡生活，刺激了工商業的急劇發展，從事這些職業的人迅速增多，在城市工商業繁榮的同時，社會道德風尚也急劇下降。漢初的統治者們以身作則和反覆勸導人民節儉，但效果並不明顯。遵循儒法傳統的知識份子對此更是焦慮不安，陸賈、賈誼、晁錯等人都極力闡發其自然經濟理論，強調糧食的重要性，認為糧食是帝王最重要的物質財富，政權存在的關鍵，為了保證農業生產的正常發展，他們採取了一系列「重

⊙勞動俑

⊙漢代錢模子

農抑商」的經濟政策，以「貴粟」「地著」為核心，一方面調整糧食與奢侈品如「金玉」的價格比例，以糧食作為賞罰的價值尺度，另一方面盡力使人民與土地不相脫離，從而抑制了工商業的發展和奢靡之風。

漢武帝時，董仲舒反對政府壟斷工商業的官營，認為應允許人民從事工商業活動。桑弘羊的經濟理論主張農商並重，但堅決維護國家對鹽鐵等重要物質經營權的壟斷。

司馬遷顯然繼承了儒家傳統的本末觀，但並沒有把二者對立起來，認為農業和工商業可以相互促進。認為追求物質利益是人的本性，而且初步認識到商品「貴上極則反賤，賤下極則反貴」的價格變化規律。

漢昭帝始元六年（西元前八一年）二月召開的中國歷史上絕無僅有的經濟政策討論會的核心雖是鹽鐵官營問題，卻是當時本末之爭的一場大辯論。以桑弘羊為首的御史派在肯定「本」的基礎上強調工商業的重要性，卻忽視了商品經濟發展的負面影響。朱子伯等六十餘名賢良文學派看到了商品經濟過度發展對農業的衝擊，貧富分化的加劇和消費超過生產的危險性，卻沒有認清商品經濟的發展是社會進化的必然產物和工商業對經濟增長的促進作用。

在整個先秦、秦漢時期，「重本輕末」論是社會的主流思想，六朝時被進一步加強，晉代甚至頒佈了對商人的侮辱性法令，表明輕商觀念還在進一步強化，唐宋元三朝，城市工商業迅速發

⊙桑弘羊像

⊙西漢彩繪騎馬武士俑

展，他們維繫著城市的繁榮，市民意識逐步增加，傳統的抑商觀點被反覆挑戰，元代已將重視商人作用的觀點用於指導對外貿易。明代，工商業更成了人們安身立命的正常職業而受到重視，為其辯護的人日益增多。明中葉以後，隨著工商業的發展及孕育和產生了資本主義生產關係的萌芽，黃宗羲等提出了「工商皆本」的新命題，清代的沈堯更將商賈稱作「豪傑」。

此後，為了促進資本主義工商業的發展，重商、重工思想愈來愈受到重視，康有為還把國家工業化確定為奮鬥目標，但直至十九世紀末，還有人堅持抑末思想，本末之爭仍然存在，但它已無法容納資產階級經濟主張的許多內容，這種說法才不得不被拋棄，轉而使用近代的表達方式和術語，持續二千多年的本末之爭才告結束。

漢代宮苑興盛

時至漢代，中國的園林建築史已走過一千多年的漫長歷程，由於經濟發展，國力強盛，西漢中葉宮苑建設十分興盛，達到了前所未有的高峰。

早在商代末年，苑囿就開始出現，並有了後世以風景名勝為背景，建構樓、閣、亭、榭的觀賞性建築的濫觴。秦代透過征服六國的戰爭，掠奪了大量的財富，擄獲了大批工匠，因而大興土木，以滿足帝王侈靡生活的需要，在與六國的戰爭中，每滅一國，就仿照其宮殿樣式在咸陽建造同樣的宮殿，形成了高低錯落、綿延數十里的六國宮殿這龐大的建築群，成為戰國以來各國建築技術的大展覽、大交流，是當時關東與關中文化交流的結晶，推動了建築和文化的巨大進步。在此前提之下，秦始皇構築了咸陽宮、阿房宮、甘泉宮等大量的離宮別館，形成了秦代宮苑高、大、多的風格和恢宏的氣勢。

西漢最初幾代統治者，生活相對簡省，經一百多年的休養生息，國力空前鼎盛，好大喜功的漢武帝開始大興土木，使得離宮別館遍佈京畿，總數達三四〇所之多，遠超過秦代關中宮苑的數量。在建築藝術上除繼承秦代以外，又有新的發展，決定於其不同的社會和

⊙「夏陽扶荔宮」磚文。夏陽是韓城古名，扶荔宮是漢武帝時修建的避暑名宮之一。扶荔宮內的遺物。

⊙西漢鑲黃玉鎏金鋪首

物質條件，漢代宮苑表現出壯麗無比的特有風貌。

漢代比較著名的宮殿有長樂宮、未央宮、建章宮等。長樂宮是西漢最早營建的宮室，宮城二十里，開四門，其主體是前殿，十分闊大，秦阿房宮的十二個銅人被移置殿前，宮內還有許多小殿，如臨華、溫室、長信、長秋、永壽、永寧等殿。未央宮在此基礎上更有發展，規模和氣勢也有所擴大。最能代表西漢宮殿建築風格的是武帝時所建的建章宮。它周長三十里，有閣道跨城與未央宮相通。建章宮「千門萬戶」，前殿高於未央宮，東面有高二十多丈的東闕，西有數十里的虎圈，北面有泰液池，池中有蓬萊、方丈、瀛州三島，池邊有二十多丈高的漸台，它規模宏大，布局複雜，創造了一種將宮殿、離宮別館及苑囿結合在一起的多功能新型宮苑，這種在水池中構築蓬萊三島仙山神境的園藝風格，開創了皇家苑囿的建築

⊙西漢鎏金獸面鋪首

典範，為後世所效法。建章宮及西漢所有宮苑內部裝修十分侈華，宮殿選用有香味及美麗木紋的木料製作棟椽樑柱，加以雕刻彩繪，用玉石做柱礎、門窗口。玉璫釘椽頭，瓦當已由戰國時的半圓形變為圓形，圖案多樣，裝飾式樣豐富，門拉手為黃金製作，形如獸面，口銜圓環，地面呈朱紅或青灰色，經磨光處理，有些鋪有素面磚和花磚，甚至塗有漆，牆面有牆衣或彩繪，後宮以椒粉、胡粉粉刷，用黃金釭修飾的壁帶顯得華貴無比，還把玉璧、明珠用繩串連懸掛於牆面，室內陳設異常考究。這些色彩絢麗，裝飾華麗的宮殿和巍峨宏偉的苑囿，一起構成了西漢宮苑與秦代宮苑相區別的壯麗美的風格。但總體來說，漢代宮殿建設有隨意性，是宮苑與自然景觀的組合體，缺少明清宮室有規律的整齊組合。

漢代苑囿不僅數量、內容大為增多，而且範圍廣闊，往往綿延數百里，除離宮、別館外，還有大片的自然風景，具有獨特的自然景觀和人工園林。其中當以上林、甘泉兩苑最為著名。上林苑在秦上林苑基礎上開闢，苑內有十個煙波浩淼的水池，其中最大的昆明池周長四十里，漢武帝曾在此訓練水軍，園內有許多山，內建離宮七十所，方圓數百里，能容千乘萬騎，不僅可供遊樂，還可組織軍事訓練和進行農副業生產，功能十分完備。而甘泉苑卻是苑山茫茫，極富野趣。

⊙西漢館陶家連鼎。館陶指漢文帝女館陶長公主。

與西漢相比，東漢宮苑無論數量和規模都相差甚遠，皇家園囿僅十多處，但在結合和利用自然地形、節省人力費用方面卻成就顯著，表現出高超的技藝。顯然，這是由其社會穩定程度和財力所決定的。

在兩漢，不僅皇家宮苑規模宏大，數量繁多，貴族、大臣、富豪也紛紛效仿，建造了許多規模宏大、風格各異的私家園林。皇家和私家園林的大規模建造，一度造成了兩漢宮苑興盛的局面。

弩的改進

弩在漢代成為比弓更重要的遠射兵器，得到高度重視。弩是在弓的基礎上發展起來的一種利用機械力量射箭的兵器。它射程遠，殺傷力強，命中率高，是古代冷兵器中威力比較強大的一種。

弩的構造比弓複雜，其關鍵是弩機。弩機銅廓內的機體有「望山」（瞄準部件）、「懸刀」（扳機部件）、鉤心和兩個將各部件組合而成的鍵。發射時，把懸刀一拔，牙就縮下，牙所鉤住的弦就彈去，這樣箭鏃被發射出去。弩因張弦的方法不同，分為臂張、蹶張和腰引弩幾種。其中東漢時出現的腰引弩，見於山東省濟寧武氏祠畫像石中。

弩的發明不晚於商周時期，其真正使用於戰爭，則始於春秋晚期，到戰國時期，弩已成為重要的遠射兵器。漢代的弩有了很大改進。弩兵是漢軍克敵制勝的重要力量，漢軍將領中有不少即是射弩能手，名將李廣於西元前一二一年與匈奴作戰時，在眾寡懸殊的情況下，以大黃弩射殺對方將領而扭轉敗局。

弩依操作方式和強度的不同，分為腳踏開弩和手張弩兩種。腳踏開弩，時稱「蹶張」，開弩人用雙足蹬張開弩，然後把銜在口中的箭按在弩上。這種強弩多用於裝備步兵。用手張弩，時稱「臂張」或「擘張」，其強度不如蹶張，但較為靈便，多裝備於騎兵。

漢代已經出現了鐵製弩機，但多數仍是青銅製成。與戰國末期的銅弩相比，漢弩的最大特點是出現了帶刻度的「望山」，其作用類似於近代步槍的表尺，射手透過望山控制鏃端的高度，調整發射角度，以便更準確地瞄準目標。

弩的發射比較麻煩，而射手很難同時兼用其他兵器，所以他們往往被編成陣列，輪番連續發射。漢代可以算是弩的發展頂點，至南北朝即趨衰落，火器的出現更使弩逐漸被淘汰掉。

⊙鐵具

⊙銅弩機

佛教寺廟壁畫進入新疆

西漢早期，佛教已開始從印度輸入西域（今新疆境內）的一些地區，考古後也已發現一些漢代的寺廟遺址和遺存物。印度佛教首先傳入古大月氏國，考古發現的寺廟遺址證明了這一點。

新疆若羌縣在漢代屬於鄯善伊循地區，這裡土地肥沃，是漢時屯田之所。西元三至四世紀時，已是一個佛教盛行的小國。在國王帶頭崇佛的情況下，幾乎把國家的財力物力都用在佛寺的營建上。從殘存的壁畫，可以想見當時佛寺莊嚴宏偉的盛況。在這一帶發現了幾處古寺遺址，其中有一座方形寺院中存有壁畫。這座寺院中部為直徑三三五公分的圓形剎心，四周是環形通道，南邊通道內壁繪有翼天人。在入口處畫有兩身人像，旁邊有佉盧文和梵文題銘，與入口相對的環形壁面，北壁下部與東南壁護壁上繪有相連的寬幅花鏈飾帶，上下有各種形態的青年男女，如王子、少女、武士。上部畫的是須大拏太子故事；據推論，大約繪於西元三百年左右，是迄今發現較早的新疆佛寺壁畫。值得注意的是，這一地區早期曾受希臘、羅馬藝術影響而形成了具有特色的犍陀羅藝術，其佛教寺院的建築風格保留了這種傳統並加以翻新，壁畫不僅保留有犍陀羅刻石的技法，而且頗有新意。表現了藝術家就地取材，利用壁畫進行創作的傑出才能，同時使我們便於考察佛教藝術的傳播途徑。上述須大拏太子故事是犍陀羅石刻中的常見題材，在這幅中，整個故事的情節被細緻而連續地描繪出來，而且人物、車騎、象馬、樹木都異常生動，反映了藝術家的高超技藝。

據《于闐國授記》記載，約在西漢中葉（西元前七六年），佛教已傳入現新疆于闐這個西域小國。曾在王城南十五里處修建了贊摩寺，國王十分信奉佛法，每逢齋戒日一定親自灑掃，進奉

⊙新疆克孜爾石窟谷西區洞窟群外景

獻食物，因而崇佛的風氣大熾，寺院、僧尼很多。在于闐達德力城（今新疆和田縣丹丹烏里克）遺址發現的寺院壁畫，畫上有二梵僧，在梵僧左側殘存的泥塑天王像旁，畫一天女從地上湧出，站立在蓮池中，旁邊親切地依偎著一小兒，這是于闐建國的傳說，以壁畫形式保存下來，並將其美化、人格化，其中吉祥天女表現神話中的「地乳」，更顯示了藝術家天才的創造。它已不完全是宗教畫性質，亦具有歷史畫的意義，擺脫了宗教畫的神秘感和歷史畫的政治說教，富有人情味，給人母愛的感染力和美的享受。

除了建國傳說以外，很多傳說都進入寺院壁畫，如蠶種絲織傳入于闐，鼠助瞿薩旦那抗擊匈奴等傳說都表現在寺院壁畫中。《大唐西域記》比較完整地記載了于闐國借助聯姻而輸入蠶種和絲織技術的故事，這一題材的寺院壁畫相當豐富，而且傳播極廣。

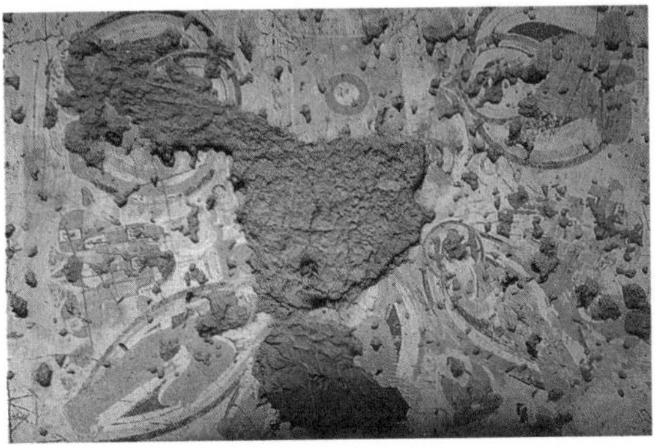

⊙三仙洞東窟窟頂壁畫

從新疆地區遺存的寺院壁畫中，可以看出宗教藝術流傳的某些規律，佛教藝術是以佛教教義與經典為依據，根據弘揚宗教義法的需要，有選擇地表現某些題材的，同時又受到地區風格的影響，表現出一些地方性特色和本土風格。

出現於漢初的新疆寺院壁畫在繼承外來宗教內容和藝術技巧的同時，突破原有題材和宗教儀軌的限制，融入了本民族的傳說和歷史，一開始就表現出明顯的本土化和市俗化傾向，形成了獨具特色的本民族的寺院壁畫風格和高超的藝術技巧，同時向我們展示了佛教在中國傳播的途徑和融合民族文化的方式。為研究佛教史、民族關係史提供了重要的史料，同時是我們今天學習和借鑒外來文化的最好範例。

透光鏡出現

透光鏡是中國古代運用光學和力學原理製成的一種銅鏡。銅鏡在戰國時代有較大的發展，到了漢唐時期，銅鏡技藝已經較為成熟了。漢代，出現了透光鏡。

上海歷史博物館保藏有兩面西漢時期的透光鏡，圓形，直徑七．四公分，重五十克。鏡的背面刻有圖文，在陽光的照射下，圖文能夠被完整地映射到牆上，故而得名。這一奇特的透光現象令人費解，日本人稱其為魔鏡。經過研究，人們認為這種現象是由於鏡面存在的許多凸凹的曲率不同而造成的。因為鏡背面上的圖文處微凹，非圖文處微凸，光線分別匯聚和發散，在映象中就出現相應的亮部和暗部，所以能在牆上形成鏡背面圖文。

⊙漢代透光鏡

炒鋼發明

炒鋼技術約發明於西漢中晚期。以生鐵為原料，加熱到液態半液態，撒上礦石粉，同時不斷攪拌，在強氧化性氣氛中（鐵礦粉和空氣中的氧）降低生鐵中碳的含量（或稱脫碳），製得鋼或熟鐵。

這種煉鋼法簡化了工序，提高了產量和品質。因此這種技術發明以來很快得到推廣，而且炒鋼設備的規模也日益擴大，在較大程度上滿足了社會對可鍛鐵的需求。現今所見當時有關的實物有：河南鞏縣鐵生溝、南陽瓦房莊、新安孤燈村等冶鑄鐵遺址出土的炒鋼爐，鐵生溝出土的鐵塊、殘鐵鋤、鐵鍤等炒煉製品。

到了東漢，除弩機外，一般兵器都以鐵製成，山東蒼山出土的東漢永初年間環首錯銘文「卅湅大刀」，就是用炒鋼法鍛製的傑作，漢代以來用炒鋼鍛製的鐵農具已取代了鑄製鐵農具的主導地位，在農業生產中發揮其重要的作用。

在歐洲，整個中世紀使用的都是直接冶煉法得到的自然鋼和塊鐵滲碳，與炒鋼相類的工藝直到十六至十七世紀才發明出來，在產業革命中發揮了很大的作用。

⊙圖為漢代錯金銀壺上的鳥蟲書。鳥蟲書是一種美術字體，開始為了美觀，後因其筆劃複雜，花樣繁多，難於仿造，亦用於書寫證件。中國青銅器上常用鳥蟲書作為紋飾，漢代的印章有許多鳥蟲書，當是為了防止假冒。

漢闕雄偉

和當時的盛世景象相襯，漢代建築一般都具雄偉氣勢，結構亦很精緻。其中漢闕就是一佐證。

漢闕，通常是成對地建在城門或建築群大門外表示威儀等第，因左右分列，中間形成缺口，故稱闕（古代「闕」、「缺」通用）。它的雛型是古代牆門豁口兩側的崗樓，在人們能夠建造大型門屋後，便演變成門外側的威儀性建築，防禦功能逐漸減弱。據文獻記載，在西周時已有闕，但沒有保存下來，現存最早的闕是漢代修建的。

漢代是建闕的盛期，都城、宮殿、陵墓、祠廟、衙署、貴邸以及有一定地位的官民的墓地，都可以按一定的等級建闕。墓前建闕已經成為一種制度，即使在崖墓，也在入口的石壁左右雕刻闕形。

漢闕建造得非常雄偉，外形高大，頗有威儀，西漢長安城未央宮的東闕、北闕，建章宮的鳳闕、圓闕，是歷史上著名的大闕。據有關記載，這些巨闕造型很有氣勢，設計精巧，充分體現了漢

⊙漢代高頤闕。高頤闕在四川省雅安縣城東約七公里的姚橋，全部用石砌築，仿木構雕飾而成，造型美觀，雕琢精細，是現存漢闕中的精品。簷壁上刻著人物車馬、飛禽走獸，四面伸出的頂蓋雕有四坡瓦壟、勾頭和脊飾，充分表現出漢代木構建築的端莊秀美。

⊙漢代望樓和庭院建築。這幅畫採用熟練的透視技法繪製成的建築鳥瞰圖。庭院深邃廣闊，重疊錯落。整組建築，四面由房屋合攏成大四合院，其內又分割成許多小四合院。建築群後有一座高層的瞭望樓，該樓設射孔和警報用的扁圓形鼓，還設有相風鳥和測風旗。

⊙單闕畫像磚。此畫像磚正中浮雕一重簷單闕，闕頂瓦壟，簷下木枋及斗拱等均勾劃清晰。闕的兩旁各有一衣冠整齊者躬身而立，左者執啟戟，右者捧盾。單闕上簷兩端各懸一玩戲的小猴，使隆重的迎謁場面增添一絲歡樂情調。

代盛世的氣魄，可惜經歲月流轉，現在除鳳闕尚有夯土殘址外，其餘的都已堙滅，保存下來的只是一些東漢的小型石造祠闕和墓闕，最高者不過六公尺。

其中，石闕是用塊石雕琢後砌成，在形制上有大小繁簡之分，大的稱子母闕，有大小兩個闕身相並，上有一高一低兩個屋頂，高屋頂在內，稱母闕，低屋頂在外，稱子闕，以四川雅安高頤闕最為有名。高頤闕是仿木構型闕，分台基、闕身、闕樓、屋頂四部分。台基、闕身上雕出柱、枋和櫨斗，闕樓上雕樓面平坐木枋，花窗和挑簷斗拱，屋頂雕椽及瓦飾，都很真實。這種闕雖是石造，但可視為供防守用的大型木構闕的模型。另外，還有一種土石型闕，以河南登封縣太室闕為代表，只分台基、闕身、屋頂三部分，無闕樓或只示意性的使闕身上部稍微向外膨出，這是一種實心的純威儀性闕。

從漢闕的造型結構的大略瞭解，它們對於比例、尺度、裝飾部位等已有細緻推敲，可以想見當時的建築藝術水準和審美要求。大型仿木構型闕的存在，在如今缺少漢代木構建築實物的情況下，具有相當重要的價值。

漢代灰陶極盛

灰陶是用泥土做坯胎，經入窖燒製而成的器物，一般呈青灰色，火候均勻，燒成溫度約在攝氏一千度以上，質地堅實。灰陶容器多屬圓形，形狀規

⊙西漢陶馬

整，表面較光滑，很少紋飾，基本上是素面的。有些灰陶器也模仿當時的漆器，表面塗漆。還有一些專為隨葬而做的彩繪陶，其做法是在陶器燒成後，在器物表面繪描彩色花紋。

漢代灰陶器種類繁多，有的做飲食器或貯藏器，如甕、罐、盆、樽、盤、碗等；還有一些做日常用具，如案、燈、薰爐及撲滿之類，為前代所少見或未見；仿銅陶器陶鼎和陶鐘也常見於漢代；此外，漢代還盛行用灰陶製作各種隨葬的明器，如倉和灶以及豬、馬、牛、羊等動物偶像，還有井、磨、豬圈、樓閣、碓房、農田、陂塘等模型及各式各樣隨葬的陶俑。

灰陶在漢代已普及到全國各地，漢代葬墓中多有灰陶器物出土，比較著名的有洛陽漢墓出土的灰陶鼎和西漢中期墓葬中發現的「彩繪陶」。

⊙彩繪陶壺。西漢彩繪陶器繼承了戰國的彩繪技術而進一步發展，以壺類數量最多，紋飾也最精美。繪有青龍、玄武、白虎、朱雀的生動形象，技巧熟練，色彩富麗，風格豪放，發揮了中國繪畫線條的特長。

⊙漢五聯罐

漢代開始畫門神

門神是指中國古代神話傳說中的司門之神，最初的門神只是抽象概念，到漢代，門神有了具體的形象和姓氏。漢人以神荼、鬱壘為門神，按神話故事描繪的形象開始畫門神。從此貼門神避惡鬼成為一種風俗在漢代流行。

王充在《論衡．訂鬼》中引述了《山海經》裡的門神故事。傳說滄海之中有度朔山，山上有棵大桃樹，萬鬼出入其枝杈間，神荼、鬱壘兩位神人統管萬鬼，對於窮凶極惡的鬼，他們就用葦索綁著餵給老虎吃。黃帝於是作禮敬神荼、鬱壘二位為門神。具體儀式是在門口立一大桃人，門戶上畫神荼、鬱壘和老虎並且懸掛葦索在門上以驅趕惡鬼。門神遂有了姓氏和職責，形相也固定下來，神荼白臉喜相，鬱壘紅臉怒相，歷代相沿。每到歲末，家家戶戶都在門上貼門神，掛葦索，插桃枝，形成一種民間風俗。

漢代畫門神的風俗開創出一種新的繪畫形式——門畫。門畫所描繪的內容往往隨著門戶的性質和人們的願望發生變化，門神的形相也因之改變。《漢書》中記載廣川惠王越的殿門貼著古代武士的畫像，後世門神不再指神荼、鬱壘而變為武士尉遲恭、秦叔寶，沿續至今。除大門外，庫房、廚房、內室等各種各樣的門上都貼門畫，門畫變得豐富多彩，漢代還發展出石刻的墓室門畫。

⊙漢墓壁畫：門衛

門畫的題材拓寬，除驅鬼避邪外，還出現吉祥題材的年畫。

中醫臨床診治經典《難經》問世

《難經》是繼《內經》之後出現的醫學理論典籍，約在東漢以前成書，一說秦漢之際，又名《黃帝八十一難經》、《八十一難》，作者不詳，隋以前託名黃帝撰，唐以後多題為扁鵲（秦越人）撰，均屬偽託。

《難經》是釋難之作，書中以問答形式討論了八十一個疑難問題，絕大部分是《內經》中已經提出而尚有疑點的問題，少部分引用「經言」（應該是指《素問》和《靈樞》二經），所以《難經》可以說是《內經》的延續和解答。

《難經》分六大部分：論脈學、論經絡、論臟腑、論病證、論俞穴、論針法。它以解決與臨床診察治療密切相關的基本理論為主，很少論述具體病症，也沒有像《內經》多論述人體發育、陰陽五行、天人相應等問題。主要貢獻在：一、發展了寸口脈法；二、重視解剖，提出了「七沖門」和「三焦無形」說；三、發展了經絡臟腑理論，提出「奇經八脈」和「右腎命門」說。

《難經》首次全面論述了以寸口脈診斷全身疾病的原理，改變了《內經》中多見的遍身診脈法。寸口，是指掌後高骨內側手太陰肺經搏動的地方（橈動脈博動處），《難經》認為寸口是手太陰肺經之脈，全身氣血都要朝會肺臟，十二經脈循環流注系統也是從肺經開始再到肺經結束，所以寸口脈能夠單獨反映五臟六腑的生理病理狀況。《難經》「獨取寸口」的診脈法，被歷代醫學家推崇並沿用至今。

《難經》又把寸口脈分為「寸」、

「尺」兩部，這是作者的重大創見。它在《內經》寸口一部脈法的基礎上，把寸口脈以「關」（掌後高骨，橈骨莖實）為界，分為尺、寸二部，尺脈一寸，寸脈九分，尺脈診陰，寸脈診陽，分別診斷人體陰陽。並且特別倚重尺脈，認為尺脈對人體有決定重義。另外，它還把把脈指力輕重分為五等，以「三菽」、「六菽」、「九菽」、「小二菽」、「至骨」分別候察肺、心、脾、肝、腎五臟，為以後的「浮中沉」候脈法及寸關尺三部分候臟腑學說的創立奠定了基礎。

《難經》對人體解剖十分重視，對心、肝、脾、肺、腎、膽、胃、小腸、大腸、膀胱、舌、咽、喉、肛門等器官的大小、形狀、重量、位置和容量都有詳細的論述。它把消化管道的七道關隘定為「七沖門」，分別為飛門唇、戶門齒、吸門會厭、賁門胃上口、幽門胃下口、闌門大小腸相接處，魄門（又稱肛門）消化道下極，對消化管道的解剖特徵有完整的認識。同時，它透過解剖研究，認為《內經》和《靈樞》所載的三焦配臟的說法是一種錯誤，提出了「三焦無形」的結論。

《難經》還將人體經脈手足三陰三陽十二正經之外的沖脈、任脈、督脈、帶脈、陰蹻脈、陽蹻脈、陰維脈、陽維脈稱為「奇經八脈」，系統地對各脈的內涵、循行路線、生理功能、病理變化進行了論述，確立了中醫經絡學說完整的經脈系統。《難經》還提出了「右腎命門」的學說，認為「腎間動氣」是生命之本，左腎為腎，右腎為「命門」，為明代李中梓確立的「腎為先天本論」奠定了基礎。

《難經》是繼《內經》之後又一重要的醫學理論典籍。它對人體解剖生理、病理及「獨取寸口」的診脈法的敘述，反映了秦漢時中醫理論的水準，對以後中醫理論的發展有深遠的影響，之後歷代對《難經》都有校勘注釋和補正，有眾多的版本刊行。

漢代針灸療法流行

秦漢時期，針灸療法一直居於重要地位。針灸是古老的治療法。馬王堆出土的《陰陽十一脈灸經》，記載了灸治各條經脈在臨床上的治療作用。《黃帝內經》講述了完整的經絡理論，對俞穴、針法、刺禁等都有詳細的說明，還記載了九種不同的針具，稱為「九針」，並分別記述了它們的用法和功能。東漢早期成書的《難經》，進一步發展了《內經》的經絡學說，強調了「五俞穴」和「八會穴」的臨床意義，創立了「補母瀉子」的取穴原則，都一直為後世醫家所遵用。

從西漢初年的淳于意，到東漢末年

⊙劉勝墓金針。設金針四枚、銀針六枚。完整的四枚金針為針、鋒針各一枚及毫針二枚。據研究，這批金銀醫針與《靈樞．九針十二原》所述形制相似，為早期的針灸專用針。

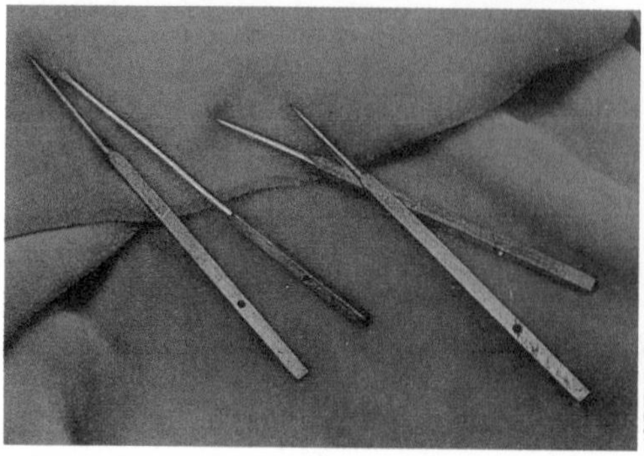

⊙日斗禁灸

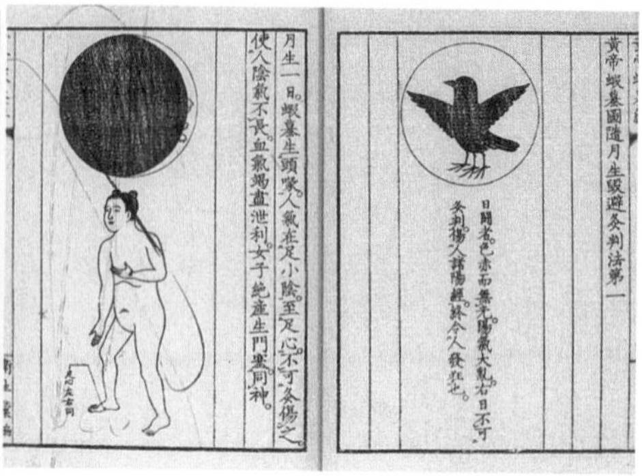

的張仲景，都是針灸與藥物並用的著名醫家，尤其張仲景，不僅在《傷寒論》中多次提到針灸療法，而且專設「可刺不可刺」、「可灸不可灸」等章，論述針灸宜禁問題。西漢時期還出現了專以針灸治病的醫生，如四川涪水一帶的涪翁，就是一位家境貧寒而熱心以針灸為人治病的針灸專家，其弟子程高、再傳弟子郭玉，都以針灸之術著稱。據說涪翁還撰有《針經》一書，可惜沒有傳世。

華佗不僅是傑出的外科學家，而且精於針灸之術。當時曹操患「頭風眩」病，屢治不效，華佗卻能用針灸迅速取效，因而被曹操強行留作侍醫。但華佗不慕名利，不肯只為曹操一人治病，不久便託辭歸家，延期不返，因此獲罪於曹操，終遭殺害。此外，華佗的弟子樊阿也是著名的針灸大家，一般醫生認為不能妄針或針之不過四分的胸背部危險俞穴，樊阿卻常針一至二寸甚至五至六寸深，每每取得良好療效，可見他的針刺技術已相當嫻熟精巧。據史書著錄，漢代曾有不少針灸專著問世，可惜均已失傳。晉代名醫皇甫謐著《針灸甲乙經》時，曾以《明堂孔穴針灸治要》為重要參考書，該書出自漢代醫家之手，其主要內容保存在《針灸甲乙經》中。

漢代車輿技術發達

中國是最早使用車的國家之一。相傳中國人大約在四千六百年前黃帝時代已經創造了車。甲骨文中許多車字，表明商代的兩輪車已有一轅、一衡、兩軛、一輿。中國歷史博物館的商代車模型是一輛精緻的兩輪車，顯示出當時造車技術的高度水準。中國早期的車輪輻數多在十八和三十之間。有輻車輪的應用使車的結構輕巧，重量減輕，是

⊙青銅斧車

⊙漢代馬車模型

一項重大的進步。相傳奚仲「橈曲為輪，因直為轅」。春秋戰國時期，特別注意加強車的薄弱部分，用加強材料──「夾輔」施於車輪。戰國墓葬中許多大型車輛都有「夾輔」，而輻條斜置則是車輛結構的一大改進。

中國在周朝已有使用油脂作為車輛的潤滑劑。漢代創造了先進的馬用輓具，使車輛輕快並便於駕馭。根據文獻記載，到了漢代，車輛已經普及到了生活各方面，並出現了一些重大的改革。

中國漢代傑出的科學家張衡發明了舉世聞名的記里鼓車。這種車行駛一里自動擊鼓一下，顯示里程。三國時代馬鈞發明指南車。車上立一木人，不論車輛走向如何變化，木人手臂始終指向南方。

中國古代的兩輪車常用兩馬至四馬駕車和牽引。駕車的馬稱為服馬，兩側協同牽引的馬稱為驂馬。一九八○年在陝西省臨潼縣秦始皇陵附近出土的大型彩繪銅車馬，反應了中國二千多年前馬車製造的精湛技藝。漢代銅馬車更是顯示了漢代車馬技術的繁榮，車馬同時成為重要的藝術對象，漢代的車馬雕塑，特別是銅車馬達到了極高的藝術水準，形象生動準確，具有勁健、飛騰的藝術品格，從一個側面反映了漢代人的精神

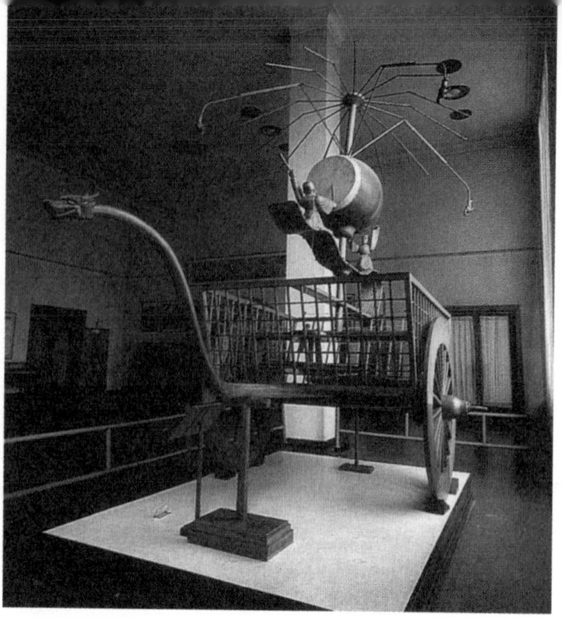

⊙記里鼓車。能自報行車里數，標誌著造車工藝已達到很高水準。圖為根據史料記載復原的記里鼓車模型。

面貌。

西漢初期墓出土的幾組銅俑具有代表性。廣西貴縣風流嶺卅一號墓出土的一件身著盔甲的跽坐銅俑，高卅九公分；伴出一匹青銅馬，高約一一五公分，姿態雄健威武，是繼秦代銅車馬之後，西漢前期的大型青銅雕塑傑作。

東漢青銅雕塑，有甘肅武威雷台出土的青銅馬車儀仗俑群、湖南衡陽道子坪出土的銅牽馬俑，貴州清平壩出土的青銅車馬，河北徐水防陵出土的兩匹青銅大馬（高約一一六公分）、河南偃師李家村出土的鎏金銅奔羊、小銅牛和小銅馬。

西漢壁畫的主題：升仙驅邪

漢代墓室壁畫多屬裝飾性，在西漢早期興起，墓主大多是地方豪強或顯貴高官。西漢壁畫可使人們瞭解西漢的社會經濟、文化、繪畫和審美觀。現今所知道的西漢墓室壁畫大都分布在廣州、河南洛陽、陝西西安、甘肅武威五壩山等地。壁畫墓主要是大型空心磚構築，壁畫的主題則是升仙驅邪。

壁畫墓的發展與西漢中期以後豪強大族厚葬習俗的發展相隨，而壁畫墓的出現則多在當時的軍事要塞或經濟文化中心，尤以陝西、山西、河南為最多。這一時期的壁畫內容包含升仙和天象，墓室的主室內大多繪滿壁畫，脊頂繪天象和雲氣、四神圖。這一時期的壁畫風格淳樸，構圖簡單，某些還有西漢早期帛畫的部分特徵。當時主要的繪畫工具是毛筆，使用的是黃、綠、朱、紫、橙等色彩的礦物顏料，使壁畫色彩歷久不褪。繪畫技法還比較單一，繪製技巧上發揮了戰國到西漢早期宮廷壁畫和帛畫上用墨線勾勒輪廓再平塗施色的手法，造型手法上是寫實與誇張結合。

洛陽卜千秋墓年代較早，墓內壁畫保存比較好，主室東側門額畫著象徵吉祥的人首神鳥，後壁上方正中畫著豬頭方相，其意在驅鬼辟邪，它的下面則是青龍白虎。墓頂壁畫是長卷式畫面，包含天象與升仙兩種內容，全長四五一公分。東西兩端各表現一種內容，天空景

⊙洛陽西漢古墓壁畫。「車馬出行圖」發掘於洛陽老城西北，後移置「王」陳公園內復原保存，為西漢中期遺物。

觀由彩雲環繞的女媧、含蟾蜍桂樹的月象、人首蛇尾的伏羲、含三足烏的日象構成；升仙的場景由雙龍、神鳥、「梟羊」、白虎護衛、仙女持節方士導引，男墓主挎弓騎龍，女墓主捧鳥騎三頭鳳的景象構成。畫面上的物象都很有生氣，布局有序，勾線流暢，變化多姿的流雲紋聯結統一畫面，表現了較高的繪畫技巧。整個畫面使人們看到了典型的升仙驅邪主題，極為形象地表達了當時人們渴望死後升仙的幻想。

　值得注意的還有西安交通大學和武威五壩山的西漢晚期墓室壁畫，尤其是西安的西漢壁畫墓，它的頂部繪著日月星象，但二十八星宿是用不同形態的人物與動物作為標誌，對於繪畫史與天文史的研究有重要價值。武威的西漢壁畫墓中保留著鳥瞰法勾劃地形的古老畫法，同時壁畫中羽人的形象也可在河西地區見到，由此可看出中原與河西文化

⊙西漢開明獸與不死樹。這幅畫當是描繪開明獸與不死樹的神話故事，表達了墓主人企望死後升仙，過美好生活的幻想，亦有祥瑞之意。

⊙西漢伏羲畫

聯繫在張騫通西域後變得緊密。

隨著時間的發展，西漢壁畫內容在原有的基調上，出現了生活中的人間景象，至王莽和東漢，內容更是豐富，從升仙驅邪的虛幻走向現實。

總之，西漢壁畫升仙驅邪的主題使人們瞭解到當時讖緯流行和天人感應對人的影響，以及「事死如事生」的思想，而題材的變化則蘊含著後世壁畫的發展方向。

⊙鴻門宴壁畫

文化小事典

燒溝漢墓壁畫

漢代壁畫盛行，一九五七年發現於河南省洛陽市燒溝西漢晚期墓室內的壁畫，是中國早期壁畫的代表。它的主要造型方法是線描，側重於表現人物性格和運動感的傳達。情節性畫面上背景與前景人物的平面關係，呈現了早期繪畫的二度空間特點。以畫為主、雕繪結合的表現手法，可能受到當時地面建築裝飾手法的影響。

燒溝漢墓壁畫分布在主室的墓門內額、隔牆及中柱、後壁、墓頂中脊上，一部分為完全繪畫形式，一部分畫在經過鏤雕或帶有高塑的磚面上。墓主室中有兩幅完整的畫面。隔牆橫楣上的一幅畫有十三個人物，右邊是表現「忠勇」的「二桃殺三士」故事，左邊內容不太明確，有人認為表現的是周公輔成王或趙氏孤兒的故事。後壁的一幅呈梯形，從宴飲、怒目揮劍和背後的山巒景象分析，描繪的可能是楚漢戰爭「鴻門宴」的史實。壁畫位置之外的主室壁面及墓頂斜坡所用的磚，均以模印幾何花紋裝飾，單色的印紋磚與彩色壁畫構成了互映的整體效果。

西漢

《別錄》、《七略》開創中國目錄學

漢成帝河平三年（西元前廿六年），因為漢武帝以來宮中藏書頗多散失，成帝便下詔命令謁者陳農去徵集天下散失的圖書，彙集於天祿閣。又命光祿大夫劉向等整理校勘宮中藏書。劉向主要校勘經傳、諸子、詩賦，並主持全面整理工作；步兵校尉任宏校勘兵書，太史令尹咸校勘數術，侍醫李柱國校勘方技。每校完定稿一書，劉向都寫出敘錄，分別介紹該書的篇目順序、內容提要和作者生平，並略作考證，辨別書的真偽，思想和史實的是非，剖析學術源流及確定書的價值。各書敘錄都附帶在本書中，後經分類匯抄，又單獨成書，稱為《別錄》，共二十卷（今僅存散篇），是中國第一部書目提要。

劉向主持的圖書校理工作，是中國歷史上大規模整理圖書的開始，對圖書館學、校勘學、目錄學、版本學都有開創性的影響。《別錄》一書樹立了提要目錄的典型，並首創圖書分類法，在目錄學史上具有重要的意義。

劉歆死後，其子劉向奉詔校五經，繼續劉向未完成的工作。劉歆在《別錄》的基礎上概括許多書籍內容匯成中國第一部官修目錄《七略》，即輯略、六藝略、諸子略、詩賦略、兵書略、數術略、方技略。其中輯略是其他六略諸書的總綱要，置於六略之前，敘述編輯凡例並總論各類圖書源流。其餘六略分六大類著錄各種圖書，各略又分若干小類，共三十八小類。著錄圖書六〇三家，一三二一九卷。所錄之書都注明作者、卷數。

《七略》是中國歷史上第一部綜合性的圖書分類目錄，它保存了關於古代典籍的許多寶貴資料，創立了古代圖書六分法之類例，成為班固寫作《漢書·藝文志》的藍本，與《別錄》同為中國古典目錄學奠基之作，反映了西漢末年圖書事業發展的成就與規模，對後世目錄學的發展有深遠的影響。

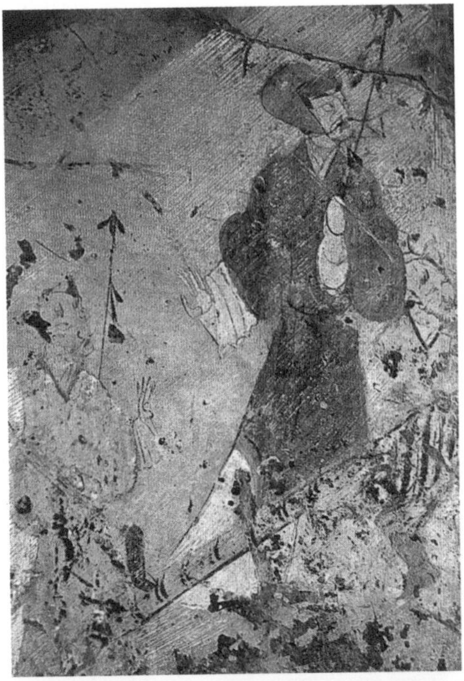

⊙西漢武士畫之一

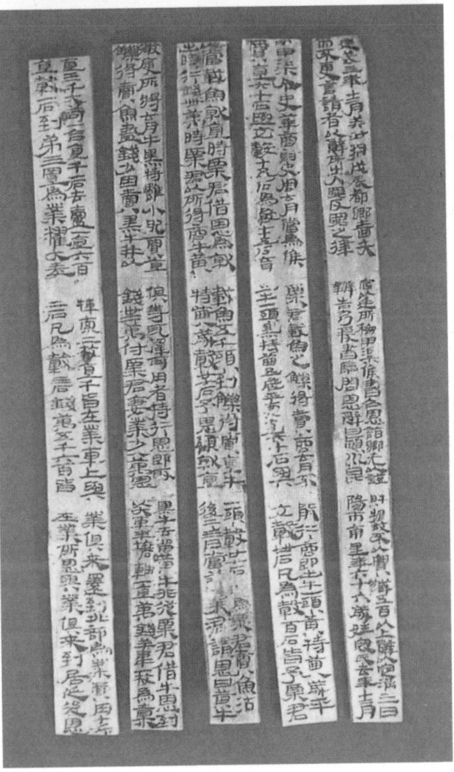

⊙居延漢簡。漢武帝派駐軍在西域屯田，為典型的軍屯。圖為內蒙古額濟納旗出土的居延漢簡，是漢代屯田戍邊的檔案。

古代計時器發展成熟

中國古代計時器的創始時間不晚於戰國時代。應用機械原理設計的計時器主要有兩大類，一類利用流體力學計時，有刻漏和後來出現的沙漏；一類採用機械傳動結構計時，有渾天儀、水運儀象台等。此外，還有應用天文原理（大都根據日影方向測定時間）計時的日晷，它也是中國最古老的計時器之一。

漏刻是中國古代最主要的計時器，其原理是利用滴水多寡來計算時間，所以後人又稱它為「水鐘」。漏刻的基本裝置是漏壺，多為銅製，因而習稱「銅壺滴漏」。

漏壺種類很多。古代埃及和巴比倫等國家也使用過。中國歷史上用得最多、流行最廣的是各式各樣的箭壺，元代還出現過以沙代水的沙漏。多少個世紀中，漏壺由簡到繁，由粗到精。我們的祖先創製出五花八門的多級漏壺，發明了使水位保持恆定的「蓮花漏」，留下了數之不盡的古鐘佳話。英國的中國科技史專家李約瑟在讚譽中國的水鐘時寫道：「這種計時器，在他們的文化中已發展到登峰造極的地步。」

⊙搖錢樹陶插座

⊙漢代銅漏壺。此壺是西漢成帝河平二年（西元前廿七年）四月在河西郡千章縣鑄造的。是至今出土的最完整而又有紀年的漏壺。

⊙西漢四樂舞俑。滇人貴族墓隨葬品。四俑立於一橫長條形銅柱上。一俑吹笙踏足，三俑徒手舞蹈。

胡風舞流入中原

西漢時期，西域樂舞開始內傳，《西京雜記》中就有關於《于闐樂》的記載。《于闐樂》即西域樂舞，這一記載不盡可信，但至少在張騫出使西域後，西域樂舞就開始傳入內地。

由於西域樂舞的大量傳入，到東漢靈帝時，「胡風舞」成了宮廷內外深受人們歡迎的舞蹈。這些「胡舞」的舞容舞情，史籍未見詳細記載，但從其他文獻和某些文物圖像中可以作一些推測。賈誼《新書．匈奴》記載了漢初匈奴的胡戲表演，藝人戴著假面並由簫鼓伴奏，邊翻滾跌撲，邊舞蹈跳躍，實際上也就是和雜技一起串演的胡舞。一九八一年河南西華發現的西漢晚期墓葬出土的一批空心浮雕式畫像磚中，有幾塊是胡人舞俑畫像，這些形象都是深目、高鼻，面部表情豐富，有的還有八字鬍或絡腮鬍，舞蹈姿態多為兩臂架起，一手上抬，一手撫腰，雙腿有蹲有跪，似乎正以或滑稽、或瀟灑的舞蹈表演取悅觀眾。

⊙西漢舞蹈壁畫。此為生活飲宴畫面中的舞蹈部分。此畫先用顏色繪出形象，再用墨點睛並勾劃出鬍鬚、衣裙，色彩鮮麗，墨線生動飄逸，是研究西漢舞蹈和繪畫的重要資料。

⊙西漢雙人舞盤鎏金銅扣飾。青銅鑄高浮雕，背面有一榫扣供裝置。舞俑高鼻深目、梳髻，著長袖交襟有領上衣，細褲腿至足踝，跣足佩長劍。

胡風舞傳入中原後，很快同漢朝舞蹈結合。山東濟甯古亢父城出土的漢畫像石上有一幅「樂舞雜技圖」，畫中十位雜技藝人都是高鼻、裸體、椎髻，表演舞輪、跳丸、跳劍和《鼓舞》等舞蹈和雜技，而樂人、歌者全都是漢人面容和裝束。從他們使用的樂器塤、排簫、笙等看，很像《清商樂》的體制。畫中顯然是中原樂隊與「胡舞」、雜技結合表演的情景。

在漢朝與緬甸、印度、朝鮮、日本等國貿易往來中，也有文化藝術以及舞蹈的交流。《後漢書．東夷列傳》就記載了漢朝的舞樂伎人將中原舞蹈傳到朝鮮，同時也學習了朝鮮的民族舞蹈。

中原與南方邊陲地區在漢代也有廣泛的舞蹈文化交流。廣州一帶就出土了許多具有濃厚中原舞蹈風味的漢代玉雕舞人。廣州象崗南越王趙昧墓六個玉雕舞人，有的繞舞長袖，有的雙雙並立而舞，有的欲輕盈舉步，舞姿形態十分生動，有一種古越族與漢族舞蹈相互交融滲透所產生的別致風韻。

漢代對東北和北方地區的開拓和交往，使這一地區許多民族、地區的風俗性舞蹈活動載入了漢朝史書。《後漢書．東夷列傳》就記載了東北地區少數民族的生活習慣和歌舞習俗。

漢代，外國和中國各少數民族舞蹈藝術從各種管道傳入中原，在中原舞蹈和其他民族舞蹈融合的過程中，舞蹈藝術得到了各方面的充實和昇華，為後代舞蹈藝術的發展奠定了堅實的基礎。

漢代明器陶樓反映建築式樣

漢朝是中國封建社會的上升階段，中國古代建築在這期間進入了一個繁榮時期，出現了許多規模宏大的建築物，建築技術發展很快，木構架建築漸趨成熟，磚石材料推廣使用，磚建築和石建築都得到了飛速發展，建築形式呈多樣化。從漢墓中出土的陶製建築物模型，即漢明器陶樓，就反映了漢代的建築式樣。

漢明器陶樓種類多樣，形式富於變化，在平面形狀、層數、結構、屋頂式樣、柱梁、斗拱、平坐、勾欄、門窗、踏步、脊飾、瓦件等細部處理方面，都

⊙陶住宅模型

⊙陶水榭。綠釉，水榭模型。水塘圓形，池沿排列人物、家禽、家畜，池內有鱉。平座中矗立雙層水榭，與池邊有橋相連。

提供了比文獻、壁畫和畫像更具體的資料。

斗拱在漢代得到普遍使用，以一斗二升或一斗三升較為常見，常施用在陶樓的屋簷、平坐下或柱頭上，按使用部位的不同，有柱頭鋪作、補間鋪作、轉角鋪作和平坐鋪作之分。在斗拱的造型上，已相當明顯地表現了斗耳、斗欹、拱眼和拱頭卷殺，同漢代石墓中的斗拱甚為吻合。

⊙綠釉陶樓

屋頂形式也多樣起來，廡殿、懸山、攢尖、歇山、囤頂等都已出現。其中主體建築以四坡頂居多，懸山頂次之，在懸山頂下加單坡周圍廊，是後世歇山頂的雛形。附屬建築如門廊、倉屋等，用兩坡頂，也有用單坡、卷棚或囤頂的。屋頂的坡度平緩，簷口基本平直，但屋脊端部已有起翹；正脊中央常用朱雀等華麗的裝飾。

建築立面以一、二、三開間為多，大型倉樓有四、五開間的。住宅層數一至三層，倉屋一至四層，塔樓三至五層，其他房屋一般都是一層，只有大門上面有門屋的，才為二層。一般建築的分間和塔樓角落，都用斷面為方形的柱子，其他形式斷面的柱子少見，可能是陶樓尺寸太小，製作時不容易表現的緣故。

門多為板門；窗有櫺條窗、支窗、漏窗和氣樓天窗等幾種；勾欄望柱有出頭和不出頭的兩種；室外踏跺僅有階梯形的「墄」，而無斜平面的「平」，式樣較簡單。某些陶樓前有庭院，入口處置雙闕，闕間施以短簷。

在漢明器陶樓中，用梁架承重，坡屋頂以及院落式組合等中國傳統建築的基本式樣已經清楚地表現出來。現存漢明器陶樓多出土於甘肅、山東、陝西、河南、廣東、湖南、四川等地，由此可以看出這些地區當時的建築式樣。陶樓種類有簡單和複雜兩種，前者如畜圈、碓房、倉廩和井亭，後者如住宅、塔樓和塢壁。這些陶樓明器多是用灰陶或紅陶製成，少數還塗有薄釉。正因為有漢代明器陶樓隨葬，才使我們今天看到當時的建築式樣，以及中國傳統建築的發展脈絡。

漢字進入今文字時代

在漢字發展史上，隸書的定型，標誌著漢字脫離了古文字時代而進入今文字時代，從此進入了新的發展階段。

隸書起源於戰國時期，秦時已普遍流行於民間，在民間經過不斷的加工和完善，到西漢晚期已達到成熟階段，是漢代的主要字體。

在不同的發展時期，隸書呈現出不同的特點，因而又被分為秦隸、漢隸和八分三種形式。早在戰國時期，秦代的竹簡文書，甚至在兵器、漆器、陶器、量器等銘文中已出現了筆劃省減、直多彎少、書寫草率的簡體字，可謂隸書的雛形。秦始皇燒毀經書，掃蕩了舊有典籍，選拔了大批官吏，官職繁多，文書也大量增加，為了適應這種需要，迫切需要一種簡便的文字來代替複雜難識的籀體和篆體，隸書也就應運而生了。據晉代衛恒《四體分勢》記載，秦時的下等文人程邈擔任衙獄官吏，因罪被囚禁了十年，在獄中，開展了改造文字的工作，增減當時流行的許多字的筆劃，將方的改圓，圓的變方，秦始皇得知後大加讚賞，讓他出獄擔任御史，命令他規範文字，他所改造後的字就是隸書。即使在正規典型的小篆材料裡，秦權量詔書和秦代兵符中也不乏簡草急就的例子，說明在秦始皇統一文字前隸書已出現。

推行統一文字的政策，正如《說文．敘》所說：「秦始皇統一天下以後，推行了一些統一文字的政策，最初確定以小篆來取代史籀大篆。」但秦代的統治時間短，小篆未能徹底推行。程邈改造後的隸書書寫起來比小篆方便得多，更符合人民的需要，實際上，秦王朝是以隸文統一了全國文字。

漢代日常應用仍是隸書，但在形體和筆勢方面都不斷發展，逐步形成一種扁方、規整，捺筆上挑等講究挑法、波勢、波磔的書體，如西漢武帝到東漢光武帝時期的居延漢簡和敦煌、新疆各地

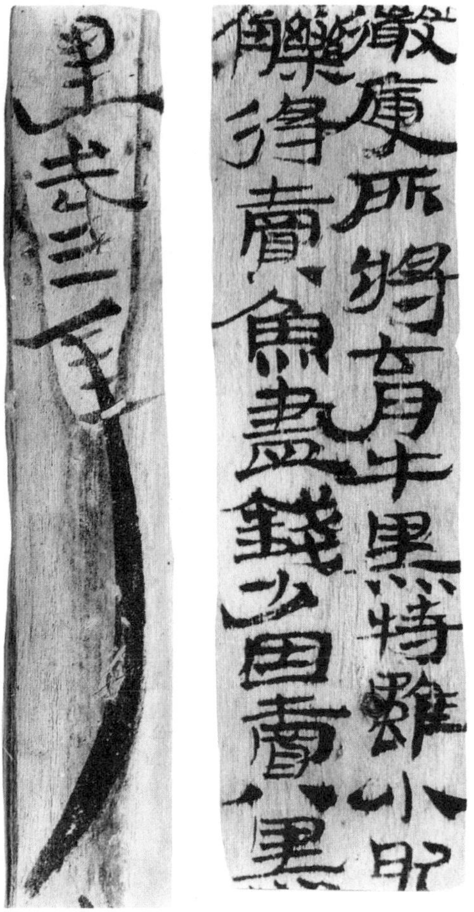

⊙居延漢簡。居延漢簡的字體包括有隸書、章草與極少量的漢篆和裝飾書體。多是下級卒吏的日常手跡，展現了漢代民間書法的多樣丰采和韻致。既有粗獷、潑辣的野趣，又飽含了寬綽、恢宏和質樸的漢代書法藝術的氣質。

⊙武威儀禮漢簡

出土的漢簡，就是典型的漢隸。

關於八分的具體內涵說法很多，有人認為由於這種書體以「字方八分」為大小的標準，有人認為由於這種書體字形較扁，筆劃向兩旁伸展，勢「若『八』字分散」，還有託蔡文姬之名，說這種書體「割程（邈）隸書八分取二分，割李（斯）小篆二分取八分」，所以稱為八分。把東漢中期熹平年間刊立的筆劃勻稱、波勢工整的《熹平石經》為標準隸體定為八分，魏以後便成為一個普遍的名稱。

後人把魏晉南北朝以後的真書（楷書）也稱為隸書，與行書、草書等相對，取其正式標準的意義。從篆書到隸書的演進是漢字發展史上的一次大變革，從此漢字更為簡化、筆劃化、定型化。

中國最早的傳統農書《氾勝之書》

西漢成帝（西元前卅二至前八年）時，著名的農書《氾勝之書》成書。

氾勝之，西漢山東人，生卒年不詳。他在漢成帝時出任議郎，曾在包括整個關中平原的三輔地區推廣農業，教導種植小麥。

《氾勝之書》，原名《氾勝之》，著錄在《漢書．藝文志》中，《隋書．經籍志》始稱為《氾勝之書》，以後沿用此名。原書約在北宋初期亡佚，現存的《氾勝之書》是從《齊民要術》等一些古書中摘錄的原文輯集而成，約三千五百字。內容有耕田總原則、耕作的具體方法如溲種法、穗選法、區田法等，以及禾、黍、麥、稻、稗、大豆、小豆、枲（纖維用大麻）、麻（子實用大麻）、瓜、瓠（葫蘆）、芋、桑等十三種作物的栽培技術。其中在耕田總原則中，針對關中地區春旱多風的情況，首次提出「凡耕之本，在於趣時，和土、務糞澤、早鋤早獲」，這是迄今仍在沿用的耕作原則。溲種法，是將獸骨骨汁加糞調糊成稠粥狀，用以淘洗種子然後播種。氾勝之認為溲種可以防蟲、抗旱、施肥，保證豐收。實驗證明確實如此。區田法，又稱區種法，其基本原理是不必平整土地，只要「深挖作區」（區：凹的意思，義同窩），在區內集中作用人力物力，加強管理，合理密植，保證充分供應作物生產必需的肥水條件，發揮作物最大的生產能力，提高單位面積產量，同時擴大耕地面積，把耕地擴展到不易開墾的山丘坡地。

《氾勝之書》是現存最早的一部農

⊙氾勝之像。《氾勝之書》是中國第一部由個人獨立撰寫的最早的農書，也是世界上最早的農學專著。

⊙粟，古代稱禾、穀或穀子，其籽實稱小米。粟的種植歷史悠久，它是從狗尾草一類的野生植物馴化而來的。圖為河南洛陽出土的西漢時的粟子。

書。它總結了北方旱作農業技術，對傳統農學產生了深遠影響。《齊民要術》直接引用前人的著述，以《氾勝之書》為最多。該書所記載的一些農業技術，也為後來的農書所繼承和發展，現代山西、陝西、山東等地耕種所採用的「掏鉢種」或「窩種」，其原理與區田法是一致的。

該書列舉了十幾種作物具體的栽培方法，奠定了中國傳統農學作物栽培總論和各論的基礎，而且其寫作體例也成了中國傳統性農書的重要範本。

⊙《耕織圖》中的施肥情景

舞蹈成爲獨立表演藝術

秦漢時代，各朝統治者沉溺於聲色享樂之中，宮廷豪門爭相豢養女樂。女樂是指年輕美貌、能歌善舞的女性樂舞伎人，夏桀時宮廷就有「女樂三萬」，秦漢時俗樂百戲的繁榮昌盛和女樂的藝術活動是分不開的。

漢代，隨著社會生產力的提高和經濟實力的加強，統治者用於犬馬聲色的花費也逐漸增長，不僅皇宮後苑美人如雲，連貴戚豪門也爭相仿效。桓譚在《新證·離事》中提到「工倡」為宮中女樂、樂工等，專供皇室娛樂之用，歌舞作樂是皇親貴戚奢侈淫靡生活的組成部分。《漢書·元皇后傳》中記載了宮中女樂盛況，而仲長統則在《昌言·理亂篇》中指摘君主和貴族們「目極角抵之觀，耳窮鄭衛之聲」，過於淫逸放縱。漢代貴族田蚡、寵丞張禹都喜好歌舞作樂，有後房女樂數百計。除皇室、貴族外，文人學士也喜女樂，《後漢書·馬融傳》就記載了馬融這個有上千學生的博學多識的大學者，在教書授課的同時也不忘欣賞女樂的情形，可見當時女樂何等令人迷戀。

女樂的樂舞表演有其特有的魅力。有的女樂由宮廷和貴族之家長期培訓，有的則是從民間特召入宮的優秀樂舞伎人。女樂的表演藝術和當時民間廣場表演的角抵百戲有極大的不同，女樂多在皇帝後宮、貴族廳堂表演，作為室內樂舞，大多委婉纏綿、抒情優美，能在一個不大的範圍內造成某種十分濃厚的藝術氛圍，使觀眾陶醉其中。

女樂是女性樂伎舞人的泛稱，她們的身分各不相同，有的是奴隸身分的職業伎人「倡」，如李延年的妹妹李夫人就出生於世代為倡的「故倡」之家。

有的是宦官豪門家屬，稱為「舞姬」，如秦始皇的母親邯鄲姬，還有漢高祖劉邦寵愛的戚夫人、漢少帝劉辯的唐姬等都是著名的豪門舞姬。另外還有一種介乎「倡」和「姬」之間的專業藝人稱為「歌舞者」，原是社會地位卑下的家伎或一般平民女子，由於擅長歌舞、姿色超群而受到最高統治者的寵愛，封為夫人，甚至皇后、皇太后，如漢成帝劉驁的皇后趙飛燕等。

儘管漢代女樂如此興盛，舞人樂伎卻很少傳名後世，這是由於她們地位低下，即便藝貌超群得到最高統治者寵倖的少數人，也難逃悲慘命運。如戚夫人才藝出眾，尤精舞蹈，既會「楚舞」，又會《于闐樂》，還善長「翹袖折腰之舞」。儘管劉邦生時對其呵寵備至，劉邦死後，戚夫人母子終是慘遭呂后毒手，兒子趙王如意被毒殺，戚夫人則被弄成手腳皆無，耳聾眼瞎的「人彘」。再如漢成帝劉驁的皇后——趙飛燕，是漢代最著名舞人，尤擅長一種舞步——「踽步」，這種舞步如花枝被風搖曳輕顫。相傳趙飛燕「身輕若燕，能作掌上

⊙西漢拂袖舞俑

⊙西漢女坐俑

舞」。她的舞蹈技藝為後世文人提供了創作題材。儘管趙飛燕從歌舞伎人一躍成為皇后並專寵後宮，成帝死後，她仍先是被貶後來又被迫遷居，再被廢為庶人最後被逼自殺。

漢代舞蹈藝術，雖多與「百戲」組合演出，但已逐漸發展成一種較成熟獨立的表演藝術形式，自幼經過長時間嚴格訓練的專業舞人，舞蹈技藝水準相當高。「翹袖折腰」是舞蹈者身體軟度和手臂力量與靈巧協調配合的標誌。「身輕如燕，能作掌上舞」是彈跳力、控制力及呼吸運氣功夫的標誌。「踽步」則標誌著連接與過渡各種舞姿、造型、動作組合的重要手段——舞步，有了獨特的創造和長足的發展。這反映漢代舞蹈在藝術與技術、訓練與表演，以及運用各種技藝手段表現內在感情、創造舞蹈意境等方面，已經達到了一個較高的水準。

佛教傳入中國

元壽元年（西元前二年），博士弟子景盧從大月氏王使臣伊存授浮屠經。這是佛教思想傳入中國最早的文獻紀錄。

佛教發源於古印度，兩漢之際，佛教主要經由西域傳入中國內地。關於佛教傳入中國有兩種說法。一者認為，西漢武帝時（西元前一四〇至前八六年），張騫通使西域，從此開闢絲綢之路，印度佛教就經過中亞諸國，順著這條經濟文化管道而進入了中原。《三國志》卷三十注引《魏略·西戎傳》稱：「天竺又有神人，名沙律。昔漢哀帝元壽元年，博士弟子景盧受大月氏王使伊存口受《浮屠經》，日複立者，其人也。」認為西漢末佛教已傳入中國。另一者認為，佛教在東漢初傳入中國。東

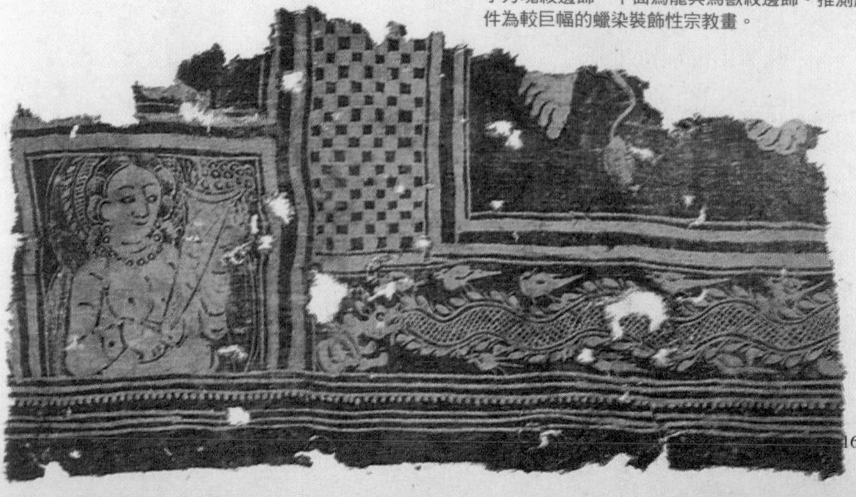

⊙藍白染花棉布。中央主題佛像已缺，佛像左側為小方塊紋邊飾，下面為龍與鳥獸紋邊飾。推測原件為較巨幅的蠟染裝飾性宗教畫。

⊙漢代銅四人博戲俑

漢明帝曾派蔡愔、秦景出使天竺，蔡愔和沙門攝摩騰、竺法蘭回到洛陽，在洛陽建立白馬寺。

東漢初年（西元廿五年後），上層權貴已有信佛的人，但只是把佛陀依附於對黃老的崇拜。在一般人心目中，佛教教義與黃老之學宣傳的道教理論相類似，佛陀類似神通廣大的神仙。東漢時期一直把黃老浮屠混而為一，信奉的人也多是西域僧人。由於佛教依附於黃老道術，不能夠充分顯示自身的特色和力量，所以不能夠引起社會強烈關注。直到漢末，情況才開始有所改變，在地方和民間佛教信徒才一天天增多起來。

東漢時期是佛教傳入中國後的第一個階段，它的特點是不舉行太多的外在活動，而把主要精力用在傳經、譯經、積蓄力量上。最早的漢譯佛經是《四十二章經》。安息國僧安世高於桓帝間來洛陽開始譯經，在二十多年中共譯卅四部四十卷，主要有《安般守意經》、《陰持入經》、《人本欲生經》、《大十二門經》、《小十二門經》、《道地經》等，介紹小乘禪法。月氏僧人支婁迦讖於桓帝末年至洛陽，靈帝間譯出佛經十四部廿七卷，如《般若道行品經》、《首楞嚴經》、《般舟三昧經》等，都是大乘佛教經典，向中國人首次介紹了印度大乘般若學的理論。

漢代禮制建築受到重視

西漢的禮制建築主要有：明堂、辟雍、靈台、宗廟、南北郊和社稷。

西漢的明堂是用作「順四時，行月令，祀先王，祭五帝」的禮制建築。明堂的形制一般是以茅草覆蓋屋頂，屋頂為圓形，房子為方形，所謂「上圓下

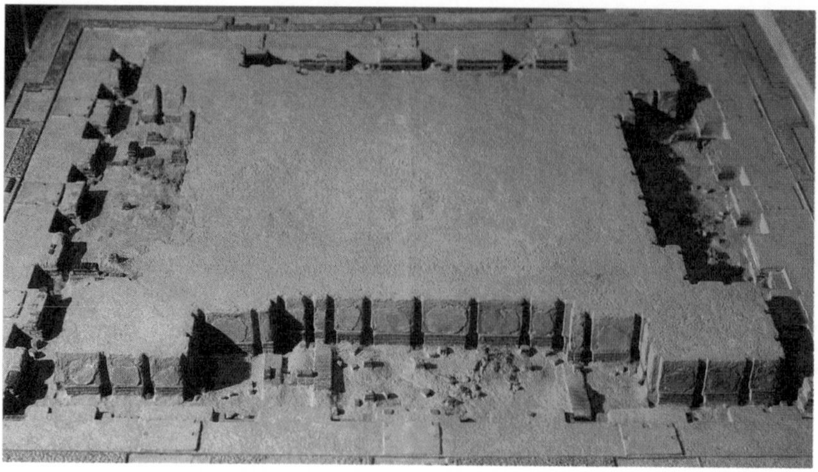

⊙漢代明堂辟雍遺址模型

方」，上圓象天，下方法地，明堂有五室，象徵金、木、水、火、土五行。明堂又稱九室，九室象徵九州。四座門象徵東、西、南、北四方和春、夏、秋、冬四時。

辟雍也叫「壁雍」，因其形狀「如壁之圓，壅之以水」，西周時為教育場所，後代為祭祀之處。靈台是天子用於「觀祲象，察氣之妖祥」的地方，漢代靈台又稱「清靈台」或「清台」。據記載，靈台位於長安復盎門以南。原高達十五仞，上置有渾天儀，相風銅鳥、銅表等天文儀錶器械，其形制為一方形高台建築，平面為方形，台基四周有上、下兩層平台，台的東西南北四面牆壁上，分別刷成青、白、朱、黑的顏色。頂為觀察天象的場所，靈台四周的建築為主持天文工作的衙署。

西漢初年的宗廟都修在長安城內。高祖其父，太上皇廟位於長樂宮北邊、香室街以南，高祖廟和惠帝廟在安門之內，安門大街東邊，長樂宮西南；文帝廟稱「顧成廟」，位於長安城南。從景帝開始，終西漢一代，皇帝的宗廟就修在帝陵附近。由於西漢有預作壽陵的制度，作為陵廟也於皇帝生前營建。但生前所築諱言廟，稱之為「宮」。西漢晚期，宗廟建築遍於京師，多至一七六座，長

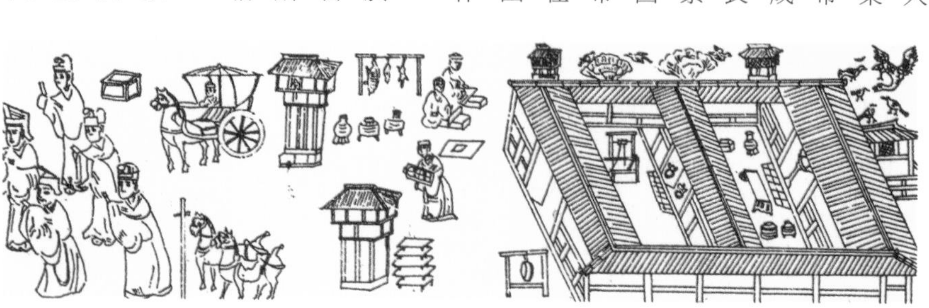

⊙沂南畫像石墓中的祠堂圖

西漢

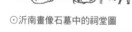

安規模最大的宗廟建築要屬王莽的「九廟」。

南北郊乃祭祀天地之處；古人認為天是半圓的，因而祭天之處往往選擇或有意營築成半圓形土丘，以此象徵天去祭祀。西漢的「南郊」也稱「圜丘」，高二丈，周圍一二〇步，在長安城南。武帝時立后土於汾陰，成帝時，將於汾陰祭地的后土遷徙到長安城以北的高祖長陵附近，所以地郊也稱北郊。北郊和南郊在同一條南北線上。

社稷實際上就是祭祀「地母」。西漢朝廷在長安設立的「社」叫「官社」。官社中以樹為「社神」，「社神」也叫「田主」、「田祖」或「田神」，實際上即土地神。「社」的祭祀活動一般在八月，即春種秋收之季。長安社稷遺址在「九廟」西南。

⊙新莽時期四神瓦當四種。這些模印有青龍、白虎、朱雀、玄武四神的瓦當，大氣磅礴。

73A.D.

・竇固遣假司馬班超使西域，至鄯善，超殺北匈奴使者，鄯善震恐，納子為質。超以功為軍司馬，復西定于寘等地。西域與漢絕六十五年，至是復通。

75A.D.

・永平十八年八月，明帝死，肅宗孝章皇帝嗣位。

・允許陽城侯劉峻等出家為僧，洛陽婦女阿潘等出家為尼，傳為中國有僧尼之始。

・明帝提倡佛法，永平中曾命民間上元日（正月十五）張燈敬佛，此為元宵放燈的最早記載。

82A.D.

・建初七年，班固基本撰成《漢書》。

89A.D.

・永元元年六月，竇憲等大破北匈奴於稽落山，斬名王以下萬三千級、俘獲甚眾，勒銘於燕然山。九月，竇憲以功拜大將軍，位三公上，於是竇氏權勢熾盛。

92A.D.

・六月，和帝與宦官鄭眾定議，收竇憲大將軍印綬，以侯就國，迫令自殺，並收捕罷黜竇氏黨羽。鄭眾以功進秩，每參論議，是為宦官用權之始。

・班固下獄死，班固所著《漢書》未就，詔其妹昭續成之。

・天文學家李梵、蘇統發現月亮視運動的不均勻性和近地點。

70A.D. 120A.D.

97A.D.

・西域都護班超遣甘英出使大秦（即羅馬帝國），經安息西界（在今伊朗），抵達條支（在今伊位克境內），為大海（今波斯灣）所阻而還。

・思想家王充約卒於是年（27～97 A.D.）。

・據《論衡・物勢》，已有十二地支與十二生肖相配的記載。

99A.D.

・至遲是年已掌握燒瓷的技術，今河南信陽擂鼓台曾有本年燒製的青瓷盞等出土。

105A.D.

・漢永元十七年　元興元年

・十二月，和帝死，孝殤皇帝嗣位；皇太后鄧氏臨朝稱制。

・宦官蔡倫造出「蔡侯」紙。

110 A.D.

・班昭《女誡》約成於本年。

116A.D.

・王逸注《楚辭》成書。

119A.D. **漢元初六年**

・大破鮮卑。北匈奴復役屬西域諸國。

・開始旌表貞婦。

東漢

東漢年表25A.D.～219A.D.

25A.D.

・更始三年，光武帝宣導讖緯，故建武中儒者爭學圖緯，附會妖言，儒家經學遂與讖緯神學合流。

28A.D.

・建武四年，命公卿、大夫、博士會集雲台，討論增立《春秋左氏傳》博士問題，古文經學家與今文經學家爭論激烈，相持不下。終東漢之世，古文經學未能在官學中爭得合法席位。

31A.D.

・杜詩出任南陽太守，在任七年間發明水排。

32A.D.

・十二月，高句麗遣使奉獻，復其王號。

46A.D.

・匈奴單于遣使求和親。匈奴為烏桓所破，北徙。漠南地空。鄯善與車師皆附匈奴。

48A.D.

・十月，匈奴日逐王自立為單于，是為南單于，自是匈奴分為南北。

25A.D. —— 50A.D.

52A.D.

・南匈奴附漢後，北匈奴屢求和親，漢恐南匈奴疑懼，不許。是年，北匈奴再求和親，並請賜樂器，漢贈以繒帛及瑟、箜篌等樂器。

54A.D.

・史學家、文學家班彪死。

57A.D.

・漢建武中元二年二月，光武帝死，顯宗孝明皇帝嗣位。

・倭奴國王遣使來漢，光武帝贈以印綬，印文為「漢委（倭）奴國王」（該印後在日出土），是為中日國家間見諸記載的最早使節往來。

62A.D.

・永平五年，班固續父彪未成之書，至此被告私撰國史下獄，得弟班超營救，獲釋，除蘭台令史，命續成《漢書》。

64A.D.

・明帝約於是年遣蔡愔等往天竺（印度古稱）求訪佛法。

67A.D.

・蔡愔等取佛經回，浮屠迦葉摩騰、竺法蘭同來。

68A.D.

・在洛陽建白馬寺，傳為漢地最早佛寺。

・攝摩騰、竺法蘭居此譯出《四十二章經》，傳為漢譯佛經之始，然因無早期文獻證據，頗受到疑議。

179A.D.

・佛經翻譯家支讖（即支婁迦）於桓帝末年至洛陽，至是與竺佛朔（一作朔佛）譯出《般若道行經》、《般舟三昧經》、《首楞嚴經》等，共十四部二十七卷，是在中國第一個譯傳大乘佛教般若學理論的僧人。

181A.D.

・安息僧安玄在靈帝時至漢，是年由其口譯，嚴浮調筆錄，合作譯成《法鏡經》。為見於記載最早出家為沙門的漢人（參見75年），亦為最早的漢人佛學著譯家之一。

184A.D.

・正月，京師逮捕並屠殺張角黨人千餘人，令冀州緝捕張角，二月，以張角等為首之農民三十餘萬人大起義，皆著黃巾。盧植敗張角。八月，皇甫嵩敗黃巾於倉亭。十月，皇甫嵩擊潰張梁於廣宗，張梁被害；時張角已死，戮屍。十一月皇甫嵩擊潰張寶於下曲陽，張寶被害。

185A.D.

・各地農民紛紛起義。

188A.D.

・二月，黃巾餘眾郭大等起義於河西白波谷。十月，青、徐黃巾復起。

189A.D.

・四月，靈帝死，皇子辯嗣位，皇太后何氏臨朝，改元光熹。八月，中常侍張讓等殺大將軍何進，司隸校尉袁紹收諸宦官皆誅之。

・九月，董卓入洛陽，廢少帝為弘農王，立陳留王協，是為孝獻皇帝，改元永漢。

・十一月，董卓為相國。東郡太守橋瑁詐為京師三公移書與州郡，宣佈董卓罪惡；袁紹、曹操等被迫出走，謀聲討董卓。

175A.D. 200A.D. 220A.D.

190A.D.

・初平元年正月，關東州郡起兵，推袁紹為盟主，討董卓。二月，董卓脅獻帝遷都長安。

・和林格爾漢墓壁畫作於桓、靈時。

192A.D.

・正月，袁述遣孫堅攻荊州刺史劉表，堅戰歿。四月，司徒王允等殺董卓，夷三族；左中郎將蔡邕以附卓，下獄死。六月，董卓部將殺王允等，滅其族。

194A.D.

・興平元年，陶謙死，劉備代領徐州。

・中國第一部佛學論著《理感論》成書。

195A.D.

・許劭開創「月旦評」，漢末向空談轉化。

196A.D.

・八月，曹操詣洛陽，迎獻帝遷許。

200A.D.

・曹操破劉備，取徐州，備奔袁紹。孫策死，弟權嗣。十月，曹操大破袁紹於官渡。

206A.D.

・天文學家劉洪著成《乾象曆》，測定了回歸年為365.2462日。

207 A.D.

・諸葛亮出《隆中對》，曹操贖回蔡琰整理其父遺作。

212A.D.

・漢建安十七年九月，孫權建石頭城於秣陵，徙居之，改名建業。

215A.D.

・五月，劉備、孫權分荊州，以湘水為界。七月，曹操破漢中，張魯遁，徙漢中民八萬餘口於洛、鄴。十一月，張魯降於曹操。

216A.D.

・四月，曹操進號為魏王。

219A.D.

・三月，曹操至漢中，劉備與之相持。七月，劉備稱漢中王，十一月，孫權襲取荊州，十二月，關羽敗死。孫權上書曹操稱臣。

・左慈傳丹鼎派道術。《孔雀東南飛》流傳於民間。

124A.D.

・正月，班勇發鄯善、龜茲、姑墨、溫宿兵擊破北匈奴伊蠡王於車師前王庭，西域又通。

132A.D.

・二月，曾旌等起義。三月，揚州六郡人民暴動。改元陽嘉。

・七月，太史令張衡做候風地動銅儀。

137A.D.

・張衡約是年前後作《四愁詩》，為中國現存最早的通篇七言的詩作。

138A.D.

・張衡創製的地動儀成功測錄到金城、隴西大地震。

141A.D.

・張陵修道於鶴鳴山，作道書二十四篇，創「五斗米教」。

147A.D.

・大月氏僧支讖至洛陽。

・武梁祠畫像石開始刊刻，歷幾十年而成。

148A.D.

・安息僧安世高至洛陽，譯經並傳播小乘佛學。

151A.D.

・為紀念投江尋父的孝女曹娥，在會稽上虞（今屬浙江）江邊立《曹娥碑》，由邯鄲淳撰文並書碑，為漢隸名碑之一。

152A.D.

・《敦煌所出東漢元嘉二年五弦琴譜》漢簡為迄今發現的最早的古樂譜。

124A.D. 155A.D.

156A.D.

・魯相韓敕修飾孔廟、製造禮器。是年，孔廟《禮器碑》（即《韓敕造孔廟禮器碑》）立石。書法健勁雄強，為漢隸名碑。

166A.D.

・司隸校尉李膺、太尉陳蕃與太學生郭泰、賈彪等共論時政，品藻人物，藉以抨擊宦官專權，時稱「清議」，得到京師太學生及郡國學生的支持。宦官誣之為交結學生，共為部黨。桓帝命京師及郡國逮捕「黨人」二百餘名下獄。

・大秦國王安東尼使者至中國。

168A.D.

・張角開始利用《太平經》傳播太平道。

・古詩十九首產生於桓靈之際。

169A.D.

・建寧二年，靈帝在宦官挾持下命捕殺李膺、杜密、范滂等百餘人。天下豪傑及儒學行義之士，均被宦官集團指為黨人，死、禁、廢者達六、七百人，是第二次黨錮之禍。

170A.D.

・據是年及延熹三年（160 A.D.）墓葬字磚，行書已流行，真書（楷書）亦已出現。

175A.D.

・三月，詔諸儒正五經文字，命蔡邕以古文、篆、隸三體書之，刻石立於太學門外，是為熹平石經。鉤黨獄起，制婚姻之家及兩州人士不得對相監臨，是為三互法。

讖緯流行

西漢末年，朝廷正式承認讖緯，使讖緯成為官方的統治思想。東漢時期，讖緯大為流行。

「讖」是方士把一些自然界的偶然現象作為天命的徵兆而編造出來的隱語或者預言；「緯」是相對於「經」來說的，是方士們假託孔子之名用詭秘的語言附會解釋經義的著作。

最早的讖書是《河圖》、《洛書》。緯書的內容萌芽於伏生的《尚書大傳》和董仲舒的《春秋陰陽》，託名於經書的緯書則是漢武帝以後才出現。當時《易》、《禮》、《詩》、《書》、《樂》、《春秋》六經和《孝經》都有緯書，稱《七經緯》，其中以《易緯》影響為最大。《七經緯》與《河圖》、《洛書》、《論語讖》合稱為「讖緯」。

王莽、漢光武帝都曾利用圖讖稱帝，取得政權後，發佈詔書，頒佈命令，施行政策，舉用人才也引用讖緯。漢光武帝中元年（西元五十六年）又正

⊙東漢銅獨角獸。獨角獸尾和四肢為薄片形，角為扁錐形，分別用嵌插、拼接法，與頭部和軀體相連。遍體刻滿鱗甲紋。其頸部緊張地弓起，尖長的獨角向前挺衝，顯得猛厲；高聳的尾部和叉立的四足更加強了威武雄健的形象。古代傳說獨角獸是神獸，放置墓內以鎮守墓室，驅邪避祟。

⊙東漢陶樓彩繪收租圖

式「宣佈圖讖於天下」，定為功令的必讀書。儒生為了功名利祿都學習讖緯，將《七經緯》稱為「內學」，原來的經書反被稱作「外學」，足見讖緯的地位之高。後來，漢章帝又召集博士和儒生在白虎觀討論五經同異，由班固寫成《白虎道德論》，將讖緯與今文經學糅合在一起，使經學進一步讖緯化。而當時一些學者如任安、楊厚、景鸞等都以讖緯為教學內容，而遍注群經的經學大師鄭玄，他的經注中多採用緯書，可見當時學界中緯書的滲透力。

讖緯書總的思想屬於陰陽五行體系，其中雖包含一部分有積極意義的天文、地理、曆法知識和古史傳說，但絕大部分荒誕不經，可以牽強附會做出幾種不同的解釋，從而證明其正確性，所以儘管讖緯之學流行，當時一些有見識的學者，如張衡、桓譚、王充就堅決反對，對其無稽荒謬予以批判揭露。

幾種水力機械出現

⊙水排模型

漢代水力已被用於糧食加工、冶鑄鼓風、天文觀測等部門，出現了水碓、水排、渾天儀等水力機械。它們利用水力提供的動力方便了人們的生活、生產和科研活動，並對後世機械技術的發展產生了深遠的影響。

水碓約發明於西漢。桓譚在《桓子新論》中敘述了糧食加工機械由杵臼到踐碓，到畜力碓、水碓的整個發展過程。杵臼靠人臂力做功；踐碓利用杠杆原理，借助碓的部分重力做功；畜力碓、水力碓則以輪軸的轉動連續地做功，特別是水力，運用更是便

⊙翻車。翻車又稱龍骨車，用於提水灌溉，產生於東漢時期。三國時期，機械製造家馬鈞改進後，效率更高，得到廣泛應用。

⊙水車，又稱天車。

利。水碓發明後，在雍州等地廣泛使用，達到「因渠以溉，水舂河漕（水舂即水碓），用功省少而軍糧饒足」的效果。

東漢初年，南陽太守杜詩發明的水排，是用水力推動的排橐，是串聯或並聯在一起的一排鼓風用皮囊，是新型的水力鼓風冶鑄用的機械。水排，省力高效，方便百姓，是中國古代利用水力資源的又一突出成就。在歐洲直到十二世紀才有水力鼓風技術發明。

渾天儀是東漢科學家張衡創製的天文儀器。鑄銅成球，上刻二十八宿、中外星官和黃道、赤道、南極、北極、二十四節氣、恆顯圈、恆隱圈等，用一套水力推動的齒輪傳動機械把它和漏壺結合起來。用漏壺流水控制渾象，使它和天球同步轉動，以顯示星空的周日視運動，這是一種水力推動的天體模型，是中國古代水力推動天文儀器的最早記載，表示漢代對於水力資源的認識和開發已上了個新台階。

漢代紡織品流行西域

中國是世界上養蠶、繅絲、織綢的原產地，曾以「絲國」聞名於世。漢代的絲綢，為橫貫亞歐大陸「絲綢之路」的繁榮昌盛和貿易往來提供了物質基礎。東漢的紡織品出土於「絲綢之路」，如甘肅居延遺址，新疆的羅布淖爾、古樓蘭和民豐尼雅遺址。此外，朝鮮樂浪王盱墓、蒙古諾彥烏拉墓地、蘇聯巴澤雷克塚墓、敘利亞巴爾米拉古墓等，發現了獨特的漢隸銘文絲織品，以及緙毛等毛織品，還有敷彩印花和蠟纈、夾纈等印染品。

漢紡織品在西域都曾出土。如新疆民豐尼雅出土的羅和綺，屬於絲織品類；新疆民豐出土的「萬世如意」錦、「延年益壽大宜子孫」錦、羅布淖爾出土的「韓仁」錦，是漢代絲織技術最高

水準的標誌。在甘肅武威漢墓中發現的絨圈錦，是迄今為止，中國發現最早的絨類織物。漢代的毛織品種類有緙毛、斜褐等，主要出土於新疆境內的「絲綢之路」古道上。新疆民豐漢墓出土的藍色蠟染棉布白布褲及手帕等，是棉織品的坯布，一般稱為白疊布，其花紋圖案顯示了當時印刷技術已具有的高水準。

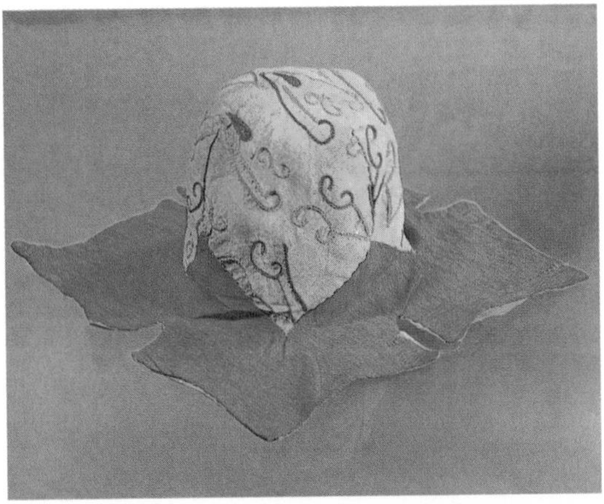

⊙東漢刺繡雲紋粉袋。此件雲紋刺繡粉袋用白絹做袋身，上用紅、黃、綠、棕、香色等絲線以辮繡法繡成單線雲紋。袋口鑲以紅色菱紋綺，做四葉狀。形式美觀，又便於收合繫結。

漢代的印染技術比前代進步很多，已掌握了浸染、塗染、套染和媒染的一整套染色方法，印花也已用鏤空版和手工彩繪相結合的工藝，甘肅磨嘴子漢墓中三件草篋裱糊的印花絹就是物證，藝術效果很好。新疆民豐出土的藍白蠟染印花棉布最早採用蠟防印染法的印染品。

東漢紡織品流行西域，不單體現了中國紡織技術發展的悠久歷史和高度成就，也表明了中國在世界文明史中所做的傑出貢獻和所處的不容忽視的地位。

⊙東漢「延年益壽大宜子孫」錦。褐色地，黃、藍二色顯花，經錦。以各類圖案化的瑞獸夾織有隸書「延年益壽大宜子孫」吉祥語。

《九章算術》總結先秦數學

《九章算術》是中國古代數學的經典著作，它上承先秦數學發展的源流，又經過漢代許多學者的刪改增補，是先秦數學成就集大成的總結，它的出現，標誌著中國古代數學體系的形成。

在長期生產實踐活動中，中國古代勞動人民發現並總結了許多數學經驗，並記錄下來，這些成就散見於各種文獻，內容十分豐富。出土的漢簡中，包含數學知識的簡牘很多，從中已可看

⊙《九章算術》是中國古代著名的數學專著，大約成書於西元一世紀下半葉。它的問世標誌著中國古代數學體系的形成。該書是世界上最早系統敘述分數運算的著作。

出先秦及漢代的數學發展水準，尤其是一九八三年十二月至隔年一月出土於湖北江陵張家山西漢古墓的《算數術》，墓主人下葬時間初步斷定為呂后二年（西元前一八六年）或稍晚，因而該成書絕不晚於西漢初年，它反映了先秦數學的某些成就是確定無疑的。它的內容包括兩類，一是計算方法，一為應用問題。《漢書．藝文志》記載的《許商算術》、《杜忠算術》都已失傳，而《算數術》卻不見記載。與《九章算術》比較，可以比較清楚地看出，它的成就被《九章算術》繼承和發展，其內容雖多有相同或相似，但《九章算術》論述得更為清晰、系統，其發展脈絡十分清楚。因而認為《九章算術》是先秦秦漢時期數學成就的總結是不成問題的。

《九章算術》不是成於一時一人之手，而是經歷了漫長的過程，由多人逐步刪改、修補而在東漢初年（西元五十年）最後形成定本的。它共九章，主要內容依次為「方田」，用於田畝面積的計算；「粟米」是穀物糧食的按比例折算；「衰分」是比例分配問題；「少廣」用於已知面積、體積而反求一邊長和經長等；「商功」用於土石工程、體積計算；「均輸」是賦稅合理攤派問題；「盈不足」乃雙設法問題；「方程」是一次方程組問題；「勾股」為利用畢氏定理求解的各種問題，其中的大部分內容與當時的社會生活密切相關。

《九章算術》其成就最突出地表現在分數運算，比例問題和「盈不足」演算法方面，為世界上最早系統地敘述分數運算的著作，它在「方田」章中論述了約分、通分、比較不同分母分數的大小以及分數的四則運算。通分時它運用的是輾轉相減法。在「粟米」、「衰分」、「均輸」各章中涉及了許多比例問題，這在世界上也是最早的。比如今有術，也就是四項比例演算法，可用公式表述為：所求數等於（所有數乘以所求率）除以所有率，即所求數比所求率等於所有數比所有率，它的應用非常廣泛，其他如衰分術、反衰術等都是由此推演、發展而來的，可見其重要性。「盈不足」術是中國古代解算難題方法，也是一項創造，如「人出八盈三，人出七則不足四，問人數物價各幾何」，它需要兩次假設才能得出答案，有人認為歐洲中世紀所稱「雙設法」就是這一方法經由阿拉伯傳去的。

其次，在幾何學方面也有傑出的成就，這時的幾何學主要用於面積、體積計算。

其三，在代數方面的主要成就是一次方程組解法，負數概念的引入及其加減法法則、開平方、開立方、一般二次方程解法等。《九章算術》方程共十八問，有的相當於二元一次方程組，有的相當於三元一次方程組，甚至有多達五個未知數的，而其中第十三題涉及六個未知數，卻只能列五個一次方程組，可以說是世界上最早的一次不定方程組。再有，開平方術、開立方術不但可解二項二次方程、二項三次方程，而且也可以解一般的二次數值方程和三次數值方程。它是中國古代解高次數值方程的基礎，與線性方程組的解法一起，構成中國古代代數的主要內容，《九章算術》對此闡述得十分詳盡，足以標示這時期的代數學發展水準和成就。

⊙東漢建武廿一年乘輿斛量器。有蓋，蓋頂正中有環，蓋面有三臥羊。斛體似奩，腹部兩側有獸首銜環耳，底部以三立熊承托為足。通體鎏金。盤沿下鑄銘文六十三字，記述了製造年代、名稱、尺寸及工匠姓名等。

《九章算術》在中國和世界數學史上具有十分重要的地位。歐洲在十六世紀才有人研究三元一次方程組，而線性方程組的理論及解法到十八世紀末葉才出現，這種比較足以見其先進性。

在中國先秦的典籍中，記錄了不少數學知識，卻沒有《九章算術》那樣的系統論敘，尤其是其由易到難，由淺入深，從簡單到複雜的編排體例，從而形成了中國傳統數學的理論體系。因而後世的數學家大都從此開始學習和研究，唐宋時是國家明令規定的教科書，北宋時由政府刊刻，又是世界上最早的印刷本數學書。隋唐時就已傳入朝鮮、日本，現已被譯成日、俄、德、法等多種文字。

冠服制度完備

國家規定的禮服稱為冠服，它往往反映社會的等級關係。冠服制度在秦代形成，西漢大體沿襲秦制，到東漢則開始完備，至於秦代以前的冠服制度則不可確考。秦統一中國後，在戰國各國禮服的基礎上，創立了中國大一統帝國的冠服制度，將「衣服旄旌節旗皆上黑，數以六為紀，符、法冠皆六寸」（《史記．秦始皇本記》）。

秦始皇著通天冠，根據《晉書．輿服志》記載，通天冠是秦代所製，高九寸左右，豎直，頂部稍斜向下，鐵作卷梁，前面有展，冠前則加金博山述。在衣服方面，秦廢除周代六冕之制、郊祀三服，而改為多用深紅色或黑色帶紅，衣料大約以當時齊地東阿縣的繒帛為最好。秦始皇佩「太阿三劍」，長古尺七

⊙漢代女侍立俑

⊙漢代男侍立俑

尺，以顯示其君主威嚴聲勢。

皇太子常用遠遊冠，形制像通天冠，也有展橫在冠前，但沒有山述，多用翠羽作緌，綴上白珠作裝飾。秦后妃的冠服大約有冠子、花子、鳳釵、短裙、絲鞋等。秦百官的冠大多取法六國，今天知道的有三種：高山冠、鷸冠、獬豸冠。

高山冠又叫側注，高九寸，鐵作卷梁，形制像通天冠，但頂部豎直不斜，也沒有展和山述。高山冠來源於齊國，秦統一天下後，用這種冠服的是中外官、謁者僕射、謁者等近臣。

鷸冠又叫武冠，加有雙鷸尾。鷸是一種鳥，性子果勇，爭鬥中至死為止，本是趙國冠服，秦武將著用取其勇武的意思。侍中、中常侍也著武冠，但加上黃金璫、附蟬、貂尾作裝飾，稱趙惠文冠。

獬豸冠又叫法冠，這種冠五寸高，展為縱，鐵作柱卷，有不曲不撓的意思。傳說中的獬豸獨角且能分辨曲直。「見人鬥，則觸不直者；聞人論，則咋不正者」（《續漢書．輿服志》注引《異物志》）。法官應當明辨事非，剛直不阿，所以楚王用獬豸形狀製成衣冠，秦統一後，將這種冠給執法近臣御史著用。

至於袍服，秦採用深衣，始皇規定絹製綠袍深衣是三品以上官員穿著，庶民只可穿白袍。中國古代冠服制在秦代形成，秦冠服制是它的基礎。

秦代掌管御府的御府令丞與六尚的尚衣、尚冠主持製作御服。西漢冠服與秦代相似，但最終確定了進賢冠、繡衣和內宮之服。進賢冠是文官所用，繡衣是漢武帝特派的直指使者所著，內宮之服即皇后、貴人的服制，都是深衣制，附飾也有明顯區別，身分不同，附飾不同。

東漢冠服制更趨完備，它與秦應水德不同，應火德得天下，所以尊崇紅色。天子在祭祀天地、明堂、宇廟的重大場合著特製的冠——冕旒，穿黑紅色上衣、淺紅色下裳。常用朝服是：天子著通天冠，深衣制，有袍，應立春日、立夏日、先立秋十八日、立秋日和立冬日而著青紅黃白黑五色；諸侯王著遠遊冠；近臣謁者著高山冠；諸文臣著進賢冠；執法吏著法冠；侍中、中常侍著鳥義冠；武官著武冠；五官、左右虎賁、五中郎將、羽林、羽林左右監著鷸冠。此外，印綬象徵權力，官職高低不同綬帶顏色不同。

王充著《論衡》

東漢永平二年（西元五九年），王充開始作《論衡》，三十年後完成。《論衡》存目八十五篇，實存八十四篇，佚失《招致》篇，是對漢代及漢代以前一切學說、思潮加以衡量，評論是非，銓定輕重，批判虛妄之說的唯物主義無神論的重要著作。

《論衡》吸取了道家黃老後學的天道「自然無為」思想，在繼承前人「元氣」說的基礎上，提出了元氣自然論。他認為天與地都是客觀存在的物質實體，而「元氣」是構成天地實體和自然界萬物的最初物質元素。「元氣」之產生天地萬物，都是「自然」、「自生」的，並沒有神的主宰。他駁斥了「天人感應」說，認為「人不能以行感天，天亦不隨行而應人」。

王充在論及神形問題時，汲取了當時的醫學成就，堅持唯物主義的觀點，認為「精氣」（精神）是人的形體中產生血脈的部分，形體死亡，血脈即枯竭，精氣也隨之消滅。他又提出「精神依附形體」，否定了經學神學鼓吹的「靈魂不滅」的觀點，確立了形神一元論。在此基礎上，王充批駁了神不滅和有鬼論，提出了無神論。他認為人死形體便腐朽，根本不可能成鬼，所謂鬼神迷信，只是「人思念存想之所致也」，是人們在疾病時十分畏懼而造成的主觀幻覺。因此王充反對鬼神、巫術、占卜等迷信活動，反對祭祀，提倡薄葬。

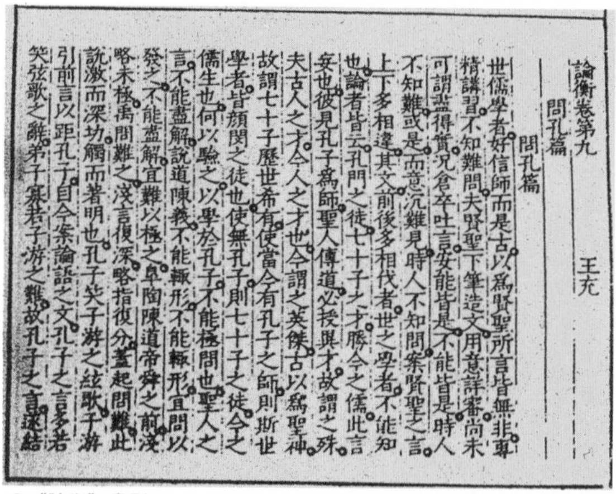
論衡卷第九
問孔篇
問孔篇　王充
世儒學者好信師而是古以為賢聖所言皆無非專精講習不知難問夫賢聖下筆造文用意詳審尚未可謂盡得實況倉卒吐言安能皆是不能皆是時人不知難或是而意沉難見時人不知問案賢聖之言上下多相違其文前後多相伐者世之學者不能知也論者皆云孔門之徒七十子之才勝今之儒此言妄也彼見孔子為師聖人傳道必授異才故謂之殊古人之才今人之才也今謂之英傑古以為聖神故謂七十子歷世希有使當今有孔子之師則斯世學者皆顏閔之徒也使無孔子則七十子之徒今之儒生也何以驗之以學於孔子不能極問也聖人之言不能盡解說道陳義不能輒形不能輒形宜問以發之不能盡解宜難以極之皋陶陳道帝舜之前淺略未極禹問難之淺言復深略指復分蓋起問難此說激而深切觸而著明也孔子笑子游之弦歌子游引前言以距孔子自今案論語之文孔子之言多若笑弦歌之辭弟子寡若子游之難故孔子之言遂結

⊙《論衡》書影

《論衡》還總結了注重「效驗」的唯物主義認識論。他批駁了所謂聖人「神而先知」、「生而知之」的先驗觀點，認為人的知識是透過人的感官與外界接觸後才獲得的，提出不學不知、學而後知的觀點。王充把感覺經驗作為認識的首要途徑，同時又強調人的認識不能停留在耳聞目見階段，還需「開心意」進行理性思維，他說單憑感覺經驗，易受「虛象」迷惑，只有「開心意」思考，才能辨明是非、虛實。進而王充提出了「效驗」的範疇，檢驗認知可靠性的標準。他認為認識事物的目的在於致用，認識正確與否，要看他與事實是否相符，而不是憑「空言虛語」。以「效驗」為武器，王充還指出了孔孟著作中不少自相矛盾之處，反對把儒家經典當作教條而盲目信奉。

王充在歷史觀上卻是矛盾的。他一方面承繼了荀子和韓非等人的歷史進化觀，認為歷史是前進的，「周不如漢」、「漢固在百代之上」，社會是進步的；另一方面他又說「古今不異」、「百代同道」，認為萬物都是「氣」的不同形態，因「氣」是「古今不異」、「萬世若一」的，所以社會又是不變的。觀點顯然自相矛盾。同時，王充還把國家的安危和個人的貴賤壽夭歸結為自然命運的支配，混淆了社會規律與自然規律的區別，進而陷入了自然宿命論的謬誤。

王充的《論衡》在反對「天人感應」的神學目的論中，繼承了中國古代唯物主義的傳統，把中國古代唯物主義的發展推到了一個新的高度。他的元氣自然論，沉重打擊了當時占主導地位的經學、神學，在當時的意識形態鬥爭中有極大的現實意義。

因為王充反讖緯神學的思想一直受儒家正統思想排斥，被視為「異端」，《論衡》也長期被視作「異書」而被埋沒，直到東漢末年才逐漸流傳開來。

文化小事典　王充

王充（西元廿七至約九十七年），字仲任，會稽上虞（今浙江上虞）人。少年時遊洛陽太學，師從著名學者班彪，博聞強記，通百家之言。官至縣功曹、郡王官功曹、州從事轉治中等。因為政治主張與上司不合而受貶黜。罷官還家，專心著述。晚年，漢章帝下詔公車徵召，王充不就。和帝永元中，病逝於家中。

⊙王充像

漢明帝遣使求佛

佛教產生於西元前六世紀，到西元前三世紀由於阿什卡（Ashoka）國王皈依了佛教，從而幾乎使全國人都成了佛教徒。西漢時，西域的某些城邦小國已經信奉佛教。東漢初年，佛教在統治階級中間開始流傳。

永平七年（西元六十四年），漢明帝劉莊夜夢金人，頭頂上有白光，飛行殿庭。劉莊為此詢問群臣，有人對他說：西方有神仙，名字叫佛，陛下所夢的，恐怕就是佛吧？漢明帝因此派遣郎中蔡愔等人出使天竺（今印度），以求佛得道。蔡愔等人用三年時間到達大月氏並返回洛陽，請來迦葉摩騰、竺法蘭二僧，並攜回很多佛經、佛像。所帶佛經，宣揚「人死精神不滅」、「因果報應」、「行善、修道為來世積福」、

「慈悲為懷、不殺生」等等。而且還宣揚只要苦行修煉，人人可成佛。精於其道的人，稱為沙門。永平求法之說，其真實性有待考證，但佛教的傳入，對中國思想界和文化、藝術都有極大的影響，也是世界文化史上的一件大事。

⊙佛陀出行圖，清任熊繪。圖中一武士牽象，佛陀安祥坐在象背上，迎面而來。這大約是中國人想像中的佛陀東來時的場景。

《四十二章經》譯成

《四十二章經》又名《孝明皇帝四十二章》，相傳為中國第一部漢譯佛經。

中國現存最早的佛教經錄《出三藏記集》中，《四十二章經》已見著錄，並在其補充說明中提及明帝遣使者赴西域求法，「於月支國遇沙門竺摩騰譯寫此經還洛陽」。梁慧皎《高僧傳》卷一《竺法蘭傳》稱，竺法蘭與摩騰俱至洛陽，「譯《十地斷結》、《佛本生》、《法海藏》、《佛本行》、《四十二章》等五部。移都寇亂，四部失本，不傳江左，唯《四十二章經》今見在，共二千餘言。漢地見存諸經，唯此為始也」。因此，《四十二章經》遂被認為東漢時已出現，漢地譯經，以此為始，並定譯經時間為明帝永平十年（西元六十七年）。不過，現存經本，文辭雅麗，非漢譯原貌，故常令人置疑。

⊙東漢坐佛石刻。佛教在東漢初已傳入中國內地，佛教建築和造像也同時在內地興起。但保留下來的卻為數甚少，這個坐佛姿態生動，線條簡練，具有犍陀羅藝術的形式和作風，是中國早期佛教造像的代表作之一。

據費長房《歷代三寶記》所載，此經原有二譯，其一為東漢時譯（已佚），其一為吳支謙譯，行文優美，故得流傳。現存《四十二章經》傳本甚多，主要有《高麗藏》所收本、宋朝真宗注本、守遂注本，以高麗本最接近原始，文字質樸，內容雖然簡單，但條理清晰，自成體系，可見原本當來自印度。

中國第一座佛寺：白馬寺建成

東漢明帝永平七年（西元六十四年），派遣郎中蔡愔和博士秦景前往天竺求佛經。永平十年，他們與天竺的兩位沙門（高級僧人）攝摩騰、竺法蘭帶著佛像和佛經回到了洛陽。

⊙白馬寺。佛教傳入中國中原地區後建立的第一座寺院，建於東漢永平十一年。

漢明帝接見了天竺僧人，並把他們安置在東門外的鴻臚寺。第二年，又命人在雍門外另建住所，仿照印度祇園精舍，中有塔，殿內有壁畫。攝摩騰和竺法蘭就在這裡翻譯佛經，傳授佛教禮儀。他們所譯的《四十二章經》還是中國現存的第一部漢譯佛典。由於馱佛經回來的那匹白馬也供養其中，這處住所就被命名為白馬寺。「寺」原是官署的名稱，比如鴻臚寺，就是招待外國人的賓館，白馬寺的建造是為了接待天竺客人，因此也稱為寺。

白馬寺是佛教傳入中國後建立的第一所寺院，東漢時，絕大部分佛經在洛陽翻譯，白馬寺是最重要的譯館。自白馬寺建成後，宮中對佛教供奉的規模日益擴大，佛教逐漸在上層人士中傳播，各地也開始出現少量寺院，供來華胡僧與外域商人進行宗教活動之用。隨著佛教的流行和影響擴展，寺院被大量建造，成為佛教僧侶日常居住及進行宗教活動的專門場所。「寺」也逐漸變成佛教廟宇的專稱。

⊙白馬寺中佛像

中國第一部斷代史——《漢書》

《史記》成書以後，逐漸受到人們的重視，續作史書者蜂起。東漢光武帝建武年間，班固的父親班彪續《史記》數十篇，並撰寫了闡發其史學觀的《王命論》和《略論》，成了後來班固撰寫《漢書》的指導思想。

永平七年（西元六四年），班固奉漢明帝詔令撰寫漢代國史，經過二十多年潛心積思，漢章帝建初年間，恢宏的皇朝史巨著《漢書》編撰完成。

《漢書》紀事起於高祖元年（西元前二〇六年），迄於王莽地皇四年（西元廿三年），歷十二世，二三〇年，是西漢一代歷史，也是中國第一部紀傳體斷代史。包括十二紀、八表、十志，七十列傳，共一百篇。內容恢宏，

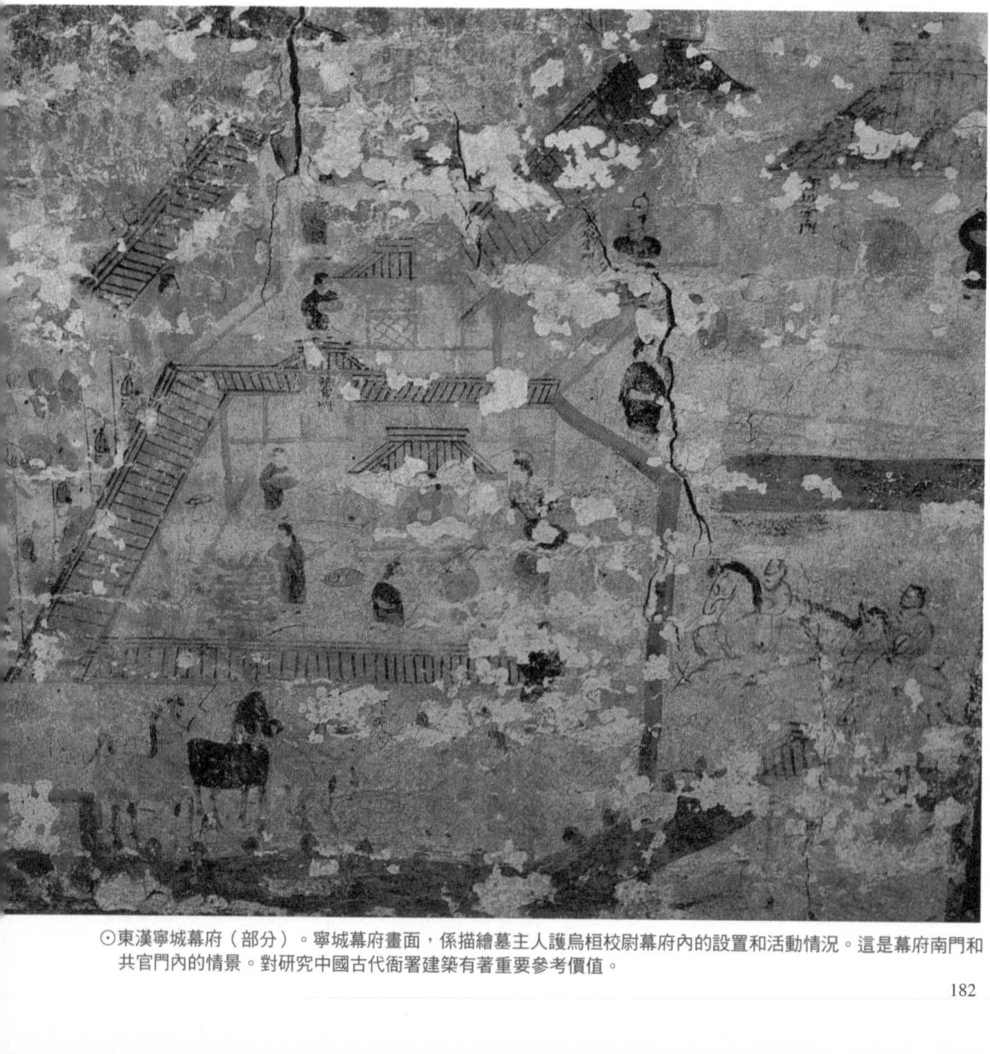

⊙東漢寧城幕府（部分）。寧城幕府畫面，係描繪墓主人護烏桓校尉幕府內的設置和活動情況。這是幕府南門和共官門內的情景。對研究中國古代衙署建築有著重要參考價值。

結構嚴謹，其紀、表、志、傳四部分的編排體例與《史記》大致相同，「紀」「表」敘歷史事件和歷史進程，「志」述典章制度，「傳」寫各種人物及少數民族的歷史。廢除了《史紀》中「世家」一體，改「書」為「志」，突出了「帝紀」對全書的統率地位，增強了「紀」的綱領性，同時「傳」更為充實，「志」也更為明晰。

由於是奉命編修的官方史書，更因其時代精神和家學傳承關係，《漢書》中表現了班固以皇朝意識和正統思想為核心的鮮明歷史觀。他非常自覺地歌頌漢朝功業和它存在的合理性，同時著力渲染「天命」，迴避某些歷史事實，極力維護封建正統。

《漢書》是研究西漢歷史的重要史籍。由於班固曾任蘭台令史，負責掌管皇家圖籍，典校秘書，因此有條件看到大量的資料；又因編撰本書有《史記》及《後傳》的基本依據，因而，就保存西漢歷史資料而言，現存的史籍以《漢書》最為完備。

此外，《漢書》具有很多特色。

《漢書》第一次創立了《百官公卿表》和《古今人表》。其《百官公卿表》敘述了秦漢分官設職的情況、各種官職的許可權和俸祿，雖篇幅不多，卻較清晰地反映了當時的職官制度及其變遷，是研究秦漢官制的重要資料。《古今人表》收錄從傳說時代的太昊到秦朝的吳廣等人物，並將其區分為九等加以評價，開創史書設古今人表之先河。

《漢書》的志尤為後人所重視，部分雖由《史記》八書演變而來，但內容與《史記》多有不同。《漢書》首創了《刑法》、《五行》、《地理》、《藝文》四志。《刑法志》記載了法律制度的沿革和具體的律令規定，並兼述了古今兵制的沿革；《五行志》專記五行災異，其中雖有天人感應的迷信色彩，但其中有關自然災害、地震、日月蝕的記載，是研究中國古代自然科學史的重要參考資料；《地理志》記錄了當時的郡國行政區劃、歷史沿革、戶口數字以及各地物產、經濟概況、民情風俗等，是研究地方歷史的重要資料；《藝文志》考證了各種學術派別的源流，並載錄了存世的書籍，是中國現存最早的圖書目錄。

本書由於喜用古字古訓，比較難讀，初出時受到學者譏諷，東漢末年即有服虔、應邵等為它注音釋義，魏晉以後音注者更多，唐人顏師古曾彙集了廿三家前人注釋，而清末王先謙《漢書補注》徵引的專著和參訂者多達六十七家之多，此對於後世考證古代詞語的音義具有重要的參考價值。

作為中國官修的第一部斷代紀傳體著作，它規範了紀傳史體例，成為後世斷代史紀傳體史書的典範，和中國封建社會史學的骨幹——官修「正史」格局正式形成。

文化小事典

班固

班固（西元卅二至九二年）

字孟堅，東漢扶風安陵（陝西咸陽東北）人，出身於史學世家，自幼博覽群籍，九流百家著作多有涉獵，並且都深入探究，學無常師，九歲即能作文；建武二十三年進入太學；三十年，其父班彪死，他遵制丁憂還鄉，繼承班彪未竟的事業，開始編寫《漢書》，有人上書漢明帝，告他「私改作國史」而被捕下獄，其弟班超上書為其辯護，明帝看了班固所撰書稿後，十分重視他的才華，任命他為蘭台令史，與他人合撰《世祖本紀》。永平五年（西元六十二年），班固被任命為校書郎，典校皇家藏書，並作功臣、平林、新市、公孫述等列傳、載記，這些都為他撰寫《漢書》提供了良好的條件。永平七年，明帝詔令他完成漢代國史，撰寫《漢書》的事業正式被皇家認可，至二十年後的章帝建初年間，這部書大致完成。

由於竇武事件牽連，班固於永元四年死於獄中，《漢書》尚有八表和《天文志》沒有完成，其妹班昭和同鄉馬續受和帝之命，續寫此書，於漢和帝永元年間完成了這部中國史學的第一部斷代史巨著。

⊙班固像，他在司馬談劃分的陰陽、儒、墨、名、法、道六家學說之外，又分出農、縱橫、雜、小說四家，合為十家。

今古文經學之爭白熱化

用漢朝所通行文字「隸書」書寫的儒家經書稱為今文經，關於研究、訓釋今文經的學問則被稱為今文經學。秦朝後儒家經書大都散失，經過漢武帝「建藏書之策，置寫書之官」以及漢成帝的求天下遺書，並由劉向等人典校群書，書才慢慢增加。而用先秦古文字書寫的儒家經書則稱為古文經，相關學問就稱為古文經學。秦朝後儒家經書不存，但漢時陸續從民間屋壁山崖發現了一些被埋藏的儒家經書，這些古文經傳在西漢初期就已經在民間私相傳授。今古文經學因其來源不同而形成不同派別。

西漢時期，《易》、《詩》、《禮》、《書》、《春秋》五部儒家經典稱為五經，漢武帝設置五經博士教授弟子，稱做「官學」，同時立太學，博士所教授的經書全是今文經，由此可見今文經學此時的地位。主要代表人物董仲舒傳授《春秋公羊傳》，該書闡發「奉天法古」和「天人感應」，這種神秘主義思想是今文經學重要特點。至東漢末年何休繼續申發《公羊春秋》的微言大義，成為漢代今文經的最後代表。

漢景帝時，由於從孔子舊宅壁中發現了古文經傳，以及陸續發現民間所藏古文經傳，古文經學開始形成流派在民間傳習。西漢末年，劉歆發現古文《春秋左氏傳》、《毛詩》、《古文尚書》和逸《禮》，建議為此立學官，並上書責備太常博士，遭到今文經博士反對，這是首次今古文經學的重要論爭。

王莽當政時古文經被立為博士，但其官學地位隨著王莽的失敗而衰落。東漢初年古文經學興起，建初四年漢章帝下詔解決統一經義的問題。在白虎觀會議上，古文經學觀點有些影響，但最終結果是統一了今文經學經義，並未終止今古文經學之爭。

東漢光武帝再次確立今文經學的統治地位，並立今文經十四博士，引起古文經學派反對，上書要求為《左氏春秋》、《費氏易》設置博士，今文經學派博士范升反對，與其爭論。漢章帝時，今古文經學再次爭論。東漢時今古文經學爭論達到白熱化。

其實今古文爭論的中心問題是誰是正統經學和怎樣統一經學。今文經師為經書作章句，傳述大義，而古文經師是為經書作訓詁，解釋名物、制度、文字。兩者之間的紛爭矛盾，不僅僅有學術方面的義理和訓詁的分歧，更有實質上的政治和學術地位的爭奪，究其本質，實際上是階級內部不同團體間的爭權奪利。

⊙講經畫像磚

至東漢末年，有些學者打破家法和師承，如鄭玄，其網羅多家，囊括種種大典，在古文經學基礎上也採納今文經學，消融今古文經學界限，從此以後，鄭玄的學說流行而今文經學漸漸式微。

東漢壁畫表現現實生活

東漢時期，由於莊園經濟的發展與厚葬風氣的盛行，統治階級都熱中建造豪華墓室，用壁畫為逝者祈求冥福並誇示其生前的社會地位及擁有的財富。於是，曾作為西漢壁畫基調的驅邪升仙圖像日益減少，取而代之占據墓壁主要位置的，是表現死者生前官職和威儀的圖畫。

東漢壁畫最流行的題材是各種盛大豪華的場面：成群的屬吏、浩蕩的車馬儀衛，前呼後擁的端坐於帳中或車內的墓主，以及家居宴飲、雜技舞樂的奢華場景。那些與升仙聯繫緊密的羽人神獸，往往被另類表現「祥瑞」的禽獸或植物圖像代替。塵世的威儀和享樂欲望壓倒了企求死後升仙的幻想，同時也出

⊙君車出行。東漢壁畫。

⊙門卒。東漢壁畫。

現了大批從事墓室壁畫創作設計的官吏。至目前為止，已發現的東漢墓室壁畫甚多，可以大致分為兩個時期：東漢前期和東漢中後期。

前期的壁畫墓，在河南洛陽、山東、遼寧等地共發現四座。除山東梁山漢墓為磚石合構墓之外，其餘的都是磚砌墓。墓室結構不一，通常有前、後室及耳室。壁畫題材沿襲西漢晚期傳統，以日月天象、四神、祝禱升天為主，但出現了生活氣息頗濃的新內容，如門卒屬吏、車騎出行、男墓主家居宴飲等畫面。這是兩漢墓室壁畫的過渡期，開啟了後期壁畫表現威儀財富的先河。

中後期墓室壁畫遺例很多，在河北、河南、內蒙古、遼寧、江蘇等省區共發現二十多座，其中較重要的有內蒙古和林格爾壁畫墓、河南偃師杏園村壁畫墓……等等。

與前期相比，東漢中後期墓室壁面更集中表現當代壁畫的特點：日月天象和神禽瑞獸已退居次要地位，題材主要是表現墓主的經歷、身分、權勢、威儀和財富、屬吏以及車馬儀衛，有的還畫有幕府官邸，宴居圖往往以墓主夫婦並坐宴飲、觀賞樂舞的形式出現，還有表現莊園塢堡、農牧生產和標榜道德禮義的聖賢、孝子、烈女、義士等歷史故事畫，而且出現了祥瑞圖。因為墓室規模宏大、結構複雜，導致壁畫面積增加，從五十至二百平方公尺不等，有許多情

節複雜、幅面寬闊的連壁巨作，而且較多都以墨書榜題，使壁畫內容一望可知。概略說來，這些壁畫主題都是表現墓主生前的官位和威儀，但各墓有不同的側重點。

以描繪屬吏儀衛為主要內容的典型遺例，以望都一、二號壁畫墓為代表。其中一號墓保存較完整，壁畫繪於前室四壁和前室通往中室的通道兩側，布局皆分為上下兩欄，上欄為屬吏等人像，下欄繪「祥瑞圖」，圖像旁都有墨書標題，寫明有關人物圖像的職務和名稱，各種形象都頗生動。

東漢墓室壁畫是現存的最珍貴的漢代繪畫遺產，它的題材內容一改西漢墓室壁畫升仙驅邪的幻景，目光投注於現實社會中的車馬騎從或舞樂宴飲，乃至莊園宅院，致使畫師們更重視寫實手法，從而將漢代繪畫藝術推向新高峰。

⊙和林格爾漢墓壁畫。此組壁畫中，有不少烏桓、鮮卑人物形象。

《神農本草經》最早總結中藥

《神農本草經》是現存最早的藥物學專著，為中國早期臨床用藥經驗的第一次系統總結，被譽為中藥學經典著作。

在中國古代，大部分藥物是植物藥，所以「本草」成了它們的代名詞，這部書也以「本草經」命名。漢代託古之風盛行，人們尊古薄今，為了提高該書的地位，增強人們的信任感，它借用婦孺皆知神農遍嘗百草、發現藥物的傳說，將神農冠於書名之首，定名為《神農本草經》。儼然《內經》冠以黃帝一樣，都是出於託名古代聖賢的意圖。

《神農本草經》的作者及成書時代尚無具體實證，但它約成書於東漢，非出自一時一人之手，而是秦漢眾多醫學家總結、搜集、整理專著，此已是醫學史界比較公認的結論。

全書分三（或四）卷，共收載藥物三六五種，書中敘述了各種藥物的名稱、性味、有毒無毒、功效主治、別名、生長環境、採集時節以及部分藥物的品質標準、炮炙、真偽鑒別等，所載主治症包括了內、外、婦、兒、五官等各科疾病一七〇多種，並根據養命、養性、治病三類功效將藥物分為上、中、下三品，其中有二百多種藥物至今仍常用。

《神農本草經》有序例（或序錄）自成一卷，是全書的總論，歸納了十三條藥學理論，首次提出了「君臣佐使」的方劑理論，一直被後世方劑學所沿用，但在使用過程中，涵義已漸漸演變，關於藥物的配伍情況，書中概括為「單行」、「相須」、「相使」、「相畏」、「相惡」、「相反」、「相殺」，稱為七情，指出了藥物配伍的前提條件，認為有的藥物合用，可以相互加強作用或抑制藥物的毒性，因而宜配合使用，有的藥物合用會使原有的藥理作用減弱，或產生猛烈的副作用，這樣

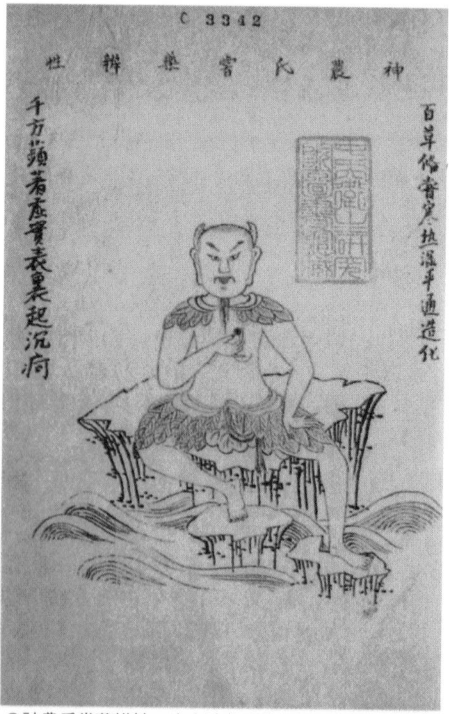

⊙神農氏嘗藥辨性。出自清代嘉慶年間林鐘繪《古代醫家畫像》稿本。

的藥應儘量避免同時使用。書中還指出了劑型對藥物療效的影響，丸、散、湯、膏適用於不同的藥物或病症，違背了這些就會影響藥物的療效。

由於歷史和時代的局限，《神農本草經》也存在一些缺陷，為了附會一年三六五日，書中收載的藥物僅三六五種，而當時人們認識和使用的藥物已遠遠不止這些。這三六五種藥物被分為上、中、下三品，以應天、地、人三界，既不能反應藥性，又不便於臨床使用，這明顯地受到了天人合一思想的影響，而且在神仙不死觀念的主導下，收入了服石、煉丹、修仙等內容，並把一些劇毒的礦物藥，如雄黃、水銀等列為上品之首，認為長期服用有延年益壽的功效，顯然是荒謬的。此外，《神農本草經》很少涉及藥物的具體產地、採收時間、炮製方法、品種鑒定等內容，這一缺陷直到《本草經集注》才得以克服。

儘管如此，《神農本草經》的歷史地位卻是不可低估的，它將東漢以前零散的藥學知識系統地總結，其中包含了許多具有科學價值的內容，被歷代醫家所珍視。而且其作為藥物學著作的編撰體例也被長期沿用，為中國第一部藥物學專著，影響是極為深遠的。

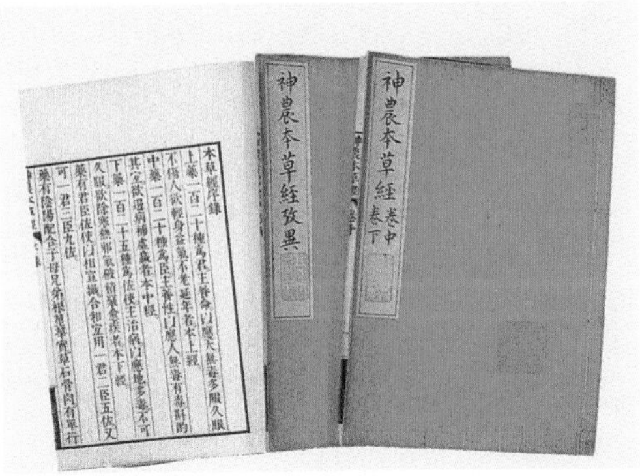

⊙《神農本草經》輯佚本書影。日本福山醫員森立夫輯，嘉永甲寅刻溫知藥室藏梓。

印染工藝色彩繽紛

古人對色彩十分重視，商周時期即能分辨原色與間色。在色彩觀念上還把審美意識和物質的基本元素及時空觀念聯繫起來，不僅反映自然界的物理現象，還被用來為社會政治倫理觀念服務。漢代五行說大行其道，成為社會生活中，主宰一切的觀念，反映在色彩審美上，也將五行與色彩一一對應，即青—木、赤—火、白—金、黑—水、黃—土，並把這五種顏色視為正色，其他顏色視為間色，把正色當作尊貴的象徵，間色當作卑賤的象徵。在服飾制度上，也利用不同色彩作為等級身分的標誌，成為區分官階等級的依據。

漢代規定皇帝佩紅色印綬，諸國貴族、相國佩綠綬，公、侯將軍佩紫綬，九卿中二千石佩石青綬，千石、六百石佩黑綬，四百至二百石佩黃綬，百石佩青紺綬，可見其色彩等級之森嚴。總之，在視覺上具擴張感、活躍感的暖色調一般都作高貴、華麗的象徵而與統治階級生活相聯繫；具收縮感、寂靜感的冷色調常作為貧寒、哀傷的象徵而與平民生活相聯繫。色彩觀念與紡織印染相結合，便產生了日益進步的印染工藝。

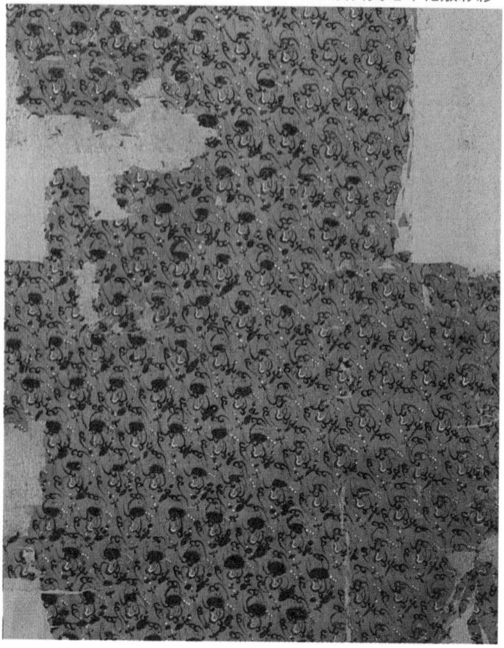
⊙漢代黃地印花敷彩紗

漢代使用的染料品種極多，既有多種礦質顏料，也有各類植物染料，如紅花是東漢張騫出使西域時從西北帶入內地的，所染紅色極為鮮豔，稱為「真紅」。主要媒染劑有明礬、皂礬等。漂湅劑以石灰、冬灰為主。

使用植物染料著色時，可以用多次浸染法和套染法增加色相，出現較多色譜。長沙馬王堆一號漢墓出土的疋染絲綢色澤豐富，有深棕、金棕、藍黑、米黃、米紅等色，每種顏色又有深淺不同的幾種相異色調。東漢許慎《說文》中已出現了豐富的用以記載絲帛顏色的色彩詞，《爾雅》中也收錄不少顏色詞，可見當時已經創造了包括原色、間色、複色等不同明度和不同飽和度的豐富多彩的色譜，從一個側面證明中國染色技術已經發展到相當高的水準。

兩漢紡織品的染色有線染和疋染兩種。線染和疋染都有平染（全部染成一種顏色）和花染兩種方法。花染是使絲線或布帛的局部產生排染作用留出花紋，包括絞纈和蠟染。絞纈和蠟染都是用手工紮結或手工畫蠟的方法將紡織品添上花紋的，較難大量生產。新疆民豐北大沙漠出土了東漢的兩塊蠟染藍地白花棉布，一塊上有圈點、鋸齒紋花邊和米字網格幾何紋；另一塊紋樣結構新穎，完全採取矩形分割裝飾區，一些互相隔離的形象，由矩形框架統一於一體，比例權衡極為得體。這說明漢代已經掌握了極純熟的蠟染技術。

中國古代紡織上的印花型版包括凸紋型版和鏤空型版兩種，在漢代都有了進一步發展。廣州南越王墓出土了兩件銅質印花凸版和部分印花絲織品，其中

⊙綿袍

一件印花版呈扁薄板狀，正面花紋近似松樹形，有旋曲的火焰紋凸起，同墓還出土一件絲織品，花紋形態與松樹形凸版紋相吻合。吐魯番唐墓出土的狩獵紋絹和甘肅武威磨嘴子出土的印花絹則是以鏤空型版印染。

從保存至今的一些實物來看漢代的印染工藝，北至新疆民豐北大沙漠，南至廣州南越王墓，都出土了保存完好的印染織物，具有極高的工藝水準，顯示出漢代先進的印染工藝已傳遍全國各地。

漢代印染技術的發展，不僅為中國後代的印染工藝開創了廣闊前景，而且在國際上也博得了崇高的聲譽。漢代印染成品透過絲綢之路推廣到西方，深受各國人民的喜愛。

《說文解字》

在漢武帝以後，經過古、今文經學家的長期紛爭，思想和學術取得了長足的進步，對語言文字的學術思想進行總結的條件基本成熟，具有劃時代意義的字典《說文解字》應運而生了。這是中國第一部由個人獨立編纂完成的字書，是一部集大成的傑作。

《說文解字》成書於東漢和帝永元十二年（西元一〇〇年），全書共十五卷，收字九三五三個，另有重文一一六三個，完全改變了周秦時代訓詁詞典的方法，開創了全面解釋字的形、音、義的新體例，構成了嚴整的字典編纂格局，所釋字以小篆為主體，分析字形結構，根據不同偏旁，分列為五一四部，始一終亥，部與部的排列順序以部首的筆劃和形體結構近似為準則。

⊙許慎像

《說文解字》在總結了前人文字研究的所有成果後，在語言文字觀念上有了重大突破。首先，它認為文字是隨著時代的進步而不斷發展的，文字先是由象形的「文」發展到合體的「字」，字體也不斷增多，而且他認知到漢字發展史上的三次關鍵性轉折，一是戰國時期諸侯割據，使文字形體產生很大差異；二是秦統一後，推行小篆作為統一文字；而隸文的產生是中國文字的一次根本性轉變，在這些轉變中，國家政權的強制力產生了決定性作用。其次，認為文字是文字使用者用於觀察、認識社會的工具，是超越時空、記錄和傳播資訊的媒體。對文字功用的本質認識得相當深刻，許慎是中國歷史上第一位從理論上闡釋文字社會功用的人。最後，在文字構成理論上，繼承並改造了「六書」理論，對其確切界定並給出具有代表性的例證。還用於分析具體的字，這樣用「六書」理論大規模分析古文字，許慎乃是首創。在這些先進的文字學觀念指導下，許慎編纂了中國第一部系統分析字形、解說字義、辨證聲讀的字典——《說文解字》，開創了中國文字學和字典學的獨立研究階段。

書中所收的字覆蓋面相當廣泛，包括了經書（特別是古文經）中的常見字，包括篆文、古文、籀文、或體、俗體，既有先秦的字，也有漢代新產生的字，為後代考查漢字發展的歷史提供了極寶貴的材料，近代識別甲骨文、金文，多依賴於這部工具書。

《說文解字》釋義，採用因形說義和選取書傳中的古訓等多種方式，雖為字書，實際上也是一部極其重要的訓詁書，後代字書都引用它的訓釋，許多字典也繼承其編排體例，所以，它在中國字典學史上的開創之功是不可磨滅的。

中印工藝交流

印度在西漢時譯為身毒，東漢被稱為天竺，和中國同屬古代亞洲古老文明發祥地之一。西元前後大月氏各部統一，成立貴霜王朝，領土包括喀布爾河流域和喀什米爾；至迦膩色王時，國勢更盛，勢力範圍包括恆河流域和壩貝灣。貴霜王朝時的印度，曾控制蔥嶺東西的交通。西元九〇年，貴霜王朝與漢帝國交戰，受挫後，又與漢帝國恢復正常邦交，年年互通商隊。二世紀初，由於莎車歸附疏勒，疏勒依靠貴霜王朝，致使貴霜王朝在中國與中亞、南亞交通上具有舉足輕重的地位。

中國和印度各地互有移民和貿易往來，至少在西元前三世紀已有印度移民進入瀾滄江流域，後來還有進入中國塔里木盆地和怒江流域，這些移民帶進中國的文化因素與中國本土互相交融。一世紀後，海上絲綢之路，即中國的生絲、絲絹由五河流域運往印度河口或壩貝灣的巴里格柴，或順恆河而下，與東航的希臘船接應。這條海上絲綢之路的繁榮使兩個有悠久文明的國家關係更緊密了。在商人、使者之後，工藝、宗教和民間傳說也隨之而來，使兩國文化互相交融。而佛教在中國的逐步傳揚，更使得印度文化融會在中華文明長流中。

⊙東漢暈間拉絨緯毛。用通經斷緯織花方法，緯織出一條石榴花及卷草紋圖案。

在工藝交流方面，漢帝國輸入印度各地的物產中，最具代表性的是漆、絲、玉、鐵、毛皮和黃金，桃、梨等中國果樹也於西元一世紀由疏勒王儲移植至印度。生絲和絲帶早已從新疆運往印度，另外也從素以蠶絲著稱的四川經雲南運往印度。古印度只能生產野蠶絲，這樣織成的絲衣，據玄奘《大唐西域記》的解釋，稱「憍奢耶」，非常粗糙，無法與中國絲匹敵，中國絲成了絲衣代表。西元前後，恆河中游的紡織中心瓦臘納西以產絲著名，該地區的絲織可能與中國西南地區的絲織技術有所交流。另外中國漆器、玉器、鐵器和毛皮多是從新疆運往五河流域和印度，黃金則或從北方絲綢之路運往印度，或從中國運向南印度。

⊙博南古驛道。西元前一二二年，張騫自大夏國回國之後，向漢武帝建議開闢西南道路。西元前一〇五年，漢廷大規模開鑿博南山道。通瀾滄江。圖為距今已二千多年的永平縣段上的「九曲十八彎」。

另一方面，中國雲南的棉布紡織

曾從工藝上吸收過印度的棉織業經驗，東漢時印度馬土臘印花布輸入新疆，這種布後來在文獻中稱為疊布或牒布。印度稱毛織物中最流行的毛織褥為氍毹，東漢服虔《通俗文》解釋：「織物褥謂之氍毹，氍毹細者謂之毾㲪。」西元一世紀初，中國北方內地率先使用這種登毛。新疆境內于闐是中國最早的毛織業基地，它的興起受印度的影響。

兩漢時期，雲南在中印交往上具有重要地位。漢武帝曾聽信張騫建議，為開闢西南線發兵金沙江流域，後來因受阻攔而未能使漢使順利通過。儘管西漢時代，官方使團受阻於漾濞江，民間貿易卻長期通過滇西和伊洛瓦底江上游，聯結阿薩密和恆河、印度河、喀布爾河各族文化，維繫物質文明的交流。東漢政府則在西元六十七年設置永昌郡，使漢文化在西南影響中國文化和印度文化的交接地區。總之，中印工藝交流促進了雙方文明的共同發展。

蔡倫造紙

據二十世紀中葉以來在新疆、陝西、甘肅等地出土的麻質古紙，專家確認為西漢麻紙的片狀纖維物，說明造紙術可能出現在蔡倫之前，而且可能與人們對紡織用麻的處理過程有關。但這些西漢麻質古紙上都沒有發現可辨識的書寫文字，加上化驗分析結果的解釋不同，對西漢是否已出現了造紙術學術界尚有很大爭議。因此《後漢書・蔡倫傳》對蔡倫發明造紙術的記載，是迄今為止有時間和人物的最早記錄。

蔡倫（西元六十二至一二一年），字敬仲，桂陽（今湖南郴州）人，東漢明帝永平十八年（西元七十五年）入宮為宦。章帝章和元年任尚方令，掌管宮廷手工作坊。和帝元興元年（西元一〇五年）發明造紙術。安帝元初元年封龍

⊙造紙生產過程示意圖

亭侯。安帝建光元年（西元一二一年）去世，葬在封地。

《後漢書．蔡倫傳》記載：蔡倫造紙前，書寫記事的紙實際上是絲織物（縑帛），蔡倫用樹皮、麻頭、破布、魚網，經過挫、搗、抄、烘等一系列的工藝加工，製造植物纖維紙，一種至今大致結構沒有改變的良紙，也是真正意義上的紙。西元一〇五年，蔡倫向漢和帝獻紙，受到和帝讚譽。造紙術於是廣為天下所知，蔡倫造的紙被稱為「蔡侯紙」；西元一〇五年則被普遍認為是造紙術的發明年代。

⊙旱灘坡帶字紙。甘肅武威旱灘坡出土的東漢帶字紙。

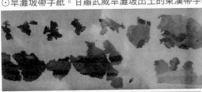

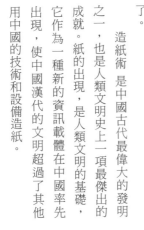

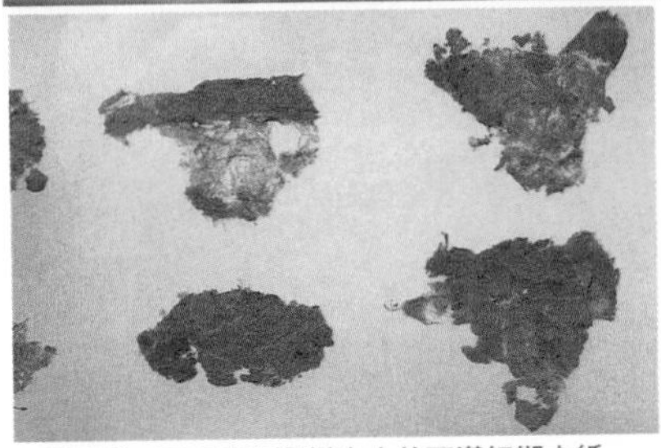

⊙灞橋紙。西安東郊灞橋出土的西漢初期古紙。

蔡倫對造紙術的改革和推廣，使紙的使用在東漢後日漸多起來。從考古發掘的東漢古紙看，已有不少帶有書寫字體，而且品質明顯提高。這些東漢古紙或是詩抄，或是書信，或是書札的殘部，都是東漢末年的產物，準確的應屬永初四年（西元一一〇年）前後。科學家分析了一九七四年甘肅武威旱灘坡的東漢晚期墓出土、留有字跡的古紙，發現古紙已具有一定的強度和柔性，厚度與現代原稿紙相當，原料為大麻等麻類纖維，纖維交結細勻緊密，且有單面塗布加工，說明當時的造紙工序已相當精細，造紙技術已達一定水準。

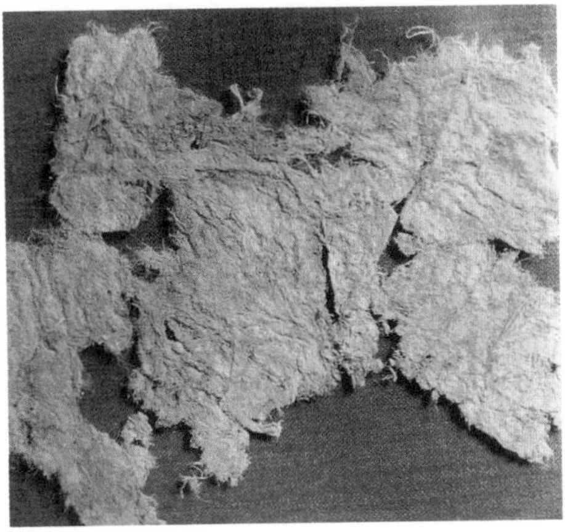

⊙敦煌西漢馬圈灣紙

東漢時紙的使用，有許多書稿文獻都有記載。如《後漢書．鄧皇后紀》中所說的貢紙和《後漢書．百官志》中所說的宮廷內專管紙墨的少府守宮令和尚書令右丞，說明紙在宮廷內已廣為使用。而《後漢書．延篤列傳》所載的牘記紙和書寫紙及《北堂書抄》中所載的信紙，則說明一般官吏和士人也使用紙了。

造紙術 是中國古代最偉大的發明之一，也是人類文明史上一項最傑出的成就。紙的出現，是人類文明的基礎，它作為一種新的資訊載體在中國率先出現，使中國漢代的文明超過了其他用中國的技術和設備造紙。

紙的出現和推廣，使漢以後的文化生活出現了嶄新的面貌。紙的品質越來越好。漢中平二年（西元一八五年），山東造紙能手左伯（字子邑）造出「左伯紙」，史稱「子邑之紙，妍妙輝光」。西元二至五世紀，左伯紙、張芝筆和韋誕墨曾是文人墨士喜愛的文房用品。但縱觀漢代的書寫材料占主要地位的仍是簡牘和縑帛。直到晉以後，造紙術流傳到長江流域和江南一帶，造紙材料豐富，才出現了較多較好的紙。晉代盛行的讀書、抄書和藏書之風都得益於紙的普及和推廣。抄經熱、藏書熱和因傳抄左思《三都賦》而出現的洛陽紙貴，都是紙普及後的熱潮。

東漢最偉大的發明——漏水轉渾天儀與候風地動儀

東漢張衡發明聞名於世的候風地動儀，是世界地震測報史上的重要里程碑，而根據他的渾天說理論發明和製造的漏水轉渾天儀，又使他成為中國水運儀家傳統的始祖。

渾天說是張衡的宇宙結構理論，為了演示這一理論學說，於西元一一七年發明並製造了漏水轉渾天儀。這台儀器用精銅鑄造而成，是一個直徑四尺多（約一．五公尺）的球，代表天球，可繞天軸轉動，上刻二十八宿，中外星官以及黃道、赤道、南極、北極、二十四節氣、恆顯圈、恆隱圈等。為了使渾象自行運轉，他利用齒輪系統將渾象與漏壺聯繫起來，用漏壺滴出的水作為動力啟動齒輪，帶動渾象繞軸轉動。透過選擇適當的齒輪個數和齒數，使渾象一晝夜和地球自轉速度完全相等，以演示星空的周日視運動，如恆星的出沒和中天等。透過對它的監測，人們可以知道日月星辰和節氣的變化。它還有一個附屬機構叫做「瑞輪蓂莢」，是一種機械日曆。它有傳動裝置和渾象相連，從每月初一開始，每天生一葉片，月半後，每天落一葉片，用於顯示陰曆的日期和月亮的圓缺變化。

漏水轉渾天儀用的是兩級漏壺，是現今所知最早的關於兩級漏壺的記載。它的受水壺也是兩個，壺蓋上各有一個金仙人，左手抱壺，右手指刻，一個指示白天的時間，一個指示夜間的時間。

張衡發明的漏水轉渾天儀成就是觀測儀器發明製造的傑出代表，其功能、設計製作的複雜和精確程度均是世界上罕見的，是世界上見諸記載的第一架水力發動的天文儀器，對後代影響極為深遠。

順帝陽嘉元年（西元一三二年），張衡又發明製造了候風地動儀，利用倒立慣性震擺的原理製成的，其基本構造符合物理學原理，能探測到地震波的首先主沖方向，是現代地震儀的先驅，也是當時世界上遙遙領先的發明，是世界上第一架可測地震方位的儀器。

據《後漢書．張衡傳》所記載，該儀器係青銅鑄造，整體造型宛若漢代的酒樽。儀體圓形鼓腹，直徑八尺（漢建初尺，一尺為〇．二三六八公尺），下附圈足，上面有可以啟閉的圓蓋，通高約一丈一尺五寸。在儀器體外按八方附設八條垂龍，龍口各銜一銅丸，地上並設八隻向上張口銅蟾蜍，與龍頭一一對應。龍頭下部儀器表面雕刻四靈圖案，八龍方位下書刻卦文。圈足的上部刻有山阜之形。

⊙張衡之水運渾天儀係將計時之漏壺與渾儀相結合，即以漏水為原動力，並引用漏壺之等時性，透過齒輪系統的傳動，演示天體運行情形。

地動儀內部結構精巧。儀器內底部中央立有一根「都柱」，即倒立慣性震擺（相當於現代地震儀的重錘），圍繞都柱設有八組與儀體相連接的槓杆機械即「八道」，「八道」與儀器外面設置的八條垂龍龍頭上頷接合，代表著東、西、南、北、東南、東北、西北、西南八個方位。遇有地震，震波傳來，「都柱」偏側觸動龍頭的槓杆，使該方位的龍嘴張開，銅球落入蟾蜍口中，發出聲響，用以報警。即謂「一龍發機，而匕首不動。尋其方向，乃知震之所在」。

⊙候風地動儀

儀體象徵渾天說的天；立有都柱的平底，表示大地，籠罩在天內；儀體表面雕刻的四靈圖案象徵二十八宿，所刻卦文為乾、墳、艮、震、巽、離、坤、兌，表示八方之氣；八龍在上象徵陽，蟾蜍居下象徵陰，構成陰陽上下的動靜的辯證關係；都柱象徵天柱，居於頂天立地的地位。

候風地動儀的靈敏度很高，最低可測地震烈度為三度左右（據十二度地震烈度表）的地震。據記載，候風地動儀製成後安置在洛陽。西元一三八年，距洛陽約七百公里的隴西發生了一次六級以上的地震，當時洛陽沒有震感，而候風地動儀有了反應。此次隴西地震的實測成功，開創了人類使用科學儀器觀測地震的歷史。

約在四世紀初，候風地動儀在動亂中遺失。近百年來，由於地震學的發展，張衡的這項發明引起了地震學界的重視和研究，日本和英國的科學家都曾先後進行過研究。中國的王振鐸經過對歷史資料的整理和研究，並總結了一些地震學家的研究成果，於一九五九年將張衡的候風地動儀重新復原，陳列在中國歷史博物館內。

東漢大發明家——張衡

東漢時期，中國出現了一位多才多藝的科學家張衡，他在天文學和地學方面的理論和實踐活動享有盛譽，他發明聞名於世的候風地動儀，是世界地震測報史上的重要里程碑，而根據他的渾天說理論發明和製造的漏水轉渾天儀，又使他成為中國水運儀家傳統的始祖。

張衡（西元七十八至一三九年），字平子，南陽西鄂（今河南南陽石橋鎮）人，是中國東漢時期著名的天文學家、政治家、文學家和畫家，渾天說的代表人物。漢和帝永元十二年（西元一〇〇年），他任南陽太守鮑德的主簿時創作的《東京賦》和《西京賦》，廣為流傳。後又用了三年時間鑽研哲學、數學、天文，永初五年，出任郎中和尚書侍郎，元初二年（西元一一五年）起，曾兩度擔任太史令，前後十四年。其在天文學史上的成就尤為引人注目。

⊙張衡像

渾天說是張衡的宇宙結構理論，《張衡渾儀注》是其理論著作。他認為天好像一個雞蛋殼，地好像是蛋黃，天大地小，天地各乘氣而立，載水而浮。為了演示這一理論學說，張衡以西漢耿

⊙漢代計量衡器。鐵尺、權、銅量。

壽昌的發明為基礎，於西元一一七年發明並製造了漏水轉渾天儀。

他統計出在中原地區能觀測到的星數約二萬五千顆，且基本掌握了月食的原理，對太陽和月亮的角直徑的測算相當準確。這些成就無論在天文學史上，還是在思想發展史上都有相當重要的意義，他極力反對讖緯神學與曆法的附會並被列為太學考試的內容，在迷信之說面前表現了大無畏精神。

順帝陽嘉元年（西元一三二年），東漢著名科學家張衡發明製造了候風地動儀，這是世界上第一架可測地震方位的儀器，是現代地震儀的先驅，也是當時世界上遙遙領先的發明。直到西元十三世紀，西方在波斯馬拉哈天文台才有類似儀器出現。到十八世紀，歐洲才出現利用水銀溢流來記錄地震的儀器。

張陵創立五斗米道

五斗米道是東漢順帝（西元一二六至一四四年）時，張陵在西蜀鶴鳴山（一名鵠鳴山，在今四川大邑縣境內）開創的早期道教教派，因信奉該道的人必須出五斗米，或稱因其崇拜五方星斗和斗姆而得名。同時，因張陵自稱太上老君降命他為天師，「五斗米道」又稱「天師道」。

⊙晉干寶《搜神記》中的道教源流插圖

張陵（西元卅四至一五六年），又稱張道陵，字輔漢。相傳為漢留侯張良後裔，沛國豐（今江蘇豐縣）人。少年時就研讀《道德經》及天文地理、河洛圖緯書籍，曾進太學，通曉五經，被推選進「賢良方正直言報諫科」。東漢明帝時曾做過巴郡江州（今四川重慶）縣令。後隱居北邙山（今河南洛陽北），

⊙符籙木片

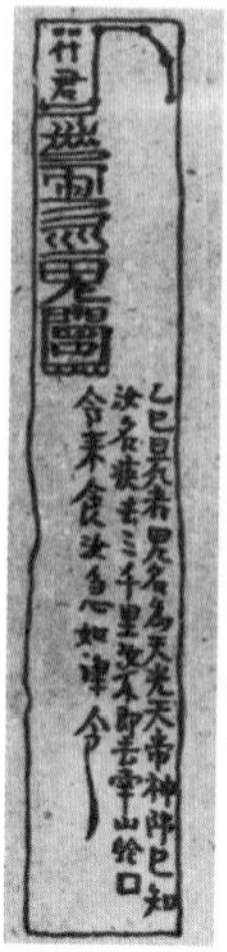

⊙道教蓮花座造像

學習長生不老之道。朝廷徵召他為博士，他假裝患病，沒有應徵。和帝即位，徵召他為太傅，封為冀縣侯，三次下詔相召，他都未接受。順帝時，他開始在蜀鶴鳴山修道，自稱太上老君降命他為天師，自稱三法師正一真人，尊老子為教主，奉《老子五千文》（《道德經》）為主要經典，並自著《老子想爾注》，作道書廿四篇。其教義源出於古代神鬼思想、巫術和神仙方術、讖緯神學思想和黃老思想，還雜揉了巴蜀地區少數民族的原始宗教信仰，五斗米道教導信教者悔過，並用符水咒法治病。

張陵共有弟子三百多人，以王長、趙升最得真傳。死後，其子孫承襲天師道法，其孫張魯曾在巴郡、漢中建立過長達三十年的政教合一的政權，五斗米道才得以公開傳播。後在唐、宋、元三朝均被帝王冊封，天師之職世代承襲。元以後統歸於正一道，五斗米道才正式消失。

漢代燈具造型精美

兩漢時，中國燈具的製造工藝對戰國和秦朝的燈既具有繼承，又有創新。

燈具是由燭台脫胎而來，但並未完全取代燭台。遲至戰國時期就已經開始使用燈具照明，各地戰國墓中出土了不少形狀各異的燈具。一些文獻記載秦代燈具已出現宮燈、多枝燈等精緻獨特的燈具。

漢代燈具在前代基礎上有很大發展。從形式上看，除原有的座燈外，又出現了吊燈；從質地看，在陶燈、青銅燈之外新出現鐵燈、玉燈和石燈，其中以青銅燈具最為多姿多彩，出土實物顯示燈的數量顯著增多，這說明它的使用已經相當普及了。這一時期燈具造型豐富多彩，有塑造人物形象的、有創造動物形象的、有模擬器物形態等等；此外，還有多枝燈、行燈等。漢代的燈具造型取材廣泛，製作精良，無論是人物、動物還是器物形態都栩栩如生，達到絕妙的境界。

⊙漢代豆卮組合燈

兩漢的燈具在製造上

展現了科學性和藝術性的高度統一。如滿城西漢中山靖王劉勝夫婦墓出土的鎏金長信宮燈，整體設計在採光、省油、避風、除垢等方面都是科學的，造型生動美觀，達到極高的藝術水準。漢代流行多枝華燈燈具，一般為一個燈座上支撐著高低錯落的幾個或十幾個燈盞，有的青銅多枝燈可以置上卸下，使用十分方便。多枝燈大大增加照明亮度，不僅更加適用，而且是精美的工藝品。《西京雜記》中就記載了皇后趙飛燕接受女弟合德昭儀饋贈賀禮「七枝燈」。較之前代，漢代還出現了吊燈燈具，可用於懸掛，使用起來相當方便。

⊙漢代雁魚燈。燈罩為弧形屏板，上部插入魚腹下的開口，下部插入燈盤內，可左右轉動開合，任意調節光度。煙霧通過魚和雁頸導入雁體內，以防煙霧污染。設計達到功能與形式的統一。

⊙中山靖王墓出土臥羊燈。照明用具。燈作臥羊式，羊昂首，雙角向前蜷曲，身軀渾圓，短尾巴。燈盤呈橢圓形，一端有一流，便於安置燈撚。羊尊的腹腔中空，可儲燈油。此燈設計巧妙。

中國羅馬建交

西元一六六年，羅馬安東尼朝皇帝馬可．奧理略（西元一六一至一八〇年）派遣使者自埃及出發，經由印度洋到達漢朝統轄下的日南郡登陸，然後北赴洛陽，開創了中國、羅馬兩大國直接通使的紀錄。《後漢書》對此事有記載，稱這次使節是安敦王所派，這是羅馬和中國第一次正式建立外交關係。

羅馬在漢代被稱為大秦，意即泰西（極西）之國，又稱海西國。西漢時代，羅馬帝國崛起後使地中海世界的政治形勢迅速改觀，新興羅馬帝國占領了敘利亞和埃及，根據二世紀羅馬史家佛羅勒斯的著作，可知奧古斯都時遠到賽里斯人和地處太陽直照下的印度人，都派使者到羅馬訂結盟約，可見羅馬當時的地位很高。

自奧古斯都時代起，羅馬為了開展對印貿易，取得中國的生絲和絲布，積極發展紅海航運。

西元一至二世紀，沿著絲綢之路，自東而西出現了漢帝國、大月氏、貴霜、安息和羅馬五個大國。西元八十八年，西域長史班超在和莎車的匈奴勢力角逐時，曾和已是羅馬和中國貿易重要橋樑的大月氏聯盟，中國才正式從官方管道獲知羅馬這個國家。

出於經濟和外交上的需要，東漢王朝決意謀求和羅馬的直接建交。西元九七年，班超派甘英出使大秦，至安息西界于羅時，由於安息海商的婉言阻攔，沒有達成尋求通往埃及亞歷山大里亞海路的目的。但中國使者的到來，引起了紅海彼岸的莫恰（今葉門木哈）和阿杜利（今埃塞俄比亞馬薩瓦港附近）與中國締結盟約的願望。西元一〇〇年，他們派使者到東漢首都洛陽，向漢和帝進獻禮物。漢和帝厚待兩國使者，賜給兩國國王代表最高榮譽的紫綬金印，表示了邦交上的極大誠意。此舉激勵了羅馬，半個世紀之後，羅馬正式派使者出訪中國，兩大國正式建交。

羅馬使者東來的航路，遵循著以南印度為樞紐的海上絲綢之路，直達南中國。據西元二四〇年左右寫成的《魏略》，羅馬世界的物產，即亞歷山大（今埃及）東方貿易的貨單，可歸成金屬製品、珍禽異獸、珠寶、織物、玻璃、香藥六大類。

羅馬不僅成批輸送貨物進中國，也大量進口中國貨，主要為衣料、皮貨和鐵器。

中國的衣料曾使羅馬人嘆為觀止，後來隨著絲帛的源源西運，絲織品日益盛行，絲織業也大有起色，絲織衣料漸由婦女推廣到男子。那不勒斯和羅馬城郊的台伯河上都有絲綢商人，在羅馬城內托斯加區也曾開設絲綢商場。在絲綢西運進入羅馬世界第一大站的敘利亞東

部沙漠的巴爾米拉，曾出土東漢時期的漢字紋綿。中國的絲絹和各色錦緞風靡羅馬世界之際，高超的絲織技藝也在漢魏時代傳入伊朗、敘利亞和埃及，在西漢時代已使用的提花機，一世紀初便在西頓絲織業中出現，至少在三世紀已被埃及採用。

中國的鑄鐵和絲綢同享盛名。羅馬人首先是在和帕提亞的戰爭中，認識到中國鋼鐵的厲害。中國弓弩特別吸引羅馬軍人，曾使羅馬為之神往。

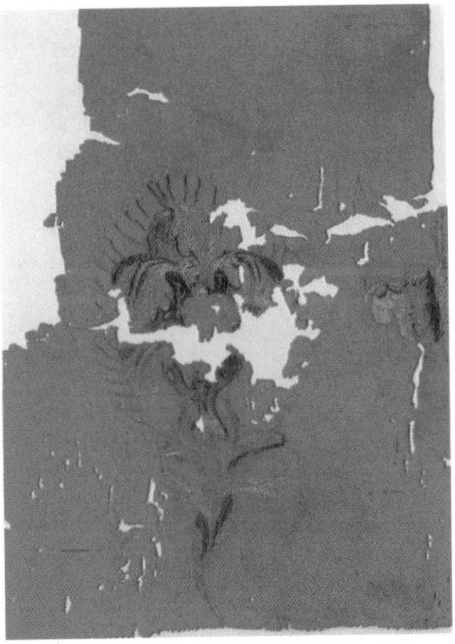

⊙羅馬出土的漢代絹

羅馬奧古斯都時代的詩人和學者，常用賽里斯國來表明自己知識的廣博。博物學家普林尼的著作中，中國衣料與人類潛入紅海海底去取珠寶、深入地心尋找碧玉、劈山挖出大理石一樣，是令人驚訝的奇事。大詩人維吉爾的困惑——中國人竟從樹葉上採下纖細的「羊毛」，也是幾個世紀中不知養蠶繅絲的羅馬人難解之謎。十四世紀中葉的羅馬史家阿米安．馬塞林納在《功績》中，則用欣羨的語氣敘述中國人在優良的環境中生產絲絹，由此可以看出古羅馬人對中國文化的嚮往。而後隨著阿拉伯、突厥帝國的興起以及歐洲中世紀的到來，中西交往中斷了。所以漢帝國與羅馬的交往是古代世界中西交往的黃金時代，意義重大。

章草書法發展

東漢時期，書法家在隸書的基礎上創立一種具隸書體勢的草書，後代稱為「章草」。章草具有很高的藝術性，它保存隸書的波磔，又不乏草書流轉遒勁的意態，是中國書法史上的一朵奇葩。

章草兼具隸書和草書的風格，與今草和隸草有別。它不像今草、狂草那樣上下引帶。其連綿不斷，仍取隸書章法，字字區別，筆斷意連。與漢初的隸草相比，章草更富於藝術性。隸草是漢代早期的草書，沒有波磔，僅是隸書的簡易、急速的寫法，還不是書法藝術。從書法史的角度來看，章草正好處於西漢的隸草和東晉的今草之間，它的繁盛時期是東漢。

章草的體勢沿隸書之法式，存隸之波磔，但又有流速遒媚的意態，其筆劃縈帶之處，往往圓如轉圈，把莊重矜持的隸書變得流轉活動，唐代書法理論家張懷瓘讚美章草書「宛若回鳳，攫如搏獸，遲回縑簡，勢欲飛透」。東漢時期章草書法家輩出，最著名的有杜度、崔瑗、崔寔和張芝。杜度，原名操，字伯度，章帝時以善章草聞名，《書斷》將他的章草書列為「神品」。崔瑗（西元七十八至一三四年），字子玉，著《草書勢》，與其子崔寔曾學杜度的書法，後世稱杜度與崔瑗父子為「崔、度」。張芝（西元？至一九二年），字伯英，酒泉人，著《八月貼》。《書斷》稱他為「草聖」。關於張芝創今草之說實係臆測，他寫的草書是章草，《四體書勢》稱他的章草「專精甚巧」。當時的書壇以杜度、崔瑗為楷模，競相仿效，章草書一時風靡於世。

漢代章草過去僅見於摹本和刻帖，近代漢簡大量出土，從中發現不少章草書，如《急就奇觚書》、《公羊傳磚》、延嘉七年《紀雨磚》等。此外，安徽亳縣出土的曹氏墓碑以及其他地方出土的漢陶碎片也都有章草。可見在東漢時期民間已普遍應用章草了。

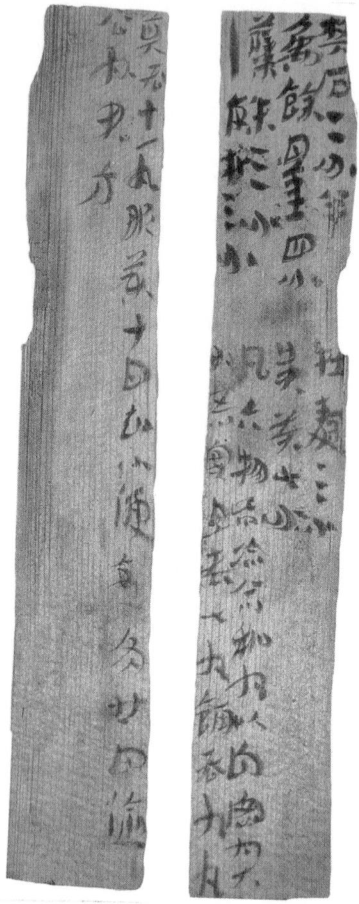
⊙湖北出土醫方竹簡

漢代玉器承前啟後

西漢初年，玉器開始有所變化，西漢中期變化更大。葬玉和隨身玉製裝飾物的種類增多，表面花紋從以抽象為主變成以寫實為主，漢代玉器在玉器史上有著承前啟後的作用。

漢初基本上仍採用戰國時代冶玉技術，並在此基礎上有所改進。漢代玉器中高浮雕和圓雕增多，鏤孔花紋和表面細刻線紋也增加了，無論浮雕或素面玉器，表面拋光技術都有所提高，器物輪廓線和刻紋線條流暢，光滑圓潤。

漢代玉器所使用的材料，除了仍是利用綠色和黃褐色的玉料外，增加了大量的羊脂玉。

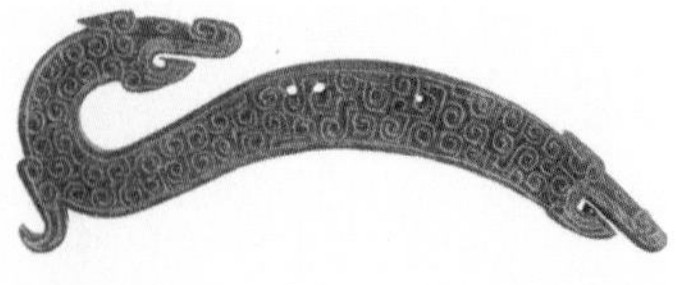
⊙玉龍佩

⊙漢中山國靖王劉勝墓出土金鏤玉衣。玉製，劉勝殮服，全長一．八八米，用二四九八片玉片和一一〇〇克金絲編綴而成。玉片的大小和形狀是根據人體各部位而設計的。這是能考證出準確年代的最早的、也是考古發現最完整的玉衣。

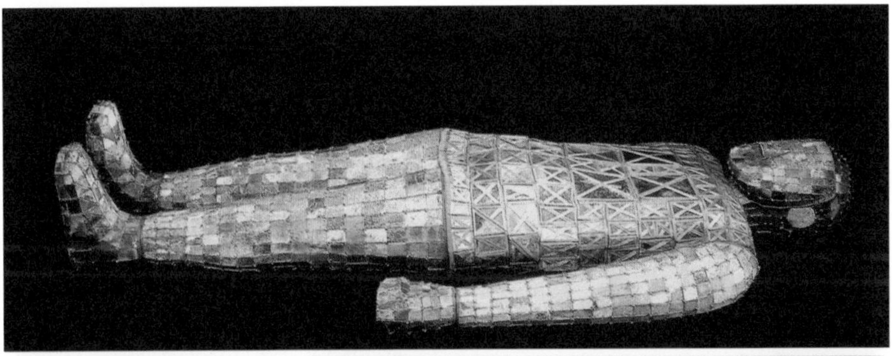

⊙漢玉杯

⊙漢青玉角形杯

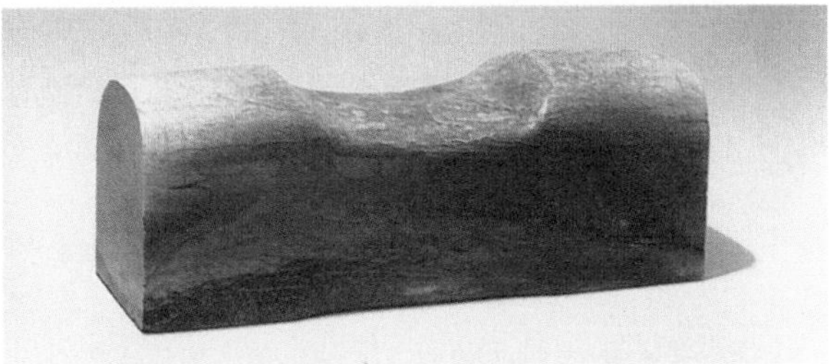

⊙青玉枕，此玉枕象徵墓主的地位、權力和富裕。

羊脂玉為乳白色，在玉石家族中顯得更高雅、瑩白。漢代玉料大多是和闐輸入的軟玉。

漢代玉器使用範圍也很廣泛。一些玉器做為裝飾品，或隨身佩帶，或做成實用品，比如做為附屬於金屬實用物上的裝飾品。裝飾玉器最多的是玉佩，西漢墓出土有一種心形玉佩，兩側有透雕花紋，造型美觀，工藝精湛。玉器還可用作禮器，這主要是璧和圭。現存漢玉中占極大比例的是葬玉，是專門為保存屍體而製造的，主要有玉衣、九竅塞、玉王含和握玉四種。

滿城漢墓中發現兩件玉衣，由頭罩、上身、袖子、手套和鞋六部分組成。每部分由兩個部件組成，由許多小玉片用纖細的金縷連綴而成，因而又被稱為「金縷玉衣」，除皇帝外，還可由皇帝特賜其親王和大臣死後穿戴，一件玉衣通常需要二千多片小玉片。魏文帝黃初三年（西元二二二年）曾下詔禁用，此後才不再製造。九竅塞是用於填塞和遮蓋死者的九個竅孔，以防體內「精氣」洩漏的玉器，漢代普遍使用玉蟬，可能與蟬的生命循環有關，象徵變形和復活。漢代的握玉最初為璜形，後變為豚形，玉豚甚至沿用至六朝。為了發揮巫術的作用，一般多造型粗糙而刻紋簡單。這些無疑反映了漢代人的生死觀和宗教觀，企圖使死者不朽和生命循環是其突出的思想。

玉器的花紋可分為幾何紋和動物紋二類。幾何紋以渦紋、卷雲紋、谷紋和蒲紋最常見，漢代動物花紋承襲了戰國時代的風格，獸形全部圖案化，幾乎認不出原有動物的形象，可以識別的動物紋飾有龍紋、獸紋、鳥紋（鳳紋）和獸面紋。除圖案化花紋外，寫實的動物紋在漢代也增多了，即使是圖案化的動物也更易於辨識。

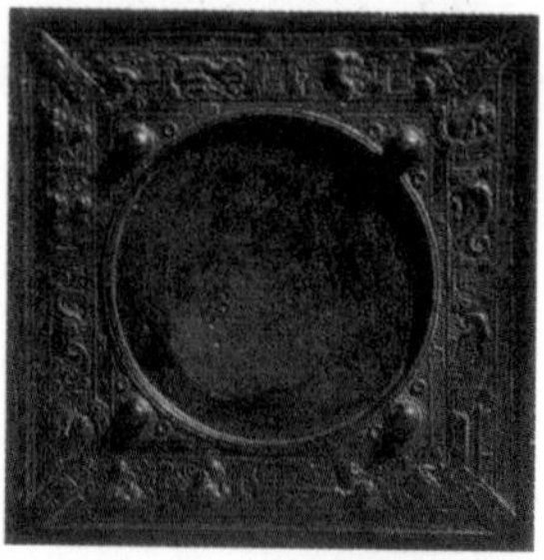

⊙東漢式盤

支讖譯經

東漢時，佛教開始傳入中土，這一時期有許多譯經，譯經的多是天竺和西域僧人，其中著名的月支沙門支婁迦讖（支讖），在漢靈帝（西元一六八至一九〇年）間譯出佛經十四部二十七卷，向中國人介紹了印度大乘經典。

東漢後期，佛教在中國分成兩支流傳：一是安世高系，一是支讖系。安世高奉小乘佛經，重視禪法，譯經最有影響的是《安般守意經》和《陰持入經》，分別介紹習禪方法和解釋佛經名數。小乘禪法看重「四禪定」，即四靜慮，規定在超脫「欲界」的基礎上繼續修行的四個心理發展階段，要求修禪者進行四種觀想：一是非常想，滅貪想；二是滅情感，稱苦想；三是非身想，滅自主意識；四是不淨想，滅色欲，合稱「四意止」。而支讖奉大乘佛教，宣講般若學，教義上大乘重在破法執，即「法無我」，小乘則重在破我執，即「人無我」；大乘要「普渡眾生」，小乘則注重修行者個人解脫。大乘空宗般若學，主張運用一種特殊的智慧——般若，以便成佛，中心思想是要樹立一種「假有性空」的宇宙觀，覺悟萬有的存在是虛幻無自性，從而看破世間一切。

支讖將大乘佛教經典翻譯到中土，第一次向中國人介紹了印度大乘般若學的理論。支讖在漢桓帝末（西元一六七年前）到達洛陽，靈帝元和二年（西元一七九年）譯《道行般若波羅密經》（也稱《小品經》），他所譯經文還有《首楞嚴經》、《般舟三昧經》。

支讖譯《道行經》受老子影響，討論人生的根本在於使神返本真，心與道一起，從而成佛，其中「真如」譯成「本無」，「真如」是佛教大乘說中關於永恆真理和絕對本體的概念，這一理論的目的是揭示世上一切事物皆為假象，在破除了視假象為真實的妄見之後，就能達到絕對本質「本無」的認識。

支讖與弟子支亮、再傳弟子支謙合稱「三支」，支謙譯出佛經三十六部四十八卷，進一步介紹大乘般若學，開始突出「佛身」論，講述修習成佛的過程，認為「佛國」、「淨土」就在現實世界中，主要問題在於自己是否自持自淨。這種思想在南、北朝十分流行，對於禪學的形成產生了很大影響。

支讖及其弟子將大乘般若學傳入中土，受他們影響的其他僧人又與他的弟子一道將淨土信仰傳播開去，吸引廣大人民，使西方極樂世界與現世興修功德的淨土信仰深入民間。

隸書書藝集中於碑刻

隸書起源於戰國時期，秦代時已普遍流行於民間，到西漢晚期已達成熟階段，是漢代的主要字體。隸書書藝的最高成就，集中體現在東漢的碑刻中。

由秦到西漢初期，是隸書的「古隸」時期。古隸部分保留篆書的結構，但體勢已屬隸書，筆劃方圓相輔，疏密相成，未見明顯的波磔。古隸主要集中在雲夢秦簡和《楊山地說》、《五鳳二年刻石》和《孝禹刻石》等簡書和石刻中。

西漢晚期，古隸已完全過渡為成熟的隸書，體勢由長方趨向寬扁，由縱勢轉向橫勢，筆劃工整，波挑更為完美，點畫俯仰呼應也已出現。這些成熟的隸

⊙西嶽華山廟碑

⊙張遷碑

⊙曹全碑

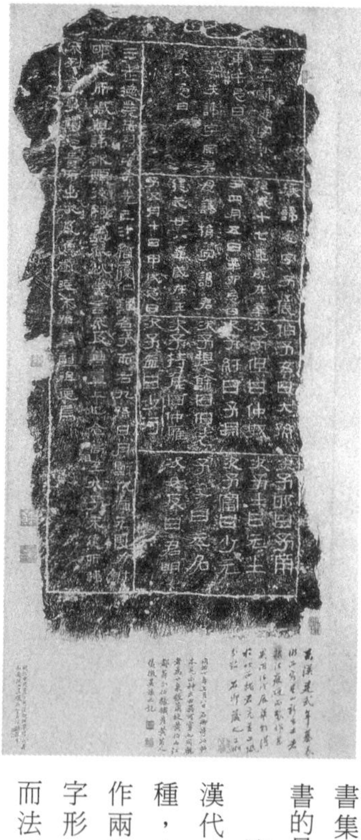
⊙三老諱字忌日記

書可以由河北定州四十號漢墓的簡書、敦煌西漢天鳳元年的木牘等出土文物中見到。東漢的隸書發展到高峰階段，在波挑中充分發揮筆毫的變化，提按頓挫，起筆收筆，回鋒出毫，表現出蠶頭雁尾的形態；結構上疏密的變化，點畫的呼應，呈現出隸書複雜多變的姿態，風格也更為多樣。

東漢盛行立碑刻石的風氣，墓碑、石闕大行其道。因墓碑、石闕講究造型，所以作為碑身重要部分的碑文，也特別講究書法的藝術性。因此，碑刻隸書集中體現了隸書的最高成就。

流傳至今的漢代碑刻有數百種，大體可以分作兩類。一類是字形比較方整，而法度嚴謹，波磔分明；另一類書寫比較隨意自然，法度不嚴，有放縱自然的意趣。

第一類又可分兩種風格。一是傾向端莊秀麗的風格，刻得比較細膩，筆毫效果較明顯，筆劃波磔分明，結體方正，筆劃頓挫有致。如《史晨碑》字體工整，風格渾厚典雅。《華山碑》點畫俯仰有致，風格典雅華美。第二種風格是傾向古樸雄強的，刀刻效果較明顯，筆劃呈現方稜，轉折嶄齊，結體方正。代表性的有《鮮于璜碑》、《張遷碑》、《衡方碑》、《張壽碑》等等。

《鮮于璜碑》氣勢雄強，嚴謹中又有自然的姿態；《張遷碑》有驕橫不可一世的氣概；《張壽碑》遒勁方整；《衡方碑》肥厚古拙，各有千秋。

第二類是書和刻都比較隨意，流露出自然趣味的。它或是由於書寫草率隨便，以致字形大小參差不一；或是由於寫在崖壁上，為不平整的石面限制，依石而書，有自然不拘的效果。此類的代表碑刻有《三老忌日碑》、《倉頡廟碑側》、《禮器碑兩側》、《陽三老刻石》、《永元刻石》、《馮君神道闕》、《石門頌》、《楊淮表紀》等等。

隸書發展到東漢晚年，由於過分講求裝飾性，挑腳都成方稜形，波勢矯揉造作，結構板滯，缺乏生氣，開始走下坡。這在碑碣上表現尤為明顯。到魏晉以後，楷書興起，隸書衰落，被楷書取而代之。

中國最早的文藝專科大學創立

東漢靈帝光和元年（西元一七八年）二月，最早的文藝專科大學——鴻都門學創立，校址設在洛陽鴻都門。

鴻都門學是宦官派為了培養擁護自己的知識份子而與士族勢力占據的太學相抗衡的產物。宦官派藉漢靈帝酷愛辭、賦、書、畫的緣由，辦了這所新型的學校。鴻都門學所招收的學生和教學內容都與太學相反。學生多由州、郡三公擇優選送，多數是士族看不起的社會地位不高的平民子弟。學校開設辭賦、小說、尺牘、字畫等課程，打破了專習儒家經典的慣例，宦官派對鴻都門學的學生十分優待，學生畢業後，多給予高官厚祿。鴻都門學一時非常興盛，學生多達千人。這些學生後來有些出為刺史、太守，入為尚書、侍中，還有的封侯賜爵，使平民子弟得到施展才能的機會。

鴻都門學在「獨尊儒術」的漢代，改變以儒家經學為唯一教育內容的觀

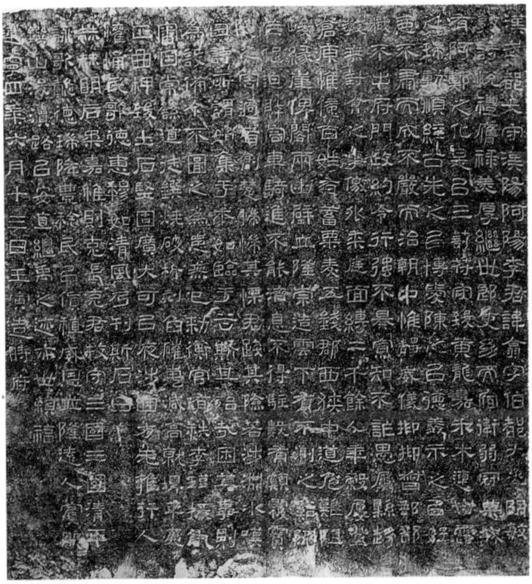

⊙西狹頌

⊙東漢屬吏壁畫

念，提倡對文學藝術的研究，是教育界的一大貢獻。它招收平民子弟入學，突破貴族、貴族階級對學校的壟斷，使平民得到施展才能的機會，也是有進步意義的。鴻都門學的出現，為後來特別是唐代的科舉和設立各種專科學校開闢了道路。從東漢到明、清，中國曾設立過律學、醫學、武學、陰陽學、算學、書學、畫學、玄學、音樂學校、工藝學校等專科學校，對封建文化的繼承和發展，發揮不可估量的作用。

太平道興盛

東漢中葉以後，王朝橫徵暴斂，加以水旱頻繁，疫病流行，農民苦不堪言。漢靈帝熹平年間（西元一七二至一七八年）出現的太平道，透過佈施符水為人治病，又宣揚反對剝削斂財的主張，因而受到百姓信奉，興盛一時。

太平道創始人張角（西元？至

⊙漢代銅羽人，反映「羽化登仙」的思想。

一八四年），巨鹿（今河北甯晉）人，讀書未成，相信黃老學說，也懂得醫道，他一邊用符水治病救人，一邊依據《太平經》設壇立教，自稱大賢良師，以解救百姓痛苦，百姓來求助者絡繹不絕。張角與弟弟張寶、張梁同在河北一帶，一邊治病，一邊傳教，又派出弟子周遊四方，傳播太平道。十餘年間，徒眾達到數十萬人，遍及青、徐、幽、冀、荊、揚、兗、預八州，其教區組織分為三十六方，每方各有渠帥統率。此時，太平道的影響力幾乎遍及天下，勢力也發展到了頂峰。

在思想上，太平道沿襲了《太平經》並有所改造。張角在讀過《太平經》之後，保存了其道教神學和道術的形式和內容，如其天、地、人和五行觀念，道、德、仁的「三統三綱」思想等等，但《太平經》重在對社會進行批判和改良，強調的是中和之道，主張階級和等級之間的調和，反對犯上作亂，而太平道則主張暴力革命，以誅殺暴吏為手段，旨在推翻漢王朝的統治，這種基本傾向是根本不同的。

⊙飛升圖。道教徒追求的最高境界是飛升成仙，圖為清代氣功著作《性命圭旨》中的飛升圖。

漢代銅器更富有裝飾性

漢代是中國青銅器發展的最後一個階段，商周時期發達的青銅鑄造業伴隨著冶鐵業的興起走向沒落，成為其他金屬工藝的附屬品，向著更富裝飾性的方向繼續發展，其鑄造和加工工藝也日臻完善。

⊙銅鼓之王。廣西北流出土的這只銅鼓，是目前世界上已知的最大銅鼓。

⊙銅搖錢樹

⊙漢雲南滇人貴族貯幣用器。器為失蠟法鑄成，人獸等均為先鑄成後再安裝的，工藝複雜。

在造型上，徹底擺脫了商周銅器的莊嚴、古樸、凝重的風格，向靈便、輕巧、實用發展，同時，種類繁多，用途十分廣泛，漢代的青銅製品包括各種容器，烹飪器、用具、兵器、樂器、度量衡器等等，相對來說，禮器的比重大為減少，生活用品遽增。從容器的種類和器形上看，前代的許多器物已絕少生產，而出現了樣式繁多的銅燈，如「高燈」、「行燈」、「雁足燈」、「鹿盧燈」等，另有製作十分精巧，形狀特殊的燈具，如出土於河北省滿城漢墓的「長信宮燈」、「朱雀燈」、「臥羊燈」、「當戶燈」、廣西合浦漢墓的「鳳鳥燈」、甘肅武威雷台漢墓的「十二枝燈」等等，和其他許多用具一樣，造型精巧別致，頗富裝飾性。

其加工工藝的進步，表現在嵌錯工藝和鎏金工藝的廣泛應用上，前者是在鑄造好的銅器表面嵌入其他材料的絲片，再用錯石將其表面磨平，構成紋飾或文字，嵌入絲片包括紅銅、寶石、金、銀等，透過不同材質顏色的對比，使紋飾鮮明而美麗。河北平山中山王墓出土的一對嵌紅銅、錯松石的方壺，嵌入的紅銅絲細如毛髮，圖案精美絕倫，堪稱代表。後者是將金粉和汞的合劑塗在青銅器表面後烘烤，使汞蒸發，金附著在銅器表面，使銅器外表色澤金光奪目，富貴華麗，且能防止表面氧化。河北滿城竇綰墓出土的「長信宮燈」就是這種工藝的傑作。

此外，鏤刻工藝也被廣泛應用，出土於湖南、廣東、廣西等地的漢代銅器上，呈現出細緻、流暢的各種鏤刻花紋，包括獸類、鳥類和幾何圖案。銅鏡更是爭奇鬥豔，不僅造型別致，而且圖案多樣，花紋簡潔，明麗，銘文清晰，既美觀又實用，這無不說明漢代銅器更具裝飾性的特點。

終結期的漢代青銅器，以其獨具的風格和更富裝飾性的特點，為中國青銅器製造業寫下了最後的輝煌。

⊙鎏金中國大寧博局紋鏡

生動活潑的漢代俑像

與墓葬制度聯繫緊密的俑像，是兩漢時期雕塑藝術中的重要一環，與秦代相比較，漢代俑像塑造了社會各階層人物，形象生動活潑。

西漢早期俑像性質與秦代兵馬俑相似，多是用軍陣來送葬的類比物，在規格上則比秦俑小。因為沿襲秦俑的風格，造型比較呆板，主要是用整齊的陣列向人們展示為死者送葬的森嚴軍陣。除此之外也有彩繪女侍俑，模製燒成陶後敷塗色彩，輪廓線條流暢優美，藝術造型超出軍陣陶俑，富有生活情趣，和另一類侍從木俑、舞蹈奏樂俑同樣傳神。漸至東漢，這類模擬家內侍僕的舞樂俑成為主流，而西漢時數量眾多的兵馬軍陣不再出現，轉為侍從樂舞和農牧耕作的農夫形象，俑像的藝術造型也從呆板變為活潑生動。

漢代俑像種類眾多，數量大的是陶俑，另外還有金屬鑄造的銅俑，和不同材料製成的玉俑、石俑、木俑等。

根據考古發現，西漢早期陶塑兵馬俑現在有三處：咸陽楊家灣漢墓十一個從葬坑、咸陽東郊狼家溝漢惠帝安陵第十一號陪葬墓的從葬溝、江蘇省徐州市

⊙撫琴石俑

⊙說唱俑（東漢）頭戴巾，袒露上身，左臂挾鼓，右手舉槌，左足蹬地，右足上翹，作擊鼓說唱表演，神情幽默風趣。

⊙東漢三人倒立雜技陶俑。顯示出當時雜技不但講究難度，亦有理想的整體造型構思。

獅子山西麓，發現三個有彩繪陶塑兵馬俑的從葬坑。彩繪女侍俑最為典型的是西安姜村竇太后墓從葬坑出土的，有坐式和立式兩種，形象端莊俊美。西漢前期木俑以長沙馬王堆、雲夢大墳頭、江陵鳳凰山漢墓為代表，後期木俑則以江蘇漣雲港雲台、盱眙縣東陽、高郵縣天山出土的為代表。

東漢石俑四川出土較多，陶俑則以河南、河北、四川出土的為代表，青銅雕塑東漢作品，主要以甘肅武威雷台出土的為代表。其中最受人稱讚的陶俑是四川成都天回山出土的說唱俑，面部充滿笑意，表現出一種進入角色的得意神情，一手挾鼓，另一隻手持桴配合說唱節奏下棰擊打，真實地刻劃了說唱者充滿激情的神態和手舞足蹈的忘我境界，從中可以看出他不僅僅說書而且還在唱講，極富戲劇性的神情，堪稱寫實主義傑作。

漢代，尤其是東漢俑像生動地反映了當時的社會面貌，俑像樸拙的風格、奔放的氣勢構成它獨特的藝術魅力，在雕塑史上寫下光輝燦爛的一筆。

文化小事典

銅奔馬

甘肅武威雷台出土的東漢銅奔馬，造型分外精美，構思十分奇巧，它又被人稱為馬踏飛燕，全高三十四．五公分，製作者運用浪漫主義手法，讓一匹飛馳電掣的駿馬三足騰空，另一足踩在展翅飛翔的鳥背上，從側面看輪廓呈倒三角形，動感強烈，生動欲飛，是漢代青銅雕塑的珍品，它的出土顯示了中國古代雕塑家超絕的想像力，精湛的技巧，體現了漢代豪勇進取的精神。

鄭玄 集今古文經學大成

今文經、古文經與讖緯合流，是東漢經學的顯著特點。東漢末年，鄭玄囊括大典，綜合百家，遍注群經，打破今古文界限，完成經學的融合與統一。

鄭玄（西元一二七至二〇〇年），字康成，北海高密（今山東高密）人。精通天文曆算，因博古通今、古文經學而聞名。曾師從東漢著名經學家馬融學習古文經，後來遊學十多年，還鄉時，跟隨他的學徒已達數百人，因黨錮之禍而遭囚禁後，隱居潛修經學，閉門不出。

鄭玄所注經書很多，包括《周易》、《毛詩》、《儀禮》、《周禮》、《禮記》、《論語》、《孝經》，及《尚書大傳》、《周易乾鑿度》、《乾象曆》等，至今完整保存的有《三禮注》和《毛詩箋》，其他多亡佚。

鄭玄注經都博採今古經文，融會貫通，掃除了繁瑣的氣氛和陰陽五行的迷霧，從總體上把握經書的源流，辨析學術，考溯源流，花費了大量精力整理篇帙，條貫篇目，確定編排。為此，他搜求各家學說，仔細考訂異同，進行歸納和判斷，做了許多細緻的工作。注釋詞義時，他廣泛網羅異本，考訂疑說，擇善而從，補脫訂訛，求同存異。他的經注尤其詳盡注釋典章制度、名物訓詁，統一了古、今文經學的諸多爭端。同時，開創了傳注的許多體例，以「讀為」、「讀曰」、「讀如」、「讀若」、「讀當如」、「讀當為」等提示詞語中特定的音義關係，使注釋形式與內容緊密結合。這些體例的開創，成為後世圖書校讎、注釋的典範。鄭玄所注經書，代表了漢代學術的最高成就，被稱為「鄭學」，對後世經學產生了極其深遠的影響。

⊙鄭玄像

除傳注外，鄭玄還著有《天文七政論》、《魯禮禘祫義》、《六藝論》、《毛詩譜》、《駁許慎五經異義》、《答臨孝存周禮難》等。對天文曆算也深有研究，提出一年四季與地在太空中的四遊升降有關的觀點，其元氣之所本始寂然無物亦忽然而自生的觀點，直接影響了魏晉玄學。

「鄭學」注解經學，採取客觀態度，兼取各家之長，不偏執己見，注意事實，以理服人。這種治學精神和方法對後學影響很大。

中國進入瓷器發展時期

漢代陶瓷史上兩項重大的成就，是發明了鉛釉和青瓷。浙江在東漢晚期創造性地燒成了青瓷，是一項了不起的大事，瓷器以新的姿態躍居主導地位，並以浙江作為青瓷的發源地，一直繁榮了一千八百多年，歷久不衰。

青瓷，是在原始瓷的基礎上不斷革新改進，由製陶匠師們辛勤勞動，付出巨大精力，終於使燒窯技術產生質的飛躍。從上虞等東漢瓷窯遺址中出土的青瓷，經科學測定，無論胎釉的化學成分、物理性能、燒成溫度和吸水率、抗彎強度，都已基本符合現代瓷器標準，可以肯定中國瓷器始於東漢晚期。

東漢上虞所燒的青瓷，因為正處於新興階段，器物體制大都和東漢的原始瓷器相似，可以看出它們之間的密切關係。那些青瓷雙繫罐、盤口壺、洗、盤、碗等生活用具，都是東漢所常見的東西，只是釉色比原始瓷更瑩潤，胎質更堅致，製作更進步。如上虞百官鎮出土的水波紋四繫罐，腹部渾圓，上有扁蓋，肩部四橫繫，飾有波浪紋，渾厚樸素中又具有南方秀美的風格，全由曲線構成，柔中有剛，表現了浙江青瓷一開始就以其特有的優點，為中國製瓷工業的發展開闢了康莊大道。

東漢時期，龍窯有了很大發展，浙江上虞等地已經普遍採用這一技術，與戰國相較，東漢龍窯在技術上的進步主要有二：一是窯身加長，二是窯身坡度加大，上虞一號龍窯線長三．九米，全長估計十米左右，窯底的前段傾斜廿八度，後段傾斜廿一度，這兩項技術都有利於提高窯的抽力，並提高生產量。

青瓷燒窯過程約可分為三個階段：即氧化、還原、冷卻。燒成的關鍵是在

⊙東漢水波紋四繫罐。這是中國最早的青瓷，它的脛質、釉色和燒製水準，已達到瓷器的標準。在它之前，是原始瓷階段；在它之後，即進入瓷器發展時期。

⊙東漢布紋四繫罐。越窯早期青瓷產品。

東漢

於控制好後兩個階段的氣氛，青釉瓷以鐵氧化物為著色劑，在氧化性氣氛中，釉中的鐵將大部分轉變為Fe^{+++}，釉色顯黃，在還原性氣氛中，釉中的Fe^{+++}將轉化為Fe^{++}；弱還原焰時，釉色青中泛黃，強還原焰時，呈較深的青色，如若氣氛控制得當，便可得到純正的淡青色。高溫冷卻須控制得當，如若冷卻太慢，便會使鐵發生二次氧化而使釉色泛黃，太快又會產生「驚風」，及至胎壁裂開。東漢晚期一些青釉瓷不但胎質較好，而且釉色純，無流痕，少開片，說明人們已熟練地掌握複雜的青瓷工藝。

⊙黃釉浮雕尊。盛酒器。腹部佈滿浮雕神話故事，有玉兔搗藥、甲冑武士、羿射太陽、牛首人身、神怪飲宴、九尾狐等。造型美觀質樸，雕刻構圖布局嚴謹，紋飾絢麗多彩，具有獨特的藝術裝飾情趣。

文化小事典

漢代陶瓷業進一步發展

印紋硬陶和原始瓷器的製作技術在戰國時期已達到相當的高度，但是到了戰國後期，因吳越為楚國所滅，製瓷業受到嚴重破壞，一直到秦漢之際，原始瓷器才漸漸恢復，再次復興。

漢初的原始瓷大多是鼎、壺、敦、盒之類的禮器，西漢中期發生了顯著變化，仿青銅器製品已漸消失，日常生活用具占主導地位，實用美觀，紋飾也質美簡練。

漢代的陶塑是一門特殊的專業，出土的彩繪俑數量、體積雖不及秦兵馬俑，但也可認為是漢代陶塑中的巨製。

陶製銅器模型在漢代大量流行，倉、奩、井、灶是常見的隨葬品，田宅模型十分豐富，且富有地方特色；北方的豪華樓閣模型巍然矗立、氣派宏偉；南方的城堡模型形式簡樸，富於南方農村生活氣息。

田莊經濟開始發展

⊙漢陶都樹

西元前一五六年至西元前八十七年的西漢武帝時期，新型的農業組織形式——田莊經濟開始出現，它是土地兼併和集中的產物。

據《漢書．灌夫傳》記載，灌夫「家累數千萬，食客日數十百人，波池田園，宗族賓客，為權利橫潁川」，同書《田蚡傳》說田蚡「治宅甲諸第，田園極膏腴」，可見當時的田莊已經具有

⊙莊園農作。東漢時期農業生產的發達，主要表現在牛耕和鐵製農具的普遍使用。牛耕技術從中原推廣到長江、珠江流域以至邊疆地區。圖為東漢墓的壁畫摹本，描述當時莊園的農作情形。

⊙東漢陶水田與貯水池明器

相當的規模。西漢末年，田莊經濟已經成熟，樊重經營的農莊最具典型意義。《水經注．比水注》說他「能治田，殖至三百頃，廣起廬舍，高樓連閣，波陂灌注，竹木成林，六畜放牧，魚贏梨果，檀棘桑麻，閉門成市，兵弩器械，資至百萬，其興工造作，為無窮之功，巧不可言，富擬封君」。樊重的田莊已是一個農、林、牧、副、漁綜合經營的自給自足的經濟體。

東漢時期，統治者對於支持他們奪取並建立政權的豪強地主一直採取優厚和寬容政策，因而為田莊經濟的長期發展提供了更為優越的環境。這時的田莊都是綜合經營的經濟組織。如《四民月令》描述的理想化的田莊，種植的糧食作物、經濟作物以及蔬菜達數十種，養有馬、牛、豬、羊和魚，還有多種多樣的製造、釀造、紡織以及製藥等手工業，甚至還設有小學、大學等教育機構。這時的田莊大都設有私人武裝以看家護院。到東漢末年，由於社會動盪不安，田莊普遍向著武裝化、堡壘化的方向發展，被稱為塢壁、營塹，成為極為重要的軍事力量。

從《四民月令》中可以看出，田莊中的生產及其其他活動的安排都井然有序，勞動根據節令進行，作物根據土質種植。田莊組織在製造和推廣新式農具、增加農業投入、興修水利工程以提高抗禦自然災害的能力方面也表現出極大的優勢。比如，擁有三百頃土地的樊重田莊裡有一個五十平方里的陂塘，可以很好地灌溉土地。近年在四川眉山和成都等地的東漢墓葬中發現的許多陶製的水田模型多是水田與池塘相連，構成灌溉系統，說明東漢田莊的水利事業已經相當發達。

望都漢墓壁畫顯示人物畫的進展

早在原始社會，就有雕刻在岩石上、線條粗獷的人物圖案，是人物畫的雛形。戰國楚墓出土的《人物龍鳳》、《人物馭龍》帛畫是已知最早的獨幅人物畫作品。發展到漢代，人物畫技巧也有進步，發掘於河北望都的東漢晚期（西元一九〇年前後）墓室壁畫，就顯示了人物畫的進展。

望都一號漢墓壁畫集中在前室四壁通往中室的甬道壁面、券頂上。壁上的畫面按內容分為上、下兩部分，上層是廿五個文武官吏像，旁邊的榜書標記出他們的職位。前室北壁墓門兩側為門亭長和寺門卒，分別佩劍和持仗立在門旁；其他有門下吏、辟車伍佰、門下小吏等，他們之中屬武官者短衣著鞋，持杖挺立，屬文官者穿袍戴冠，擁笏呈躬身之狀，好像是墓主的下級屬官。除立像外，有主記吏、主簿兩人坐在榻上，身旁置文書工具。甬道兩邊壁上各畫一組侍從向文官跪拜像。壁畫下層是九幅祥瑞圖。

⊙望都漢墓壁畫題記

望都二號漢墓的形制與一號墓相同，但規模約大一倍。壁畫分布在兩個前室壁上，因墓壁殘塌，保存的畫面僅幾個人物，造型及描繪風格也與一號墓壁畫相同，大概同出於一種當時流行的壁畫粉本。

人物畫往往能直接反映社會現實、政治、哲學、宗教、道德、文藝等社會意識，從望都漢墓壁畫的內容和布局意向來看，是在誇耀墓主生前的地位並包含著墓主死後升「天界」的寓意，表達了當時人們的升仙渴望，一種誇飾的時代風尚。

望都漢墓壁畫以白為底色，物像造型以線條為主，勾勒的線條流暢而富有彈性，粗線則連勾帶染，組成人物醒目的衣褶。在形象的處理上，採用了四分之三的側面造型，使動態與臉部神情都表現得簡潔而充分。這種不加背景的單個人物具有肖像畫的性質，較寫實地刻劃出不同人物的身分與形貌特點。這兩墓壁畫都以墨線勾勒、平塗施色的傳統技法為主，兼採用渲染法以表現明暗的繪畫手法，使人物形象灑脫、生動、傳神，具有獨特的風格，反映出當時繪畫藝術已達到了新的高度，並且預示出魏晉以後人物畫將有更大的進展。

牟子《理惑論》傳播佛教思想

東漢末年，儒家獨尊地位已開始動搖，佛、道二教因解脫禁錮而得以迅速發展，與中國傳統文化分屬不同體系的印度佛教，傳入中國以後，因價值取向的不同，必須在儒道二教的夾縫謀求生存和發展，牟子的《理惑論》是第一部由中國人撰寫來傳播佛教思想的著作，體現了這一時代特點。

《理惑論》約成書於漢獻帝初年（西元一九〇年至一九三年），因作者名而又稱為《牟子》，主旨是宣揚佛教思想。作為中國學者撰寫的佛教著作，他對中國傳統文化包括儒、道二家的思想十分熟悉，為了確立佛教的地位，他力圖找出佛教與儒、道二家思想的某些相通之處，以此切入中國意識形態領域。雖為傳播佛教思想，卻沒有將自己的教義與儒、道對立起來，而是尋找其思想的共同處。牟子認為佛教是當時流行的道術中的一種，與道家學派一樣，在九十六種道術中，居於最尊貴的地位。在《理惑論》中，牟子多引用《老子》、《論語》、《孝經》書中的話以論證佛法教義的合理性。它運用問答體

⊙東漢佛像陶插座。上部作圓柱狀，下為礎，中空。柱表浮雕一佛、二協侍。佛有高肉髻，著通肩式寬衣。礎表浮雕龍虎奪璧，是中國早期佛教造像的珍貴遺物。

的形式，回答了當時對佛教的種種疑問和責難，為佛教極力辯護。有人批評佛教出家修行違背儒家的忠君原則，違背孝道。牟子卻認為兩者並不悖離，只是側重點有所不同，像「金」和「玉」不互相傷害一樣。書中批駁了道教神仙思想，傳揚佛教的「神不滅」思想，對「佛道」的解釋卻又與老子的「恬淡無為」思想相契合，認為「佛道」最終也「歸於無為」，如此佛和老子的志向在「無為」這一點上達成共識。

無疑，《理惑論》最先體現了由漢代儒家獨尊向儒道釋三教並存轉換，它是漢末三教激烈鬥爭中對佛教教義的重新闡釋，體現了佛教徒企圖把佛教與中國傳統的儒家和道家思想調和的目的，表現了漢末佛教在中國流傳的特點，為謀求佛教在中國的生存和發展做出了有益嘗試。同時，這部劃時代的著作拉開了三教在理論上，漫長的論爭和交融的序幕。

百煉鋼出現

漢章帝時（西元七十六至八十八年）有「五十煉」鋼劍，劍正面隸書錯金銘文「建初二年（西元七七年）蜀郡西工官王愔造五十煉□□□孫劍□」廿一字。經金相考察，此劍係以炒鋼為原料，經反覆加熱鍛製而成。真正有「百煉」出現，始自建安年間（西元一九六至二二〇年）發出的《內誡令》，稱「百煉利器」。曹植《寶刀賦》中贊這種「利器」能「陸折犀革，水斷龍舟」。同時期的蜀漢蒲元鑄刀五千，砍竹筒「如斷芻草，應手虛落」；孫權有寶刀即名「百煉」。可見東漢末年，百煉鋼工藝已產生，並發揮了它在軍事領域中的神威。所謂「百煉」，即千錘百煉，它以炒鋼為原料，在高溫下反覆折疊鍛打，或用數種成分不同的原料反覆疊鍛而成。據北宋沈括《夢溪筆談》載，百煉鋼的中心環節就是「鍛之百餘火」，使鋼組織緻密，成分均勻，夾雜物細化，柔韌鋒利，大大提高品質。除

⊙東漢銅出行車馬儀仗

去「百煉」外，古代還有「五十煉」、「三十煉」、「七十二煉」、「九煉」之鋼。經對文物的初步研究，得知五十煉鋼劍的高低碳層共五十至六十層，可推知煉數大至相當於反覆折疊鍛打後最後的層數。百煉鋼是在塊煉滲碳鋼的基礎上發展起來的，隨著炒鋼技術的出現和發展，以炒鋼和熟鐵為原料的百煉工藝進入成熟階段，直至明清這種工藝仍在使用。它是煉鋼史上一次大革命，極大改進了軍事武器以及生產工具。

名法思想興起

東漢末年，讖緯神學思想逐漸衰落，儒家神學的獨尊地位徹底喪失，其作為維繫社會和人心的功能已不復存在，為世家大族所壟斷的人才察舉制度，引起了各階層人們的極度不滿。一些士大夫從被漢武帝罷黜的先秦諸子學說中，尋出了名家和法家的思想學說，名法思想隨之興起。

⊙漢雲南少數民族貴族服裝鎏金獲俘扣飾

名家和法家之所以能復興，乃是因為名家考核名實，知人善任，法家講求「循名責實」，即如何發現人才和使用人才，從而將封建法治緊密聯繫起來，正適應了曹魏政權抑制豪強和大力選拔寒門庶族人才以鞏固其在北方建立的統治需要，曹操提出的「唯才是舉」的人才選拔標準，名家和法家的復興與此如出一脈。

曹魏政權是透過統一北方並與豪門世族的分裂割據勢力鬥爭而建立起來的，為了打擊這些豪強勢力，曹操推行了一些進步的政治措施，他主張法治，抑制和打擊地方豪強和世族官僚，並根據法家「信賞必罰」、選賢任能的原則整頓吏治，以唯才是舉作為選拔和考核官吏的標準，徹底打破了儒家名教觀念和豪門世族壟斷政治的局面，經他三次「求賢」，凡是有治國統兵才能的人，不拘門第高低貴賤，一律委以重任，而且繼承了法家商鞅的耕戰思想，他獎勵耕戰，推行屯田制，解決了糧餉問題，這一系列措施都是先秦法家思想的承襲。曹操的軍事思想也多源之於先秦法家和兵家。他以法治軍，賞罰分明，且制度健全，堅持樸素唯物主義和辯證法思想，充分重視和發揮人的主觀能動作用和客觀條件的作用，絕不迷信，在對敵我雙方形勢客觀判斷的前提下，因勢利導，把握勝利的契機，創造了「官渡之戰」這樣以少勝多的著名戰例。然而曹操並非完全繼承先秦法家，在「刑」和「禮」的關係上，他能根據所處的形勢而各有側重，根據需要來確定先後順序。在所謂撥亂反正時期以刑為先，而在治定之世則應以禮為主，軟硬兼施，交相使用，才能維護統治者的利益。

諸葛亮也是位傑出的政治家、軍事家，在軍事上和治理內政方面採取的措施與曹操極為相似，也奉行法治。這些治國治軍的方略，在漢末魏初的動亂年代確實達到了維繫社會和人心的重要作用，同時又為魏晉玄學思潮的興起，以及品評人物的清談之風提供了某些思想準備。

《傷寒論》

張仲景（二至三世紀），即張機，漢代醫學家，南陽郡涅陽（今河南南陽）人，年少時跟隨同郡張伯祖學醫，曾任長沙太守。東漢末年，瘟疫流行，張氏宗族的二百多人在不到十年時間就死去三分之二，其中大部分死於傷寒發熱。張仲景悲憤之餘，發憤讀書，刻苦鑽研《內經》、《陰陽大論》等古典醫藥書籍，總結東漢以前眾多醫家和自身的臨床經驗，於東漢末年撰成了《傷寒雜病論》這部劃時代的臨床醫學巨著。《傷寒論》即是《傷寒雜病論》的組成部分之一。

《傷寒論》共十卷，是一部以論述傷寒熱病為主的中醫臨床經典著作。張仲景在《傷寒論》中，綜合分析其發病因素、臨床症狀、治療過程及癒後

⊙張仲景墓，在河南南陽張仲景故鄉。

等問題，提出了六經辨證的學說，即按熱性病發病初、中、末期不同的臨床表現和不同治療的反應與結果，分為辨太陽病、辨陽明病、辨少陽病、辨太陰病、辨少陰病、辨厥陰病脈證並治，以

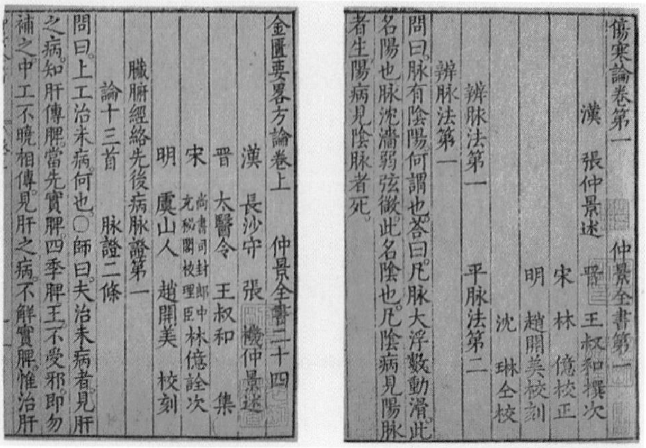
傷寒論卷第一　仲景全書第一
漢　張仲景述　晉　王叔和撰次
宋　林　億校正
明　趙開美校刻
沈　琳仝校
辨脈法第一　平脈法第二
辨脈法第一
問曰脉有陰陽何謂也荅曰凡脉大浮數動滑此名陽也脉沈濇弱弦微此名陰也凡陰病見陽脉者生陽病見陰脉者死

金匱要畧方論卷上　仲景全書二十四
漢　長沙守　張　機仲景述
晉　太醫令　王叔和　集
宋　尚書司封郎中充秘閣校理臣　林億詮次
明　虞山人　趙開美　校刻
臟腑經絡先後病脉證第一
論十三首　脉證二條
問曰上工治未病何也師曰夫治未病者見肝之病知肝傳脾當先實脾四季脾王不受邪即勿補之中工不曉相傳見肝之病不解實脾惟治肝

⊙《金匱要略》與《傷寒論》書影

及「平脈法」、「辨脈法」、「傷寒例」、辨痙濕暍、辨霍亂病、辨陰陽易差後勞複脈證並治。

在診斷上，張仲景「勤求古訓，博採眾云」，採用「望、聞、問、切『四診』」和「陰、陽、表、裡、虛、實、寒、熱『八綱』」，對傷寒各種證型、各階段的辨脈、審證大法和用藥規律，以條文形式全面的說明和分析。這種辨證思路、方法和治療法則，就是人們常說的「辨證論治」，成為後世治療過程中必須遵循的診治原則，體現了中醫學所具有的獨特而完整的醫療體系。

全書以六經辨證為綱，方劑辨證為法。按汗、吐、下、和、溫、清、補、消「八法」，結合《內經》有關正治、反治、異病同治、同病異治的各種治療法則，包括了三九七法、一一三方。其中方劑有柴胡湯、桂枝湯、理中丸、麻黃湯等，並說明了各方劑藥物的組成、用法及主治病證。這些方劑經過驗證，效果顯著，為中醫方劑治療提供了變化、發展的基礎。

《傷寒論》雖主要論述傷寒證治，但貫穿書中的「辨證論治」思想及六經大法，對於各科臨床診治均有指導意義。

原書《傷寒雜病論》撰成後，因戰亂散佚，後經晉代王叔和整理，北宋治平二年（西元一〇六五年）再經校訂，編纂成當時《傷寒論》。自宋以來，注釋和研究《傷寒論》的著作不勝枚舉（六百種左右）。而外國對張仲景的研究也很深入，論著頗多。張仲景的方劑被推為「經方」，稱之為「眾方之祖」，也被尊為「醫聖」。

⊙東漢龍形金片飾

外科鼻祖——華佗

華佗，又名敷，字元化，今安徽亳縣人，是東漢後期著名醫學家，傳說他年且百歲猶有壯容。擅長內、外、婦、兒、針灸各科，尤精於外科。

他首創開腹術，為後代醫家譽為「外科鼻祖」。《後漢書．華佗傳》載，如果疾病發結於內，針灸藥物無法治療，華佗就讓病人以酒服「麻沸散」，等病人全身麻醉，毫無知覺後，「刳破腹背，割除病結」；如果病在腸胃，就把腸胃切斷，沖洗，清除積穢，然後再縫合，敷上「神膏」，四、五日後，創口便能癒合，一月之間病人就能完全恢復。這種在全身麻醉情下的腹腔腫瘤摘除和腸胃部分切除吻合術，今天做來也不簡易，而一千七百多年前的華佗能熟練精巧地完成，並能與現代無菌手術的癒合期有著一致的效果，不能不謂神絕。在其影響和啟發下，中國後世醫家研究麻醉散有不少成果，如宋代竇材用「睡聖散」作為灸治前的麻醉藥。《世界醫學史》的作者西歐魯氏說：「阿拉伯醫家用一種吸入的麻醉劑，恐從中國人學來，稱為中國希波克拉底的華佗，很精此技術。」可見其影響深遠。

⊙華佗像

華佗本人的著作未傳世，傳本華佗《中藏經》為後人托名所作。

文化小事典

五禽戲

五禽戲，也叫五禽氣功、五禽操、百步汗戲，是東漢華佗在運動實踐中創編的成套導行健身術。因模仿虎、鹿、熊、猿、鳥五種禽獸的神態和動作而得名。

華佗所創五禽戲的具體動作早已失傳，六朝陶弘景在《養生延命錄》中所輯《五禽戲訣》可能與原來的動作差距不大。

五禽戲五種類型動作的作用各不相同，一般來說，虎勢能使身體強健，加強肌腱、骨骼、腰髖關節功能；鹿勢能引伸筋脈，益腰腎，增進行走能力；猿勢能使腦筋靈活，記憶增強，發展靈敏性，開闊心胸；熊勢能增強脾胃功能，增強力量；鶴勢能加強肺呼吸功能，提高平衡能力。練五禽戲不僅要求形似，而且要求神似，要做到心靜體鬆，動靜相兼，剛柔並濟，以意引氣，氣貫全身，以氣養神，精足氣通，氣足生精。五禽戲以中醫理論為基礎，以人的生理特徵為依據，運用五行、臟象、氣血、經絡等學說來解釋它的作用。它在中國運動史、氣功史上有極重要的意義。

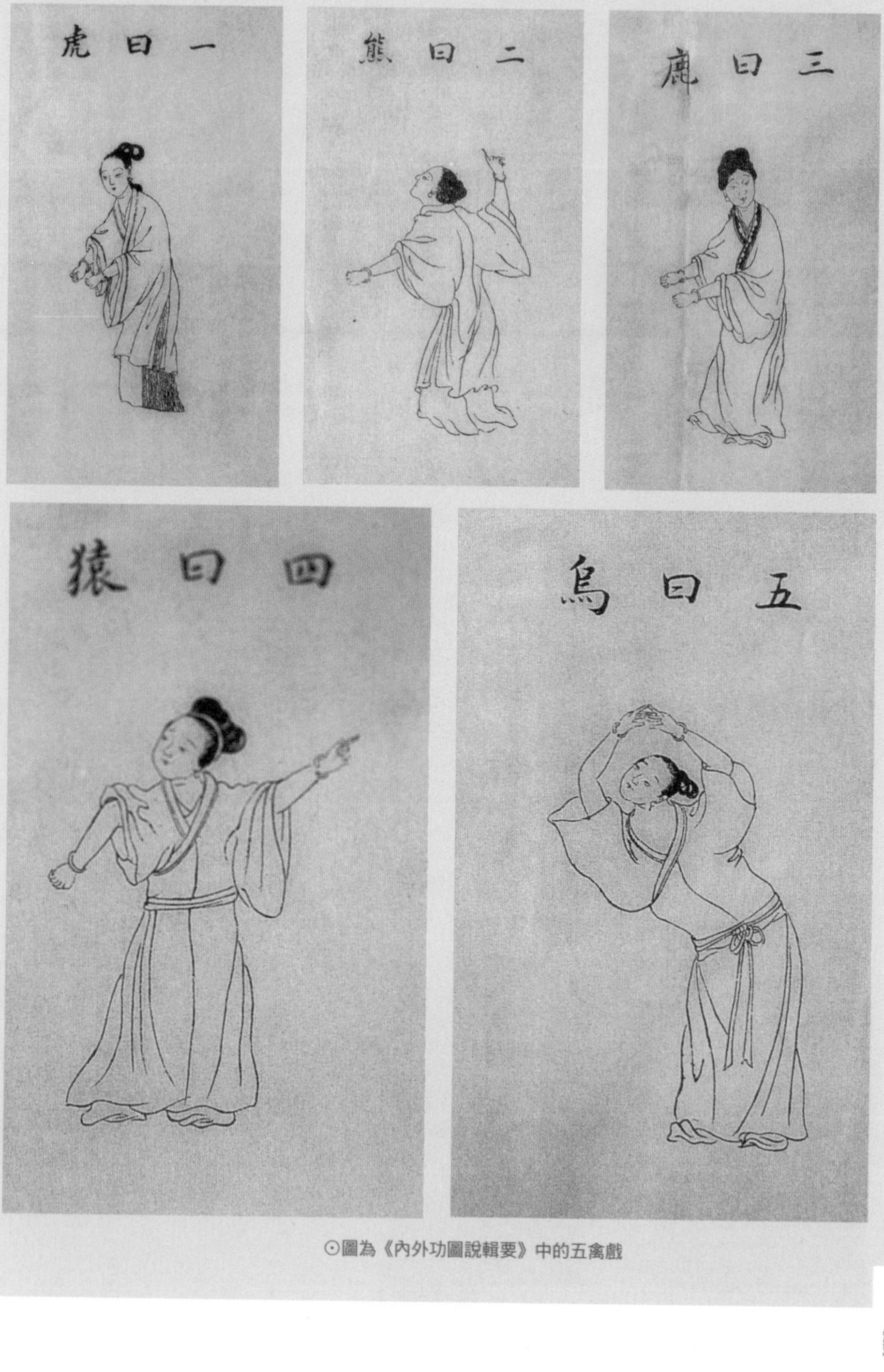

⊙圖為《內外功圖說輯要》中的五禽戲

鎮墓石刻流行

兩漢時期，政權相對穩固，經濟蓬勃發展，為文化、藝術的發展奠定了堅實的物質基礎。讖緯神學的盛行，使漢人形成了完整的生死觀，並在喪葬習俗上表現出來，漢代鎮墓石刻的流行就是這種現象的反映。

漢人認為「事生如事死」，在這一思想的影響和主導下，盛行厚葬，陵墓作為人死後永久棲宿的場所，其營造受到極大的重視，甚至傾注了大量的人力財力。墳壟的表面飾物——鎮墓石刻也顯得十分繁多且異常華麗，足以標示這一時期石雕藝術的最高成就。

留存至今的一組大型西漢鎮墓石刻是漢驃騎將軍霍去病墓石刻，該墓地由漢武帝親自選定，石刻由少府屬府「左司空」署內的優秀石匠於元狩年間雕造。在花岡石上運用循石造型的藝術手法，巧妙地融會了圓雕、浮雕、線刻等技法，刻劃形象恰到好處，善於把握客體特徵，無過多雕鏤，使整個作品具有整體感和力度感，風格古樸渾厚，沉雄博大，是漢代石刻的傑出代表。整個雕塑群以「立馬」為主體，以象徵霍去病的威武軒昂形象和橫掃一切侵擾者的氣勢，錯置於墓塚周圍的各種石刻動物，烘托出霍去病艱苦的戰鬥生涯，主題思想一目了然，淺顯明確，其表現手法含蓄深刻、耐人尋味。在「立馬」身上，既有悲壯肅穆的氣氛，又有嚴厲的警告，是思想性和藝術性完美統一的典範，代表了西漢紀念碑雕石刻最高成就。

據唐人封演著《封氏聞見記》載：帝王陵前放置石麒麟、石辟邪、石象、石馬，臣僚墓前放置石羊、石虎、石人、石柱。這些石刻在東漢陵墓多有發現，它們分布於山東、河南、四川、陝西等廣大地區。一般刻有銘文，有比較詳細的紀年，由中國故宮博物院收藏，出土於山東臨沂縣石羊嶺的一對東漢石

⊙天祿石獸

⊙東漢石辟邪。辟邪身若虎豹，頭類獅子，嘴大牙銳，頭生雙角，下頷一束捲鬚，身生雙翼，做昂首怒吼狀。

羊，刻有「永和五年」（西元一四〇年）「孝子孫侯」、「孫仲喬所作羊」的銘文，可以清晰地對其加以考證。有些銘文還記載著一些有關墓主人神奇色彩的傳說，如葬於陝西華陰縣的楊震，死於延和三年，葬前十多天，有高達一丈多的大鳥在墓地盤旋悲鳴，葬後才飛去，因此人們做了鳥像安放在墓前。

關於石刻的文化意義雖不太明確，但仍依稀可以考查，有些殘存的獸身上刻有「天祿」、「辟邪」字樣，同為獸名，最早見於文獻記載的，是現藏河南南陽博物館的東漢御史中丞汝南太守宗資墓前的一對石獸，《後漢書．靈帝紀》天祿條明確地記載了它，並斷定所刻「天祿」、「辟邪」為獸名。歐陽修在《六一題跋》中也記載了他所親見的這對石獸。有鑒於此，後人就把肩生雙翼的石獸稱為天祿和辟邪。宗資墓的兩獸軀體修長，臀部蹶起，周身滿布卷雲紋，做即將騰空飛躍的姿勢，引而待發，活力內蘊。這種帶翼石獸在《山海經》中已有記載，戰國出土的銅獸也有這種造型，他們在造型特徵、神異幻想色彩方面都表現出近似的風格，表明在中國通西域之前早已存於國人的想像中。至於石獅，當以姜公祠前楊君墓石獅最見特點，該墓位於四川廬山境內，在東漢延光元年（西元一二二年）至靈帝中平六年（西元一八九年）有太守楊統曾在此任職，出土的殘碑額中有「楊君之銘」，所以命名為楊君墓石獅。這石獅造型方中有圓，四肢粗壯凝重，體態雄健渾厚，昂首張口，挺胸翹尾，氣宇軒昂，動靜相濟，剛柔並健，飽藏著充沛的活力，是東漢鎮墓石獅的傑出代表。這類石獅遺存很多，規格各異，有的還標明了價值。

除了大型石獸遺存以外，還有少量東漢人形石雕，造型也顯得樸拙。山東曲阜孔廟前的兩石人，原存縣城東南張曲村魯王墓前，雕於桓帝年間（西元一四七至一六一年），石人身上分別刻有「漢故樂安太守君亭長」和「府門之卒」的字樣，可能是墓主人的親隨侍衛官和親兵，其造型矮而粗壯，神態端莊肅穆。

總括這些情況，可以完整地看出兩漢期間鎮墓石刻十分流行，且顯示出了精湛的雕塑藝術水準，這些對於考溯中國的文化史、藝術史和喪葬風俗史具有十分重要的價值。

煉丹術興起

早在西元前三世紀，中國就出現了煉丹活動，西漢時期煉丹術正式興起並迅速繁盛，東漢末年煉丹術已趨於成熟。

煉丹術是道教修煉方術，它用爐鼎燒鉛、汞等礦石（或摻和草術藥）以製「長生不死」的丹藥，它以丹砂為主要原料，因而稱為煉丹術，因方士們聲稱服食後可以成仙，煉成的丹藥可以變成黃金，所以又被稱為仙丹術、煉金術等。在煉丹家看來，丹砂和黃金、水銀等是可以透過鍛煉而相互轉化的，這種經過鍛煉而得到的黃金可以達到使人長生不老的神奇效果。方士們的遊說，使漢初一些帝王和官僚深信不疑，煉丹的爐火從此燃燒起來。

西漢元光二年（西元前一三三年），方士李少君請武帝「祀灶」「致物」，化丹砂為黃金以便服食，得到漢武帝的支持和回應。淮南王劉安養賓客方士數千人，寫了二十多萬字的討論神仙方術的著作，其《三十六水法》，據說可以化黃金為水漿，服食後便可長生。西漢末或東漢初成書的《黃帝九鼎神丹經訣》記載了九種神丹大藥的藥方和煉法。東漢魏伯陽的《周易參同契》是世界上現存最早的煉丹術理論著作，

⊙東漢彩虹鼎。彩虹鼎是東漢時期煉丹術使用的一種設備。

其中說到當時煉丹家《火記》六百篇，可見當時火法煉丹相當普遍，而且積累了大量經驗。這時，方士們的神仙思想已發展為道教，隨著它的發展，煉丹的風氣已深入民間，而且成為方士們「修仙」的一種重要手段。煉丹所用的原料很多，僅礦石類藥物就有六、七十種，除丹砂外，還有雄黃、雌黃、石留黃、曾青、礬石、磁、戎鹽，合稱八石，燒煉方法有煆、煉、炙、溶、抽、飛、伏等。煉丹被視為一種神授之術，丹房一般設在人跡罕至的深山密林中，並有一套神秘的儀式和眾多的禁忌。

煉丹術興起以後，透過長期實踐，客觀上卻發現了許多化學現象，並製備了一些化合物，為中國藥物學和古化學的發展做出了積極的貢獻。

漢代民居豐富多彩

兩漢時期國力強盛，人民生活也相對穩定，皇家宮苑，貴族宅第被大量興建，推動了民居的發展，由於生活水準、等級制度等條件的限制，使漢代民居呈現出豐富多彩的特色。

⊙銅屋

據文獻記載，漢代修建房屋有嚴格的等級制度，列侯公卿及食祿萬戶以上的住宅稱「第」或「宅」，第宅的大門可以直接開向大街，出入不受里門開閉的限制。這些第宅一般建築有前後堂，仿周代的前堂後寢的體制，在中軸線上佈置前後堂及大門等三、四進以上的建築，前後有數重院落，大門能通馬車，有屋頂；門旁有房間可留賓客，稱門「廡」；進門有院，對門的正房是「前堂」，前堂內分隔出「室」和「廂」等房間，堂上有的設有天花，稱為「承塵」；前堂是整個第宅的主要建築，體形高大，有東、西階。有一道橫牆使之與後院分開，橫牆中開一門，叫「中」。穿過中便進入了「後堂」，後堂有階、軒，有些還有樓，最後開有後門，稱為「後閣」。在中軸線左右有院牆，在牆內設廊一周，稱「兩廡」，使後堂和門廡相接，形成一封閉的數重院落的建築群，這些是供戶主使用的主要建築，此外，還包括有廚、倉、庫、廄及眾多奴僕的住處，一般規模宏大，按軸線布局，彷彿是皇宮建築組合的縮影。

由於土地兼併嚴重，大量的土地日益集中至豪強手中，豪強生活十分奢華，他們往往聚族而居，家庭成員連同奴僕，一般達數百人，其住宅規模也很大，西漢駙馬都尉董賢的第宅有三重院落，還認為太小。東漢安帝為其乳母建造的第宅，占地兩個坊里，內部裝飾極盡華麗。從四川德陽、成都等地出土的畫像磚可以看出，這些豪強貴族的住宅在體制和格局上也與宮苑建築相仿，只

⊙漢代紅陶城堡房屋

是規模有所區別，但一般都有庭院，種植了一些樹木，環境優美，生活氣息卻濃厚得多。鄉下貴族第宅還建有花園，農村豪強築有城堡，稱塢壁。即以第宅為中心，四周築有高牆，四角建角樓，具有防禦功能，反映了地主豪強擁有私人武裝這個社會現實。如廣州、甘肅武威都出土過明器塢堡，但現實的塢堡比這些形象資料規模宏大，結構也複雜得多。

漢代城市下層居民被限制在里閭中，房屋被稱為舍，基本形式為一堂二室，其平面一般為方形或長方形，多數採用木構架結構，夯土牆。廣東出土的漢明器中，有三合式住宅、曲尺形住宅，從四川成都畫像磚的庭院等看，它們由主房、廚房、廁所、圈房等建築及廊廡、圍牆等組成，各自經濟條件不同，房屋體制區別很大。貧民住所卻多為板房、茅屋，甚至仍為穴居，這些住所粗糙簡陋，僅能勉強躲避風雨，處於半穴居狀況的農民還占居相當數量。

總之，漢代土地兼併，經濟發展，使得部分富豪生活十分奢華，農民、手工業者卻紛紛破產，生活條件差異極大，住宅也顯得豐富多彩，尖銳的階級對立從而可見一斑。

⊙彩繪陶倉樓。東漢明器，倉樓模型。

⊙陶廁、豬圈。漢代明器。圖中建築物四周圍壁，兩側高台上築廁所兩間；高台下，圍壁內為豬圈。圈內有母豬育仔模型及豬食槽。廁所的修建、牲畜的圈養，充分反映了當時人們對農事與環境衛生的重視。

漆器工藝衰微

東漢時期，漆工藝進入衰微階段。在此期間墓葬出土的漆器比西漢顯著減少，並且品質有所下降，只有少數精緻之品。

影響漆工藝在東漢衰微的主要因素是瓷器的興起。瓷器與漆器相比，更加容易製造而且比較實用，瓷工藝的崛起改變了人們的一些生活習慣，迅速成為生活的必需品。日常生活的變化必然導致喪葬習俗的變化，所以東漢墓中漆器減少，有些規模不小的墓只發現兩、三件漆工藝品。另外，西漢末年社會的動盪變化也是漆工藝在東漢衰微的一個原因。

東漢漆器值得列舉的只有少數幾件實物。如廣州龍生崗古墓出土的東漢初期漆器殘片，有雲中翔鶴或奔獸等精美的漆繪。江蘇邗江甘泉二號漢墓出土的一件十子奩，鑲金銅箍，嵌水珠或琥珀珠，並有針刻圖案紋飾，小盒底以銅葉作胎，以減少重量增加盒的容量，在設計方面有創新。東漢後期葬墓出土的漆器比前期更少，比較精美的只有一件鎏金錯銀銅扣漆尊，尊為筒身、平底、三面獸紋飾蹄足，在甘肅武威雷台漢墓出土。

⊙東漢彩篋繪孝子故事圖

從考古發掘的情況可以看出，東漢中期以後官營漆器製造業已經衰落。儘管東漢墓也有少數精緻漆器出土，說明髹飾工藝在東漢時期仍有發展，但從總的形勢來看，漆工藝在此期間已經衰微。

冶金技術蓬勃發展

兩漢時期，鋼鐵技術突飛猛進，集中體現在具有一定規模的冶鐵豎爐成批建立，炒鋼、灌鋼和百煉鋼的發明，以及兩步冶煉的基本體系初步形成。有色金屬（銅、黃金、白銀等）冶煉和加工技術有了較大提高，突出的成就是膽水煉銅法的出現，黃金、白銀的大量使用。層疊鑄造、金型鑄造等鑄造技術有了進一步發展。熱處理技術上，鑄鐵可鍛化退火技術更為純熟，鋼和青銅的淬

⊙漢銅羽人

火技術已相當普及。金屬表面的鍍錫、鑲嵌、鍍金銀、拋光以及表面滲碳等表面加工處理技術也有較大發展。

冶煉技術方面，西漢中晚期至東漢初期的冶鑄鐵作坊已具備成套的冶鑄鐵設備，多座煉鐵豎爐、烘範窯、長方形排窯、廢鐵坑，以及配套的炒鋼爐、鍛爐、退火爐、配料坑等。另外還有鐵料、熔爐耐火材料、鐵範、泥範、鼓風管、礦石、木炭等生產資料。煉鐵豎爐一般呈直筒形或橢圓形，爐缸平面有圓形、橢圓形、長方形等種類，大的容積可達五〇．三米左右。冶鐵原料礦石主要是赤鐵礦、褐鐵礦等，需經嚴格篩選才能入爐。燃料主要是硬質木炭，其次還有煤炭，它們在陶質風管及至東漢初年杜詩發明的水排等鼓風裝置的協配下，燃燒充分，所達溫度足夠需要。生鐵品種以白口鐵為主，麻口鐵次之，而且主要用於直鑄器的基礎上，灰口鐵明顯增加，並增加了作炒鋼用原料和直接脫碳退火原料的用途，進步很大，這些都反映出漢代煉鐵技術的先進水準。而歐洲生鐵冶煉技術大約是十四世紀才發明出來，橢圓形高爐的使用更是十九世紀中葉的事，晚於中國一千八百多年。

漢代以前，製鋼是在固態下進行，不僅滲碳過程進行緩慢，而且產品含碳量往往較低，夾雜較多，極大地限制了鋼的使用數量和範圍。西漢中晚期，出現了在液態、半液態下進行的炒鋼技術，氧化脫碳較快，生產率較高，產品

⊙東漢騎馬銅人

⊙虎牛祭盤。西漢時期滇人祭器。主體為一立牛，設計巧妙，造型奇異，形象生動，顯示了匠師的豐富想像力和高超的藝術創造水準。

品質也較好，它的發明滿足了社會對可鍛鐵的需求，使兵器、農具重大改觀；稍後百煉鋼發明，對炒鋼進一步加工鍛打，彌補了炒鋼渣鐵分離和成分控制較難的不足，產生了大量削鐵如泥、鋒利無比的寶刀、寶劍。東漢晚期，發明的灌鋼技術也在半液態下進行，比炒鋼的氧化反應更劇烈，去渣能力較強，成分較易控制，得到的鋼製產品夾雜少，含碳量較高，主要用來製作刀劍器的刃部，被譽為「後世平爐煉鋼法的先聲」。東漢時期的坩堝鋼，基體為珠光體，晶粒間界上分布有許多網狀滲碳體、磷共晶和部分氧化物，碳分布均勻，含碳量達百分之一．二一，可見，坩堝鋼的技術水準已經很高。

漢代銅業仍很發達，冶銅技術上又有嶄新的突破。銅器以實用為主，有容器、錢幣、銅鏡以及部分兵器、車馬器等，考古發現頗多，可知當時銅業仍較興盛。在冶銅技術上，火法冶煉中使用了硫化礦，品質提高；對鐵和膽水中的銅的置換作用有了初步認識，為日後大規模的膽水煉銅奠定了基礎；還發明一種叫「偽黃金」的新型銅合金。

鑄造技術方面，西漢時期，石型、泥型、疊鑄、熔模、金型等鑄造工藝更為純熟，而且鑄造內容從以鑄銅為主轉到了以鑄鐵為主。其中化鐵爐技術進步很快，爐體使用弧形耐火磚砌造，外敷草拌泥，內搪爐襯；爐底空心，建築在一個透空支座上，支座下設十五個左右支柱，這些對於爐缸防潮、保溫都具有重要意義。而且可能已使用了換熱式送風裝置。這一時期還出現了「十煉」、「三十煉」、「百煉」等銅精煉技術，將銅在液態下反覆精煉，達到進一步去除夾雜的目的。此外，漢代黃金工藝也有百煉之說。

熱處理技術方面，鑄鐵可鍛化退火的熱處理技術在兩漢時期逐漸成熟起來，體現在：退火石墨多較規整，

⊙漢透雕銅牌飾。這件長方形透雕牌飾，左為茂盛的樹一株，樹下佇立一馬，正在低頭吃草，生動自然。雖然沒有著意刻劃馬的細部特徵，但馬的神態逼真。這種牌飾屬匈奴的藝術。

呈典型的團絮狀，分布亦較均勻，其中石墨球化得更為規整，具有明顯的核心和放射結構，與現代球墨鑄鐵國家標準一類A級相當，真是冶金史上極為罕見的奇跡。

西漢時，由於製鋼術以及刀劍工藝的迅速發展，發明於春秋晚期的鋼的淬火技術迅速推廣開來。西漢初年中山靖王劉勝的佩劍和錯金書刀只在刃部進行局部淬火，脊部組織仍只有珠光體和鐵素體，使得刀劍既具有鋒利的刃部，又有柔韌的脊部，性能優越，充分展現了淬火技術的精良。秦漢之時，由於青銅刃器的減少，青銅淬火工藝主要使用於銅鏡、銅鑼、銅鈸的加工上，以提高銅的強度和塑性，降低硬脆性。

表面加工處理技術方面，冶金的表面加工處理技術可把整個金屬器物打扮得五光十色，光彩四溢。其中的鍍錫工藝雖因銅器使用範圍縮小受到不少影響，但仍不斷發展，並在銅鏡工藝中昇華。銅鏡表面塗一層錫汞齊，再經驅汞、研光，「鬚眉微毫可得而察」。成熟於漢代的鍍金銀技術應用範圍很廣，容器、車馬器、建築構件、兵器、生活日用器等都可外鍍金銀。漢代繼續沿用出現於商、發展於東周的鑲嵌和錯磨工藝。鑲嵌多用於玉石類，錯磨工藝則是在鑄出或鏤刻好的嵌槽中，或鑲入金屬絲片狀物，或澆入金屬液體，或塗布汞齊，最後錯磨以平。其中著名的如滿城漢墓出土的鳥篆文錯金銀銅壺、錯金博山爐等，具有極高的藝術價值。

秦漢壁畫興盛

先秦以前的上古繪畫，據史書記載，原以實用為目的，多數作為裝飾之用而附麗於工藝品或作壁畫於建築物上。秦代沿襲著這些傳統，到了漢代，宮室壁畫的題材和技術，都在秦代的基礎上有了很大的發展；而且漢王朝國力雄厚，為繪畫藝術的繁榮和發展提供了有利條件，壁畫盛行，保存較多較完全的是墓室壁畫。

秦始皇併呑六國統一中原，將六國不同風格的壁畫技藝彙集於都城咸陽，促進了壁畫藝術的交流和發展。他集天下財力興建的阿房宮，其中的壁畫自然更加壯觀華美，可惜秦亡後毀於戰火蕩然無存。但是，在發掘秦都咸陽宮殿遺址時發現有珍貴的壁畫遺跡，雖然畫面大多都已剝離不全，但仍有某些保留，

⊙東漢君車出行壁畫。場面宏大，生動地再現了墓主人出行的盛況。

⊙東漢帳中人物壁畫

上面原繪的彩色壁畫尚清晰可見，使人得以窺知秦宮壁畫的真貌。以保存較好的東壁第四間為例，畫出自南向北行駛的駟馬車三輛，構圖上下錯落，道路兩側用褐彩畫有兩株塔形樹冠的松樹，整幅圖下面有黑彩繪的幾何紋邊飾。所有的馬都畫成向前奔馳的狀態；馬車基本採取正側面的剪影式構圖，馬匹的前後關係僅能用上下平列表示，技法粗放，細部刻劃不足，顯示出早期壁畫的渾厚風格。因為這不是主要宮殿的壁畫，而只是廊道裝飾，無論從題材和技法都不足以代表秦代壁畫的最佳水準，但它是目前已發現的宮室壁畫中年代最早的實例。

漢代宮室壁畫缺乏實物資料，從古代史籍中的有關記述可以瞭解到：它較之秦壁畫有很大進步，題材頗為廣泛，從神話傳說、歷代帝王到歷史人物、烈士貞女無所不包，技法也趨於多樣化，所謂「圖畫天地、種類群生，雜物奇怪，山神海靈。寫載其狀，托之丹青，千變萬化，事各繆形，隨色象類，曲得其情」（東漢王延壽《魯靈光殿賦》）。目前所能見到的漢代壁畫是經考古發掘的墓室壁畫。

墓室壁畫最早可見於西周，在西漢興起，東漢時大為流行。漢墓壁畫的盛行，主要是統治者提倡孝道和厚葬，產生「事死如事生」的思想所致。特別是東漢時期實行察舉孝廉的制度，於是「崇飾喪祀以言孝，盛餉賓客以求名」，厚喪之風愈演愈烈，很多人傾其所有修建墳墓，繪製墓室壁畫，為死者祈福升入天堂或表彰其生前業績官職與威儀，誇示財富、地位。漢墓壁畫可分為三個時期：西漢（一般出現在中晚期），東漢早期和中後期，其中以東漢中後期壁畫居多，分布範圍也很廣。

西漢的基本都以驅邪、升仙為基調，表達出當時人們希圖死後升仙的幻想；壁畫內容都以天象和神話故事為主，如洛陽的卜千秋壁畫墓和洛陽燒溝無名氏壁畫墓，主題都是引魂升天。這一時期壁畫的構圖簡單，風格質樸，有的還保留著西漢早期墓葬帛畫的某些特徵。

東漢早期墓室壁面有承前啟後的特徵，一般沿襲西漢墓室壁畫的傳統，以天象、四神、升天等內容為主，也有少量的歷史故事和莊園題材，如王莽新朝（西元九至廿三年）前後的棗園村墓室壁畫，不單繪有雲氣、星象、四神圖，還有車馬、房屋和人物，甚至有牛耕和耬播圖，具有濃厚的生活氣息，表明墓室壁畫開始由幻想趨於寫實。

東漢中晚期墓室壁畫最為豐富，壁畫的主題基本一致：都是表現墓主生榮死哀，官職

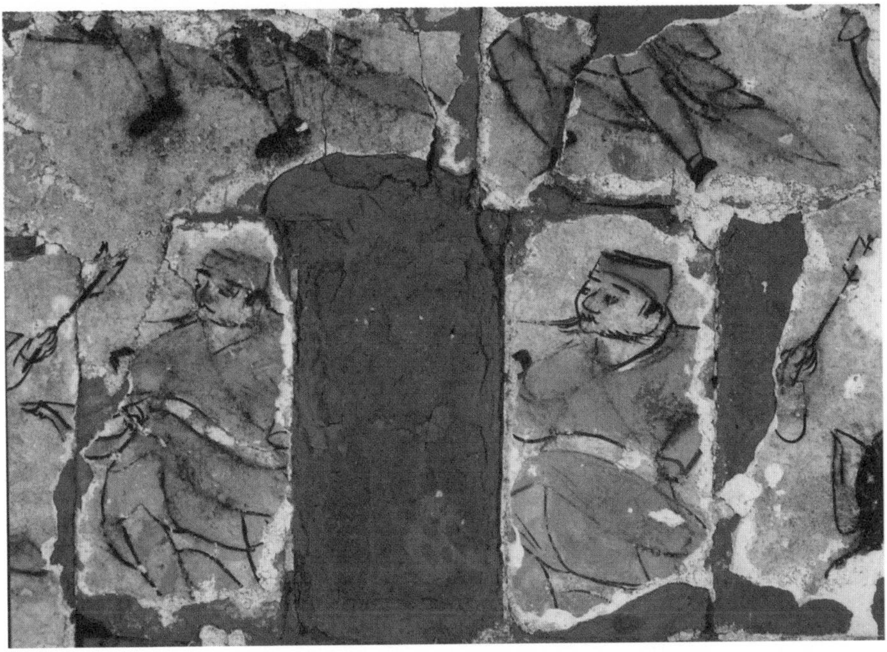

⊙東漢車前弩伍伯壁畫

威儀財富。比較突出的是河北望都一、二號漢墓壁畫、內蒙古和林格爾漢墓壁畫、安平逯家莊壁畫墓和河南偃師杏園村壁畫墓等等。這時期的壁畫技法較先前成熟，構圖也趨複雜化，擺脫了春秋晚期以來呆板的圖案橫向排列的形式，注意講求比例和透視關係。東漢中後期墓室壁畫的歷史圖像也開了中國人物畫的先河。

這些壁畫內容對於瞭解漢社會的經濟和文化及審美思想和以後繪畫的發展動向，都具有重要意義。它在著色、造型手法、繪製技巧、構圖設計等方面的成就，為中國繪畫的成熟奠定了基礎。

畫像磚畫像石進入全盛時代

盛行於兩漢，在東漢時期達到藝術高峰的畫像石和畫像磚，是中國古代美術園囿裡的奇葩。畫像石是一種有雕刻特徵的石刻劃，主要用於墓室、墓前祠堂、石闕等墓葬建築的建造和裝飾，畫像磚則是用於墓室內裝飾的磚刻繪畫；前者在東漢以後就不再流行了，後者至南北朝還繼續流行，且有很高的成就。但是，漢代畫像磚、石無論在出土數量、磚塊形制、畫幅形式、題材內容及表現手法上，均富於其他時期，因此，漢代被稱為畫像磚、石的黃金時代，是當之無愧的。

畫像磚、石是漢代厚葬習俗的產物，它的出現有其思想和物質方面的原因。首先，漢初統治者熱中於神仙

⊙東漢舂米畫像磚，表現了漢代作坊用踏碓舂穀情形。

傳說，追求長生不老，永享極樂。當神仙不可見，長生不可得時，他們又迷上「死即再生」的觀念，希望生時極盡人世歡娛，死後還能繼續。於是，墓室成了墓主生前環境的縮影。另一方面，漢代自稱「以孝治天下」，而行孝的大端又無過於養生葬死，生極其欲，死更厚葬。

從物質方面的原因來說，漢初休養生息七十年，終於迎來漢武帝劉徹統治的全盛時期，雄厚的財富積累使厚葬風氣成為可能。另外，鐵的時代的到來，不僅有利於生產發展和社會進步，而且也使漢代雕造畫像有得心應手的工具。

從畫像內容來看，因為是用於墓葬裝飾，所以目的多為炫耀墓主生前的地位、富有和快樂，但實際題材極為豐富廣泛，歷史故事、神話傳說和現實生活無所不包。如表現墓主生前生活的車騎出遊、燕居宴飲、樂舞百戲、樓閣宅院、衣物兵器等；表現當時經濟活動的

⊙江蘇省徐州市銅山縣茅村漢畫像石墓

紡織、冶鐵、農耕、釀酒、採鹽等；表現神鬼信仰的圖騰、雲師雨伯、伏羲女媧等天神，守衛亡靈的異獸，各種動植物神和祥瑞物象……透過細緻生動的形象塑造，反映出漢代的生產情況、生活情景、貿易狀況、戰爭場面、自然景色以及人際關係、階級關係，猶如在人們面前展現了一幅幅充滿生機與活力的歷史畫卷。另外，因為整個漢代社會的倫理道德幾乎都由傳統的儒家思想所統治，所以這些畫像中還充滿了大量表現儒家思想典範的經史故事，如曾參、老萊子、董永等行孝故事；如鍾無鹽、魯義姑、秋胡妻等貞節故事；如二桃殺三士、荊軻刺嬴政、信陵君侯嬴、藺相如完璧、王陵母等忠義故事。

畫像石的基本製作工藝，是由有特殊技能的被稱作「師」的石工和被稱作「畫師」的畫工共同完成的。其方法是：先由畫師在打製好的石板平面上繪出線勾的圖畫底稿，然後由石工按畫稿加以雕鏤刻劃，最後還要由畫工再加彩繪。但最能表現漢畫像石藝術特徵的，卻是古代匠師們那複雜多變的雕刻技法。

這種雕刻技法綜合地看，主要有線刻、凹面線刻、凸面線刻、淺浮雕、高浮雕、透雕，其中最常見的有三種：第一種是陰線刻，即在打製好的石板平面上以單線刀刻劃出人物、動物及其他圖像，其拓片效果基本上是白線條。第二種為平底淺浮雕，也稱減地淺浮雕，刻法是在磨製好的石面上先將畫像凸出，然後將畫像輪廓外減地，即將畫像外的空白部分全部剔掉磨平，使圖像呈平面凸起狀。第三種是有橫斜紋襯底的鑿紋減地淺浮雕，其技法基本上同於第二種，只是在圖像外減地時留下一些平

⊙紡織畫像石拓片

行或斜向鑿紋，更增加了畫像的裝飾效果。後兩種技法使畫像呈擬浮雕式的主體造型，促成了圖像存其大貌、拙勝於工的特點，呈現出一種深沉雄大的氣魄和力量感，達到了一種與後代受外來影響而形成的藝術風格迥然不同且無法企及的高峰，是中華民族傳統文化藝術的又一典範作品。

畫像石和畫像磚的區別，在於前者是在打製好的石面上直接刻出圖畫，而後者是先在木製模具上刻出圖畫印模，然後壓印在半乾的土坯上，再入窯燒製而成的。

畫像磚、石在墓壁上的砌法，是在墓壁砌到三十至四十公分時，將壁磚內收約可容磚、石的厚度，在砌主畫像磚、石的高度時，將壁磚伸出與畫像磚、石平齊。在內容排列上，近墓門處為「闕」，代表墓主生前門前所立的闕觀。「闕」之後一般為車馬出行場面，再來是莊園屋宇和生產活動，最後是墓主的生活及行樂等內容。而神話傳說等內容的畫像磚，一般被安排在後室及側室的後壁偏高處。

不論畫像石還是畫像磚，其發展時代和地區分布都有軌跡可循。畫像石產生在西漢中葉，即國家財力勢力最為雄厚發達的時期；西漢中至東漢初是畫像石的發展期，地點分布以河南、山東、湖北為主；東漢中晚期是畫像石的全盛期，山東、南陽畫像石在此時臻至繁榮，其他各地也開始流行畫像石，並較快形成地方風貌；東漢末年，戰亂局勢使社會生產遭受重大破壞，畫像石失去了存在的社會基礎，全面而迅速地衰微了。

畫像磚的歷史較畫像石為早，最早發現的畫像磚遺物，是出土於陝西咸陽宮殿遺址、踏步用的大型空心磚；西漢時期，畫像磚藝術在繼承了秦代傳統的基礎上又有了很大的發展；河南、陝西出土的作為墓室預製構件的大型模印空心磚，多屬秦和西漢時期，內容一般為狩獵、樓閣、雙闕以及排列有序的圖案。東漢時期，物質文化發生了新的革新和變化，畫像磚藝術已擴展到一些政治經濟剛發展起來的新區域，主要是江南和西南等地區，並且各具特色，逐漸形成鮮明的地方風格。西南地區的畫像磚寫實性更高，藝術造詣已高於中原地區，是國內東漢畫像磚中最優秀的作品。江南地區的畫像磚儘管發現較少，風格也較古拙，但它的深遠影響則是其他地區畫像磚藝術無法比擬的；東漢滅亡以後，魏晉至十六國時期，當中原和四川地區畫像磚藝術衰微乃至絕跡後，江南地區的畫像磚有如異軍突起，在東晉時發展為用多塊磚拼合砌成的大幅模印磚畫，盛行於南朝時期。

漢代畫像磚、石上所表現出來的藝術造詣，已遠遠超過了前代。周秦以前的美術作品，花紋皆以圖案為主，要求的是對稱的美，對人物動物的動態表達還很樸拙幼稚。而在漢畫裡，以馬的畫法為例，就有正面畫法、側面畫法，有奔馳的姿勢和吃驚而立的姿勢，都有很高的成就。至於人物故事的畫面結構，如荊軻刺秦王、豫讓擊衣、狗咬趙盾、泗水取鼎等，人物動感強烈，佈置也很得當。可以說，漢代畫像磚石的藝術創造已達到寫實的階段。

這些畫在構圖上，常是不分遠近，它所用的透視，是散點的；後世所用的俯瞰透視法，在漢畫裡業已完成，一直到今天，在中國畫中還有很大的勢力。這些畫在布局上也不留白，常以小的物件填塞其間，使畫面不留空隙餘裕。這一點和唐宋文人畫所提倡的「留白天地寬」的審美情趣大相徑庭，因而被後來的文人畫棄之不用，只在民間藝術裡有所保留。

在形象塑造上，漢畫以曲線為主的輪廓線強調了形象的形體與動態特徵，幾乎所有的形象都處在行進、跳躍、流貫、顧盼、飛騰的運動瞬間，因此畫面上常可看出線條的彈力和感情的緊張。漢畫的這種線條的彈力，在後世漸漸消失，柔和逐步取代了雄健，在長期的封建壓制下，那種潑辣的、野性盛旺的畫風逐步喪失殆盡。

⊙東漢君車畫像

遼陽漢壁畫墓 反映遼東生活

壁畫墓，西漢中葉已經出現，到東漢晚期已有了很大發展，東北遼陽地區的漢壁畫墓很具特色，不僅對於研究漢代的文化藝術具有很高價值，而且也反映了漢代遼東的社會生活情況。

遼陽的漢壁畫墓有三道壕三號墓、鵝房一號墓、雪梅村一號墓、棒檯子屯壁畫墓、北園二號漢魏壁畫墓、棒檯子二號墓、遼陽舊城東門里東漢墓等。這些墓一般由墓門、前室、後室、棺室、耳室、迴廊等構成。墓葬中殘存的隨葬品有各式陶器、銅刀、銅鏡、銅耳環、五銖錢、貨泉等。最有價值的還是墓中的壁畫，一般直接繪在墓室石壁上，有的還繪在橫枋、立柱及墓室頂部。壁畫內容主要是對墓主人生前富豪生活場景

⊙遼陽漢墓君車出行壁畫

的詳實描繪，主要有門卒圖、門犬圖、宴飲圖、家居圖、牽馬圖、拴馬圖、樓閣圖、持經圖、出行圖、宅第圖、庖廚圖、雲水圖、鹿圖、紅日圓月圖、武器圖、小史圖、「主薄」和「議曹掾」圖等。壁畫有一定的分布規律：墓門兩側為門卒和門犬；前室多繪百戲和樂舞；後室和迴廊繪墓主車騎出行圖；後迴廊一般繪樂舞百戲、門闕、宅院及屬吏；耳室和小室則繪墓主宴飲和庖廚；各室頂部都繪流雲。

這些壁畫構圖嚴謹，形象生動，色

⊙遼寧出土東漢壁畫

⊙東漢陶坐聽俑

⊙東漢陶女舞俑

彩鮮豔，而且內容豐富，透過壁畫中所描繪的墓主生平經歷和豪華生活可以看出，漢末的遼東地區，在中原移民和當地居民的共同辛勤建設下，經濟、文化都得到很大的發展。

中朝兩國交往密切

朝鮮和中國歷來是唇齒相依的友好鄰邦。早在西元前一千多年前，中朝兩國人民就有了頻繁的交往。戰國時鄰近朝鮮的燕、齊兩地人民，為逃避戰亂，曾成批地遷徙到朝鮮去，帶去了不少先進的生產技術和生產工具，在朝鮮南部立國的馬韓對這批具有先進生產技能的中國人表示了極大的熱情，將他們安置在東部沿海，以後就長期定居，稱作辰韓，語言很多像秦人，因此也稱秦韓。西漢初，燕人衛滿趁燕王盧綰逃入匈奴之機，率千餘人，渡浿水（鴨綠江），奔朝鮮，不久擊敗朝鮮王箕准，被立為朝鮮王，建都王險城（平壤），統治朝鮮半島西北部。從衛滿到他的孫子右渠，不斷招募、收容來自燕齊的流民，中國移民已遍居半島南北，尤其集中在朝鮮的西海岸。西元前一〇八年（元封二年）秋，漢武帝劉徹派兵征服右渠政權，在半島北部先後設置樂浪、真番、臨屯、玄菟四郡，不久又將半島土地裁併於樂浪一郡。西漢末，半島上先後出現新羅、高句麗、百濟三國。新羅本是辰韓的一個部落，文化與漢文化十分接

⊙執鋤陶俑，是一農民形象的真實寫照。

近，統治著半島的東南部，辰韓在朝鮮當時的馬韓、辰韓、弁韓三韓中經濟、文化水準最高，人民能種五穀、養蠶織縑布，能製造鐵器。

此後一段時間，樂浪郡和新羅、百濟、高句麗三個政權並存。西元一八四年黃巾起義失敗後，各地軍閥混戰，中國人由遼東移往樂浪，或由山東半島經海路抵達朝鮮半島定居的，為數眾多，形成第三次移民高潮。

西元二〇四年遼東割據政權，公孫康就把樂浪郡南部原來荒蕪的七個縣設立帶方郡加以治理，治所帶方在朝鮮鳳山附近。據西元一四〇年的人口統計，樂浪郡、帶方郡的三十多萬人口中絕大部分是中國移民。漢話是當地的通用語言。

⊙烏桓是塞外的一支遊牧民族。漢末，遼西部蹋頓成為三郡烏桓的軍事首領，袁紹對他極力拉攏，並與他和親。曹操為鞏固北方的統治和消滅袁氏殘餘勢力，決定遠征烏桓，並大獲全勝。圖為漢烏桓校尉墓壁畫，壁畫中有不少烏桓、鮮卑人物形象。

⊙東漢祝壽升仙壁畫

仲長統著《昌言》

建安十一年（西元二〇六年）三月，仲長統著《昌言》，論說古今時俗政事，敘述己見，頗有新意。

仲長統（西元一七九至二二〇年），字公理，山陽高平（今山東鄒縣西南）人。從小好學，博覽群書，文辭漂亮，性格狂放，不拘小節。他的《昌言》集中了他的觀點，一共三十四篇，十幾萬字。可惜大多散失，一部分片斷保留在《後漢書》本傳和《全後漢文》中。

仲長統繼承和發展了王充等人的唯物主義思想，不僅注重批判現實，同時對神學經學也進行了批判。他提出「人事為本，天道為末」的天人關係論。他否定有神論的世界觀，強調只要「人事」處理得好，做到無私和舉賢，能夠

勤於政事，就會「政平民安」；如果放棄「人事」而膜拜神靈，即使禮儀十分隆重，態度十分虔誠，也無法挽救敗亡的命運。同時，仲長統強調發揮人的主觀作用，包括認識和利用自然規律去指導農業生產和各項事業，以達到預期的效果。仲長統公開否認「天命」，指出統治者宣揚「天命」不過是「偽假天威」，以之為欺騙人民的工具而已，他對當時流行的各種災異迷信之說都作了有力的批駁。

⊙曹操畫像。東漢末年傑出的政治家、軍事家。官渡之戰，充分表現了他的才幹。

仲長統在強調「用天之道」以盡「人事」之時，就已包含了以客觀規律作為人們認識、行動根據的重要思想，反映了他的唯物主義認識論。在名實觀上，他堅持「名」、「實」相副的觀點，強調「是」與「非」都應有客觀的標準，反對以主觀認識和個人情緒代替客觀事實，強調人們的認識和行動要與客觀實際相符，不可憑主觀行事。

仲長統主張透過自己對事物直接接觸和觀察去認識事物，識別一個人的認識深淺和辦事能力高低必須考察其實際能力才能知曉，主張用實際效果檢驗認識。

仲長統反對和否認讖緯迷信和經學神學唯心主義所宣揚的「三統」、「三正」和「五德終始」說等神意決定論和天命循環論，認為社會歷史發展不是「天命」，而是盡「人事」的結果。他把社會歷史發展進程概括為從「亂世」到「治世」，再到「亂世」的過程，用社會自身現象來加以說明社會歷史的「治」與「亂」的變化。

⊙東漢哺嬰俑

面對社會的黑暗和腐敗，仲長統也提出了要求改革的進步思想，主張以現實的實際利益為基礎，以實際效果決定是否改制，並積極提倡改制。

到後期，仲長統卻陷入老莊消極避世思想中，追求出世入仙境界，與他前

⊙帶舵東漢陶船。中國是世界上最早發明航尾舵的國家。舵的發明同航海羅盤一樣，是水運事業的一大進步。它為研究東漢時期造船技術的發展提供了實物證明。

期的觀念自相矛盾，但他基本傾向仍是唯物主義的，瑕不掩玉。

仲長統，作為秦漢時期最後一位著名的進步思想家，對天人關係、客觀與主觀關係、社會歷史發展都提出自己唯物主義的認識觀點，並在理性和神學迷信之間劃了一條鴻溝，宣告了經學神學思想統治的崩潰和兩漢經學的終結。他提出「人事為本，天道為末」的思想，無論從理論上還是從對社會現實的批判上，都具有重大意義。但是由於時代和個人原因，仲長統的社會歷史觀上存在著消極成分，尤其到了後期，他「思老氏之玄虛」，消極避世，無疑地影響了他的成就。在這方面，他指出老莊的「玄虛」；將「本」與「末」的範疇引入哲學領域，則又成為魏晉玄學的理論先驅。

仲長統的理論曾在特定歷史時期，適應了曹操削平群雄、打擊豪強、統一中原和懲治朋黨積習、改革吏治的政治需要，具有一定積極進步的作用。這說明仲長統的理論思想已不只是停留在批判上，停留在書本上，而是產生了一定的社會效用，發揮了自己的歷史作用。後人對仲長統的評價也是很高的，把他作為秦漢時期最後一位著名的進步思想家。

⊙人物畫像

愛因斯坦─百年相對論

收錄十一位各領域專家學者的文章，以及200張愛因斯坦的珍藏照片，從其物理學家之路和個人生活兩大部分來深入介紹這充滿矛盾性格的科學家。書中深入討論愛因斯坦在空間與時間、機會與需求、宗教與哲學、婚姻與政治、戰爭與和平、名聲與運氣、生命與死亡的觀點。

安德魯·羅賓遜◎主編／林劭貞、周敏◎譯

定價350元

世界遺產機密檔案

本書精選全球最著名的50處世界遺產，搭配300張精緻圖片以及最深入的古文明介紹。邀請讀者在欣賞鬼斧神工的遠古建築奇蹟之餘，共同聆聽悠遠而神祕的古文明之歌。

張翊、王純◎編著　定價339元

圖解史記【帝王事】
─14則皇族權力的更替演化

西元精選史記中11篇帝王事蹟，外加3篇諸侯記事，看五帝如何教化文明，夏桀、商紂如何自取滅亡、項羽飲恨江東、劉邦智取天下、呂后如何掌權天下。…

馮國超◎主編　定價299元

圖解史記【名臣錄】
─23則智勇無雙的人臣記事

本書精選史記23篇諸侯及名臣事蹟，看越王句踐臥薪嚐膽能忍復國，孔子、陳涉為何名列世家、開國良臣張良、陳平的智謀權變、呂不韋高潮起伏的人生境遇、如獲神助的孫子兵法。………

馮國超◎主編　定價299元

天朝落日
─中國二十王朝的覆亡真相

興起與衰落，細說一段段王朝的命運任何一個王朝由盛至衰、由衰至亡都不是朝夕間事，都是有跡可尋的。探索歷史發展的規律，揭示王朝覆亡的真相。讓我們一起考察中國二十個王朝的興衰命運。…

彭勇◎主編　定價339元

圖說孔子

孔祥林◎編著

再現孔子一生行誼與影響力

定價299元

圖解三十六計

張弓◎主編

全新演繹謀略智慧的經典之作

定價250元

圖解孫子兵法

孫子◎原著／馬俊英◎主編

風行世界的軍學聖經

定價300元

三教九流

翟文明◎編著

圖說古中國職人排行榜

定價320元

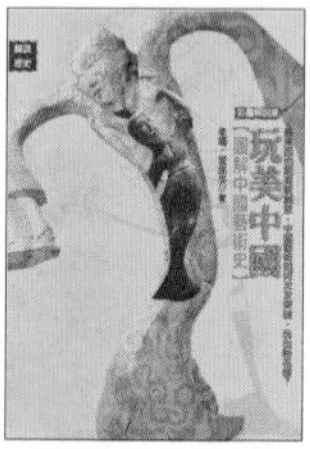

玩美中國【圖解中國藝術史】

李曉、曾遂今◎著

細數中國藝術的流變與精髓

定價399元

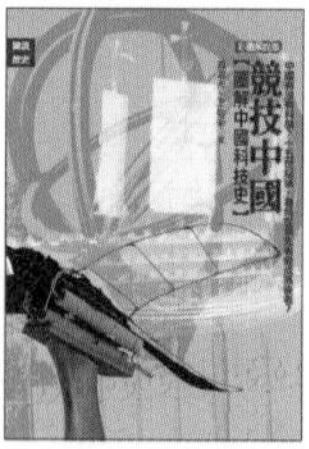

競技中國【圖解中國科技史】

周瀚光、王貽梁◎著

分述中國科技的進展歷程

定價339元

國家圖書館出版品預行編目資料

老師沒教的中國史—直擊秦漢風雲 李默主編；
—— 初版 . ——臺中市 ：好讀 , 2008
面； 公分，——（圖說歷史；22）
ISBN 978-986-178-076-4（平裝）

1. 文化史 2. 秦漢史 3. 中國

631.9 97001092

好讀出版

圖說歷史 22

老師沒教的中國史—直擊秦漢風雲

主 編 李 默
總 編 輯 鄧茵茵
文字編輯 葉孟慈
美術編輯 Anna

發行所 好讀出版有限公司
台中市 407 西屯區何厝里 19 鄰大有街 13 號
TEL:04-23157795 FAX:04-23144188
http://howdo.morningstar.com.tw
（如對本書編輯或內容有意見，請來電或上網告訴我們）
法律顧問 甘龍強律師
承製 知己圖書股份有限公司 TEL:04-23581803

總經銷 知己圖書股份有限公司
http://www.morningstar.com.tw
e-mail:service@morningstar.com.tw
郵政劃撥：15060393 知己圖書股份有限公司
台北公司：台北市 106 羅斯福路二段 95 號 4 樓之 3
TEL:02-23672044 FAX:02-23635741
台中公司：台中市 407 工業區 30 路 1 號
TEL:04-23595820 FAX:04-23597123
（如有破損或裝訂錯誤，請寄回知己圖書台中公司更換）

初版 西元 2008 年 10 月 15 日
定價：350 元
特價：269 元

Published by How-Do Publishing Co., Ltd.
2008 Printed in Taiwan

ISBN 978-986-178-076-4

讀者回函

只要寄回本回函，就能不定時收到晨星出版集團最新電子報及相關優惠活 訊息，並有機會參加抽獎，獲得贈書。因此有電子信箱的讀者，千萬別吝於寫上你的信箱地址

書名：老師沒教的中國史—直擊秦漢風雲

姓名：______________ 別：□男□女 生日：____年____月____日

教育程度：________________________

職業：□學生 □教師 □一般職員 □企業主管

□家庭主婦 □自由業 □醫護 □軍警 □其他______________________

電子郵件信箱（e-mail）：_______________________ 電話：_______________

聯絡地址：□□□

____

你怎麼發現這本書的？

□書店 □網路書店（哪一個？）__________________ □朋友推薦 □學校選書

□報章雜誌報導 □其他____

買這本書的原因是：____

□內容題材深得我心 □價格便宜 □ 面與內頁設計很優 □其他____________

你對這本書還有其他意見嗎？請通通告訴我們：

____

你買過幾本好讀的書？（不包括現在這一本）

□沒買過 □ 1 ～ 5 本 □ 6 ～ 10 本 □ 11 ～ 20 本 □太多了

你希望能如何得到更多好讀的出版訊息？

□常寄電子報 □網站常常更新 □常在報章雜誌上看到好讀新書消息

□我有更棒的想法____

最後請推薦五個閱讀同好的姓名與 E-mail，讓他們也能收到好讀的近期書訊：

1. ____

2. ____

3. ____

4. ____

5. ____

我們確實接收到你對好讀的心意了，再次感謝你抽空填寫這份回函

請有空時上網或來信與我們交換意見，好讀出版有限公司編輯部同仁感謝你！

好讀的部落格：http://howdo.morningstar.com.tw/

請填妥後對折黏貼，直接投郵即可，無須貼郵票。

廣告回函
臺灣中區郵政管理局
登記證第 3877 號
免貼郵票

好讀出版有限公司　編輯部收

407 台中市西屯區何厝里大有街 13 號

電話：04-23157795-6　傳眞：04-23144188

沿虛線對折

買好讀出版書籍的方法：

一、先請你上晨星網路書店 http://www.morningstar.com.tw 檢索書目或直接在網上購買

二、以郵政劃撥購書：帳號 15060393 戶名：知己圖書股份有限公司並在通信欄中註明你想買的書名與數量

三、大量訂購者可直接以客服專線洽詢，有專人爲您服務：

客服專線：04-23595819 轉 230　傳眞：04-23597123

四、客服信箱：service@morningstar.com.tw